POP CULTURE NEW & OLD

別冊2

単語リスト
英語・中国語・韓国語・ベトナム語翻訳

WORDS	English	Chinese	Korean	Vietnamese	Chapter
あ					
アーティスト	artist	艺术家；画家	아티스트	nghệ sĩ	7.
愛する あい	to love	爱	사랑하다	yêu, thương	6.
間 あいだ	between	之间；中间；期间	사이	ở giữa	1.2.3.4. 5.6.7.8.
あいつ	that person [usually carries a negative connotation]	那个家伙[贬义词]	저 녀석 [부정적인 의미로 자주 쓰인다]	nó (được dùng với ý nghĩa tiêu cực)	3.
アイドル	idol	偶像	아이돌	thần tượng	6.7.
アイドルポップス	idol pop [genre of music]	偶像流行音乐 [音乐类型]	아이돌 팝 [음악 장르]	thần tượng nhạc pops (thể loại âm nhạc)	7.
アインシュタイン	[name of a physicist]	[物理学者名]	[물리학자 이름]	(tên một nhà vật lý)	1.
会う あ	to meet; to encounter	见面	만나다	gặp gỡ	1.4.
合う あ	to go well with; match; come together	合适；相称；配合	맞다；일치하다；어울리다	hợp, phù hợp với, thân	7.
赤い あか	red	红	붉다；빨갛다	đỏ	3.
赤ちゃん あか	baby	婴儿	아기	em bé	1.3.
アカデミー賞 しょう	the Academy Awards	奥斯卡金像奖	아카데미 상	Giải thưởng Viện Hàn Lâm	5.
上がる あ	to go up; rise; ascend	上	오르다；올라가다	tăng lên	6.
明るい あか	bright; cheerful	明亮；明朗	밝다；명랑하다	sáng sủa, vui tính	1.7.
Akira	[title of an anime]	[动画名]	[일본 애니메이션 이름]	(tên phim hoạt hình)	5.
呆れる あき	to be stunned; be appalled; be shocked	吃惊	기가 차다；어처구니 없다；놀라다	ngạc nhiên, bị sốc, ngỡ ngàng	3.
アクセント	accent	重音；语调；口音	액센트	giọng, trọng âm	7.
アクティビティ	activity	活动；动动脑	활동	hoạt động	3.
上げる あ	to raise; lift	提高；抬高	올리다；들다	nâng lên, nhấc lên	8.
あご	chin	下巴	턱	cái cằm	1.
アサヒグラフ	[title of a magazine]	[杂志名]	[잡지 제목]	(tên một tạp chí ở Nhật)	3.
朝日新聞 あさ ひ しんぶん	[name of a newspaper]	[报纸名]	[신문 이름]	(tên một tờ báo ở Nhật)	3.
足 あし	foot; leg	脚	발；다리	chân, bàn chân	1.2.5.8.
あしたのジョー	[title of a manga]	[漫画名]	[만화 제목]	(tên truyện tranh)	5.
汗 あせ	sweat	汗	땀	mồ hôi	6.
遊ぶ あそ	to play; have fun	玩儿	놀다；장난치다	chơi, vui chơi	1.2.3.4.
与える あた	to give; confer	给	주다	tặng, cho	2.3.4.5. 6.7.8.
頭 あたま	head	头	머리	cái đầu	1.3.
新しい あたら	new	新	새롭다	mới	1.2.5.8.
集まる あつ	to get together; gather	聚集	모이다	tập trung, tập hợp	8.
圧力 あつりょく	pressure	压力	압력	áp lực	2.
～後 あと	after ～	～之后	～ 후；～ 뒤	sau khi ～	3.
あなた	you	你	당신	bạn	1.2.5.6. 7.
兄 あに	older brother	哥哥	형；오빠	anh trai	6.
アニメ	anime	动画	일본 애니메이션	anime (hoạt hình Nhật)	1.4.5.6. 7.
アニメーション	animation	动画；动画片	애니메이션	phim hoạt hình Nhật Bản	5.
アニメーター	animator	动画师	애니메이터	nghệ sĩ sản xuất phim hoạt hình	5.
あの～	that ～	那个～	저 ～	～ đó	4.
阿呆 あ ほう	fool; idiot	傻瓜	바보；멍청이	khờ, ngốc nghếch	8.
雨 あめ	rain	雨	비	mưa	2.5.

アメリカ	America	美国	미국	nước Mỹ	2.3.5.6.7.
嵐 あらし	storm; gale	暴风雨	폭풍	giông bão	5.
嵐	[name of an idol group]	[偶像团体名]	[아이돌 그룹 이름]	(tên một nhóm nhạc)	7.
表す あらわ	to express	表现	나타내다	biểu thị	2.3.4.6.7.8.
現れる あらわ	to appear	出现	나타나다	xuất hiện	4.
ある	to be; have; exist	有	있다 ; 존재하다	có, tồn tại	1.2.3.4.5.6.7.8.
歩く ある	to walk	走路	걷다	đi bộ	5.6.
アルバム	album	唱片专辑	앨범	cuốn album	7.
ある日 ひ	one day; some day	某天	어느 날	ngày nọ	6.
アレンジ	arrangement	安排；准备；筹划	조정 ; 편곡	sự sắp đặt, sắp xếp	8.
阿波踊り／阿波おどり あわおど　　あわ	[style of dancing; name of a festival]	[舞蹈类型；赛会名]	[춤의 종류／축제의 이름]	(một điệu nhảy / tên một lễ hội)	8.
合わさる あ	to come together; fit; join	(两物)相合；调和	합쳐지다 ; 어울리다	hợp lại, hợp nhau	8.
合わせる あ	to fit; conform; match; bring together; put together	合起；调和；合并；加在一起；混合	맞추다 ; 어우르다 ; 합치다	kết hợp, hoà hợp, hòa nhập, điều chỉnh	4.7.
阿波よしこの あわ	[title of a folk song]	[民谣名]	[민요의 제목]	(tên một bài hát dân ca)	8.
アングル	angle	角度	앵글	góc	8.
案内 あんない	guidance; instruction; directions	介绍	안내	hướng dẫn, chỉ dẫn, hướng	2.3.
アンリ＝ギュスターヴ・ジョソ	[name of a caricaturist]	[漫画家名]	[풍자만화가 이름]	(tên một nghệ sĩ biếm hoạ)	2.
アンリ・ド・トゥールーズ＝ロートレック	[name of a painter]	[画家名]	[화가 이름]	(tên một hoạ sĩ)	2.

い

～位 い	～ th (rank); No. ～	第～名；第～	～위 (순위)	xếp thứ ～ (thứ bậc, thứ hạng)	5.6.
いい	good	好	좋다	tốt đẹp	1.3.4.5.6.7.
EMI（イー エム アイ）	[name of a record company]	[唱片公司名]	[레코드 회사 이름]	(tên một công ty thu âm)	6.
イージー・リスニング	easy listening	轻音乐	듣기 편하다	dễ nghe	6.
言う い	to say	说	말하다	nói	1.2.3.4.5.6.7.8.
家 いえ/うち	house; home	家	집	ngôi nhà, gia đình	1.2.3.6.7.
～以下 いか	～ or less; ～ or fewer; ～ and under	～以下	～이하	dưới ～	5.
以下 いか	the following; below; as follows; as shown below [in reference to part of a document]	以下 [材料的部分相关内容]	아래의 [문서의 부분을 언급할 때]	dưới đây (tham khảo một phần trong văn bản)	6.
～以外 いがい	other than ～	～以外	～이외 ;～ 그 밖에	ngoài～	7.8.
イギリス	Great Britain; Britain; England; UK	英国	영국	nước Anh	2.3.5.6.
行く い	to go	去	가다	đi	1.2.3.4.6.
いく	[name of a person]	[人名]	[사람 이름]	(tên người)	6.
意見 いけん	opinion; idea	意见	의견	ý kiến, ý tưởng	1.
囲碁 いご	(the game of) go	围棋	바둑	cờ vây	1.
～以降 いこう	since ～ ; after ～ [chronologically]	～以后 [按时间先后顺序]	～이후[연대순으로]	kể từ sau ～ (diễn tả trình tự thời gian trước sau)	6.
石 いし	stone	石头	돌	hòn đá	3.
医者 いしゃ	doctor	医师	의사	bác sĩ	3.
衣装 いしょう	clothes; clothing; costume	服饰	의상	trang phục, quần áo	8.
～以上 いじょう	～ or more; ～ or greater; ～ and above	～以上	～이상	trên ～, hơn～	2.3.5.6.7.8.

出雲の阿国 いずも おくに	[name of a shrine maiden]	[巫女名]	[무녀의 이름]	(tên một người phục vụ nữ trong đền thờ)	8.
〜以前 いぜん	before 〜 ; prior to 〜	〜以前	〜이전	trước 〜	6.
急ぐ いそ	to hurry	急忙	서두르다	gấp rút	3.
イタリア	Italy	意大利	이탈리아	nước Ý	6.
一員 いちいん	member (of a group, organization or company)	一员	일원	một thành viên	5.
一度 いちど	once; one time	一次	한 번	một lần	5.
一日／1日 いちにち いちにち	a day; one day	一天	하루	một ngày	3.6.
一番 いちばん	No.1; the first; the most	最	1번 ; 제일 ; 가장	nhất, số một	1.2.4.6.8.
一部 いちぶ	a part	一部分	일부	một phần	2.4.5.7.
いつ	when	什么时候	언제	khi nào	1.4.5.
いつか	someday; at some point; sometime	总有一天 ; 早晚 ; 不久	언젠가	một lúc nào đó	1.
一揆 いっき	uprising; riot [primarily referring to farmer rebellions that arose in Japanese history]	起义 ; 暴动 [主要指古代日本发生的农民暴动事件]	봉기 ; 반발해 일어남 [주로 일본사에서 농민봉기를 가르킴]	cuộc nổi dậy, nổi loạn (nói về những cuộc nổi dậy của tầng lớp nông dân trong lịch sử Nhật Bản)	8.
一生 いっしょう	a lifetime; whole life	一生	일생	cả một đời	3.
一緒に いっしょ	together	一起	같이	cùng nhau	1.4.6.8.
一般 いっぱん	general; ordinary	一般	일반	nhìn chung, thông thường	6.7.8.
いつも	always	总是	언제나	luôn luôn	4.
いとしのエリー	[title of a song]	[歌曲名]	[노래 이름]	(tên một bài hát)	7.
田舎 いなか	rural area; countryside	乡下	시골	miền quê	3.
犬 いぬ	dog	狗	개	con chó	3.
井上陽水 いのうえようすい	[name of a singer]	[歌手名]	[가수 이름]	(tên ca sĩ)	7.
命 いのち	life	生命	생명	cuộc đời	4.
イベント	event	活动	이벤트	sự kiện	1.6.8.
今 いま	now	现在	지금	bây giờ	1.3.4.6.7.8.
意味 いみ	meaning	意思	의미	ý nghĩa	1.2.4.5.6.7.8.
イメージ	image	形象 ; 概念 ; 影像	이미지	hình ảnh, hình tượng, khái niệm	2.
芋川椋三 いもかわむくぞう	[name of an animation character]	[动画片人物名]	[애니메이션 등장인물 이름]	(tên một nhân vật hoạt hình)	5.
依頼 いらい	request; commission	委托 ; 请求	의뢰	yêu cầu	5.
イラスト	illustration	插图	일러스트	minh hoạ	1.2.5.6.
いる	to be; exist	在	있다 ; 존재하다	có, hiện hữu, tồn tại	1.2.3.4.6.7.
入れる い	to put into	放入	넣다	cho vào	1.2.
色 いろ	color	颜色	색	màu sắc	2.
色々な いろいろ	various	各种各样的	여러가지	nhiều	1.2.3.4.5.6.7.8.
印象 いんしょう	impression	印象	인상	ấn tượng	7.
印象派 いんしょう は	Impressionism; Impressionist(s)	印象派	인상파	trường phái ấn tượng	2.
インストゥルメンタルバージョン	instrumental version	乐器版	경음악 버전	bản nhạc khí	6.
インターネット	the internet	网络	인터넷	Internet	2.7.
インド	India	印度	인도	Ấn Độ	6.

う

上 うえ	up; above	上	위	trên	1.3.4.6.8.
ウェブサイト	website	网站	웹사이트	trang web	8.

上を向いて歩こう うえ む ある	[title of a song]	[歌曲名]	[노래 제목]	(tên một ca khúc)	6.
ウォルト・ディズニー	[name of an animated film director]	[动画片导演名]	[애니메이션 영화 감독 이름]	(tên một đạo diễn phim hoạt hình)	5.
万氏兄弟 ウォンきょうだい	[name of animators]	[动画家名]	[애니메이션 작가 이름]	(tên một nhà sáng tạo hoạt hình)	5.
浮かれる う	to be happily excited; be festive	快活；高兴	들뜨다；동요되다	làm vui vẻ, hưng phấn lên	2.
憂き世 う よ	sad world; world of grief	悲惨世界	슬픈 세상；괴로운 이승	thế giới ảm đạm	2.
浮世 うきよ	this (transitory) world; this transient life; floating world	尘世；浮生	변하기 쉬운 세상;' 현세	thế giới tạm bợ, cuộc sống tạm	2.
浮世絵 うきよえ	[genre of painting]	[绘画类型]	[회화의 형태]	(loại hình vẽ tranh)	2.8.
受ける う	to receive; accept; catch	接受	받다；받아들이다	tiếp nhận, đón nhận	2.3.4.5. 6.7.8.
動かす うご	to move	移动	움직이다	di dời	5.8.
動き うご	movement; motion; trend	动作	움직임	chuyển động, động thái	1.3.4.5. 8.
動く うご	(something) moves	(某物)移动	움직이다	bị lay động, di chuyển	8.
後ろ うし	back; behind	后面	뒤	phía sau, đằng sau	2.3.6.
薄い うす	thin; pale; diluted [of flavor]	薄	얇다	mỏng	2.
歌 うた	song	歌曲	노래	bài hát	6.7.8.
歌う うた	to sing	唱歌	노래하다	ca hát	6.7.8.
歌えば天国 うた てんごく	[title of a song]	[歌曲名]	[노래 제목]	(tên một ca khúc)	7.
歌川広重 うたがわひろしげ	[name of a painter]	[画家名]	[화가 이름]	(tên một hoạ sĩ)	7.
歌声 うたごえ	singing voice	歌声	가성；노랫소리	giọng hát	7.
宇多田ヒカル うただ	[name of a singer]	[歌手名]	[가수 이름]	(tên một ca sĩ)	7.
宇宙 うちゅう	outer space; universe	宇宙	우주	vũ trụ, hoàn cầu	4.
宇宙戦艦ヤマト うちゅうせんかん	[title of an anime]	[动画名]	[일본 애니메이션 이름]	(tên phim hoạt hình)	5.
美しい うつく	beautiful	美丽	아름답다	đẹp	1.2.
生まれる う	to be born	诞生；出生	태어나다	được sinh ra	2.6.7.
売り う	selling point	卖点	세일즈 포인트；장점	việc buôn bán	7.
売る う	to sell	贩卖	팔다	buôn bán	1.2.6.
嬉しい うれ	happy; joyful; delightful	高兴	기쁘다	vui vẻ	4.6.
売れる う	(something) sells	(某物)畅销	팔리다	bán ra, bán chạy	6.7.8.
うわべ	semblance; outward appearance	表面；外表	겉；표면；외형	bề ngoài, hình thức bên ngoài	7.
運動 うんどう	movement; motion; physical exercise	运动	운동	chuyển động, vận động	3.7.

え

絵 え	picture; drawing; painting	画	그림	bức hoạ, bức tranh	1.2.3.4. 5.6.8.
永遠 えいえん	eternity; permanence	永远	영원	vĩnh viễn	4.
映画 えい が	movie; film	电影	영화	phim	1.5.6.7.
映画館 えい が かん	movie theater	电影院	영화관	rạp chiếu phim	5.
永久 えいきゅう	permanence; eternity	永久	영구；영원	vĩnh cửu, mãi mãi	6.
影響 えいきょう	influence	影响	영향	ảnh hưởng	2.3.4.5. 6.7.8.
影響力 えいきょうりょく	influence; clout	影响力	영향력	sức ảnh hưởng	8.
エイケン	[name of an anime studio]	[动画工作室名]	[일본 애니메이션 스튜디오 이름]	(tên một studio hoạt hình)	5.
英語 えい ご	English	英语	영어	tiếng Anh	6.7.
AKB48（エーケービーフォーティーエイト） えい	[name of an idol group]	[偶像团体名]	[아이돌 그룹 이름]	(tên một nhóm nhạc)	7.
エジプト	Egypt	埃及	이집트	Ai Cập	4.

絵新聞日本地 えしんぶんにっぽんち	[title of a magazine]	[杂志名]	잡지 제목	(tên một tạp chí ở Nhật)	3.
SF（エスエフ）	science fiction	科幻	공상 과학	khoa học viễn tưởng	5.
えそ	[name of a manga character]	[漫画人物名]	만화 등장인물 이름	(tên một nhân vật truyện tranh)	3.
江戸 えど	Edo [name of an era and a city]	江户[时代名 / 城市]	에도[시대 이름, 도시]	Edo (tên một thời đại, thành phố)	1.2.8.
エドゥアール・マネ	[name of a painter]	[画家名]	화가 이름	(tên một hoạ sĩ)	2.
エドガー・ドガ	[name of a painter]	[画家名]	화가 이름	(tên một hoạ sĩ)	2.
NHK（エヌエイチケー）	Japan Broadcasting Corporation [an acronym derived from Nippon Housou Kyoukai]	日本放送协会	일본 공영방송	Đài truyền hình Nhật Bản	5.6.
エネルギッシュな	energetic [from energisch in German]	精力充沛的；精神饱满的	활발하다	tràn trề năng lượng	7.
エピソード	episode	插曲；事件；(电视剧)集	에피소드	tập	3.6.
エボシ	[name of an animated film character]	[动画片人物名]	애니메이션 영화 등장인물 이름	(tên nhân vật phim hoạt hình)	5.
選ぶ えら	to choose	选择	고르다	lựa chọn	1.2.3.4. 5.6.7.8.
エリア	area	区	지역	khu vực	6.
エルヴィス・プレスリー	[name of a singer]	[歌手名]	가수 이름	(tên một ca sĩ)	6.
エレガントな	elegant	优雅的	우아한	thanh lịch	7.
円 えん	circle; yen	圆；日元	엔	vòng tròn, yên Nhật	8.
演歌 えんか	Enka [genre of music]	演歌 [音乐类型]	엔카 [음악 장르]	Enka (một thể loại nhạc)	7.
演劇 えんげき	theatrical performance	戏剧表演	연극	loại hình kịch truyền thống Nhật	2.
演出 えんしゅつ	direction; arrangement; production	演出	연출	đạo diễn, diễn xuất	4.
演じる えん	to act; perform	表演	연기하다	diễn	8.
演説 えんぜつ	speech	演说	연설	diễn thuyết	7.
演奏 えんそう	musical performance	演奏	연주	biểu diễn, trình diễn	1.6.8.
エンターテイメント	entertainment	娱乐	엔터테인먼트；오락	giải trí	7.

お

黄金 おうごん	gold	黄金	황금	vàng	7.
欧米 おうべい	Europe and North America; the West	欧美	유럽과 미국	Âu Mỹ	7.
終える お	to finish; end	结束	끝내다	kết thúc, hoàn thành	3.
多い おお	many	多	많다	nhiều	1.2.3.4. 5.6.7.8.
大きい おお	big	大	크다	to lớn	1.2.3.4. 5.6.7.8.
大きな おお	big	大	큰	to lớn	6.7.
オーケストラ	orchestra	管弦乐队	오케스트라	ban nhạc	6.
大阪 おおさか	Osaka [name of a city]	大阪 [城市名]	오사카 [도시 이름]	Osaka (tên một thành phố ở Nhật)	1.2.
大阪万博 おおさかばんぱく	Expo '70 in Osaka	大阪万博	오사카 엑스포 (1970 년 개최)	Expo 70 ở Osaka	8.
大津 おおつ	[name of a town]	[城镇名]	도시 이름	(tên địa danh ở Nhật)	1.
大津絵 おおつえ	[style of art]	[绘画类型]	회화 기법	(một loại tranh vẽ)	1.
大はしあたけの夕立 おお　　　　　　ゆうだち	[title of an ukiyo-e painting]	[浮世绘画名]	우키요에 회화의 제목	(tên một loại tranh ukiyo)	2.
丘 おか	hill	丘陵	언덕	ngọn đồi	3.
おかしい	strange; funny	奇怪的	이상하다	lạ lùng, buồn cười	3.
お金 かね	money	钱	돈	tiền	5.
お金持ち かね　も	rich person	富人	부자	người giàu có	1.8.

岡本一平 おかもといっぺい	[name of a manga artist]	[漫画家名]	[만화 아티스트 이름]	(tên một hoạ sĩ truyện tranh)	3.4.
起きる お	(something) happens; to wake up; get up	(某事)发生；起床；起来	일어나다	xảy ra, thức dậy	6.
奥様 おくさま	(someone's) wife; madam; married lady	夫人	부인	quý bà, vợ (ngài)	3.
送る おく	send; to pass (time); spend (time)	度过；打发(时间)；送	보내다	gửi, tặng, dành (thời gian)	6.7.
お鯉さん こい	[name of a geisha]	[艺伎名]	[게이샤의 이름]	(tên một Geisha)	8.
起こす お	to give rise to; cause; awaken; raise up	立起；兴起；唤醒	일으키다；깨우다	dựng dậy, đánh thức, khơi dậy, gây ra	8.
行う おこな	to do; put into practice; perform; conduct	实行	행하다；하다	tiến hành, thực hiện	8.
起こる お	(something) happens; occurs	(某事)发生	(일이) 일어나다；발생하다	xảy ra	6.7.
遅い おそ	late; slow	迟	늦다	chậm, trễ	3.
お茶 ちゃ	tea	茶	차	trà	7.
落ちる お	(something) drops; falls	(某物)掉落	떨어지다	rơi rớt	4.
オッペケペー節 ぶし	[title of a song]	[歌曲名]	[노래 제목]	(tên một ca khúc)	7.
お寺 てら	temple	寺庙	절	chùa	1.
音 おと	sound	声音	음；소리	âm thanh	4.6.8.
男 おとこ	man	男性	남자	con trai	6.8.
訪れる おとず	to visit	拜访	방문하다	thăm viếng	8.
大人 おとな	adult	成年人	어른	người lớn	1.5.7.
踊り おど	dance	舞蹈	춤	điệu múa	8.
踊る おど	to dance	跳舞	춤추다	nhảy múa	1.3.7.8.
おどろく	to be surprised	吃惊	놀라다	bất ngờ	3.
驚く おどろ	to be surprised	吃惊	놀라다	bất ngờ	6.
同じ おな	same	相同	(똑) 같다	giống	1.2.3.5.6.8.
鬼 おに	ogre; demon	鬼	도깨비	con quỷ	1.
鬼の寒念仏 おに かんねんぶつ	[title of a painting]	[画名]	[회화 제목]	(tên một bức hoạ)	1.
オノマトペ	onomatopoeia	拟声法	의성어·의태어	từ tượng hình tượng thanh	4.
お化け ば	ghost; monster; shapeshifter	鬼怪	귀신	con ma	1.
お風呂 ふろ	bath	浴室；澡盆	목욕	bồn tắm	1.
覚える おぼ	to memorize; commit to memory; fix in one's mind	记	기억하다；외우다	nhớ, ghi nhớ	6.
お土産 みやげ	souvenir	伴手礼	선물	quà lưu niệm	1.6.
思い出す おも だ	to recall; remember; bring to mind	想起	생각나다；기억해내다	nhớ ai, nhớ, nhớ ra	7.
思う おも	to think	觉得	생각하다	nghĩ, thấy	1.2.4.5.6.7.
面白い おもしろ	interesting; funny	有意思	재미있다	thú vị	1.2.3.5.
主な おも	main; major; principal	主要的	주된	chủ yếu, chính yếu	2.4.5.
主に おも	mainly	主要	주로	chủ yếu	7.8.
オヤ	oh	欸	아니；이런	Ồ, à	3.
親爺教育 おやじきょういく	[title of a manga]	[漫画名]	[만화 제목]	(tên truyện tranh)	3.
オランダ	the Netherlands	荷兰	네덜란드	Hà Lan	2.6.
オリコン	[name of hit music chart]	[流行音乐排行榜名]	[핫트차트 이름]	(tên một biểu đồ)	7.
オリジナリティー	originality	原创	독창성	sự độc đáo, nét sáng tạo	8.
オリジナル	original	原创的	오리지널	nguồn gốc, căn nguyên	1.6.
お礼 れい	(expression of) gratitude; appreciation; thanks	谢礼	감사；사례	cảm ơn, cảm tạ	3.

終わり	end	结束	끝	kết thúc	3.6.
終わる	(something) ends; finishes	(某事)结束	끝나다	chấm dứt	4.6.8.
音楽	music	音乐	음악	âm nhạc	2.6.7.8.
女	woman; women	女性	여성 ; 여자	phụ nữ	1.8.
女の子	girl; girls	女孩	여자아이	con gái	2.

か

~化	Aの~ [Noun] 化(か): ~-zation of A; ~-fication of A, A を~ [Noun] 化(か) +する : make A into ~	~化, Aの~ [名词] 化(か); A 的~化, A を~ [名词] 化(か) +する : 使A(成为) ~化	A의 ~[명사]화 /A 를 [명사]화 하다	A~ hoá (danh từ hoá của A, biến một tính từ thành danh từ), cấu trúc A wo~ka có nghĩa là biến A thành~	3.5.6.7.
課／~課	lesson / lesson ~ ; chapter ~	课／~课	과／~과	bài khoá ／ bài ~, chương ~	3.4.
カーテン	curtain	窗帘	커튼	màn cửa	2.
~回	~ times	~次	~ 회	~ lần	5.6.
~界	~ world	~界	~계 ; ~세계	giới~	5.6.
会	assembly; gathering; meeting	会议	회 ; 모임	hội, nhóm, đoàn	4.
階	floor [counter for floors in a building]	层 [指建筑物的楼层]	층 [건물의 층을 세는 말]	tầng (dùng để đếm số tầng)	6.
海外	overseas	海外	해외	hải ngoại, nước ngoài	1.2.5.6.8.
階級	social class; caste	阶级	계급	giai cấp, tầng lớp xã hội	8.
海軍	navy	海军	해군	hải quân	5.
海軍省	Ministry of the Navy	海军部	해군성	Cục Hải quân	5.
外国	foreign country	外国	외국	nước ngoài	3.7.
外国語	foreign language	外语	외국어	ngoại ngữ	6.
開催	holding (an event, party, meeting, etc.)	举办(活动、舞会、会议等)	개최	tổ chức (sự kiện, tiệc, họp mặt…)	8.
会社	company	公司	회사	công ty	1.5.6.7.8.
回復	recovery	恢复	회복	hồi phục	3.6.
買う	to buy	买	사다	mua sắm	1.2.7.
変える	to change	改变	바꾸다	thay đổi	1.5.6.7.
帰る	to return	回	돌아가다	trở về	3.
顔	face	脸	얼굴	khuôn mặt	1.3.5.
香り	pleasant smell; fragrance	香气	향기	hương thơm	7.
画家	painter	画家	화가	hoạ sĩ	2.3.
科学	science	科学	과학	khoa học	5.
雅楽	ceremonial court music	雅乐	아악 ; 궁정음악	nhã nhạc	8.
かかる	(something) takes (time); to cost (money)	(某事)耗时 ;(某物)费钱	(시간 등이) 걸리다 ; (비용 등이) 들다	tốn (thời gian), tốn (tiền)	6.
書く	to write	写	쓰다	viết	2.3.4.5.6.7.8.
描く	to draw	画	그리다	vẽ	1.2.3.4.5.6.8.
学園祭	school festival	学园祭	학교 축제	lễ hội trường	6.
学者	scholar	学者	학자	học giả	1.2.
学生	student	学生	학생	học sinh	6.8.
角度	angle	角度	각도	góc độ	1.
隠れる	to hide	隐藏	숨다	ẩn nấp	3.
崖の上のポニョ	[title of an animated film]	[动画片名]	[애니메이션 영화 제목]	(tên một bộ phim hoạt hình)	5.

掛け声 か　　こえ	word used to synchronize co-operation or initiate an activity; enthusiastic shout from the audience	喝彩声；吆喝声	분위기를 돋우기 위해 지르는 소리 ; 관객이 성원하는 소리	từ dùng diễn tả sự đồng thanh reo hò cổ vũ, tiếng reo hò từ phía khán giả	8.
～か月 　　げつ	[counter for months]	～个月	～개월	~ tháng (đơn vị đếm tháng)	4.6.
過去 か　こ	past	过去	과거	quá khứ	4.
～カ国 　　こく	[counter for countries]	～国	[나라를 세는 말]	~ nước (đơn vị đếm quốc gia)	5.6.
傘 かさ	umbrella	雨伞	우산	cây dù	2.3.
笠置シズ子 か さ ぎ　　　こ	[name of a singer]	[歌手名]	[가수 이름]	(tên một ca sĩ)	7.
飾り かざ	ornament; decoration	装饰品	장식	trang hoàng, trang trí	7.
飾る かざ	to decorate	装饰	장식하다	trang trí	2.
歌詞 か　し	lyrics	歌词	가사	lời bài hát	6.7.
歌手 か しゅ	singer	歌手	가수	ca sĩ	6.7.
歌唱力 か しょうりょく	singing ability; vocal strength	唱功	가창력	khả năng ca hát	7.
数 かず	number	数字	수	con số	8.
風 かぜ	wind	风	바람	cơn gió	5.7.
家族 か ぞく	family	家人	가족	gia đình	1.
カタカナ語 　　　　ご	katakana word	片假名	가타가나어	chữ cứng Katakana	7.
形 かたち	shape	形状	형태 , 모습	hình dáng	2.4.8.
カチューシャ	Katyusha Maslova [name of the female protagonist in Tolstoy's Resurrection]	卡秋莎 [托尔斯泰的《复活》中的女主角]	카츄사 [톨스토이 소설 < 부활 > 의 여주인공 이름]	Katyusha Maslove (tên nữ diễn viên chính trong tác phẩm sự hồi sinh của Tolstoy)	7.
カチューシャの唄 　　　　　　うた	[title of a song]	[歌曲名]	[노래 제목]	(tên bài hát)	7.
課長 か ちょう	section chief	科长	과장	trưởng phòng	1.
～月 　がつ	the ～ th month of the year	～月	～월	tháng ~ (tháng trong năm)	5.6.8.
楽器 がっ き	musical instrument	乐器	악기	nhạc cụ	1.6.8.
かっこいい	good-looking; cool	帅	멋있다	dễ nhìn, bánh bao	7.
学校 がっこう	school	学校	학교	trường học	1.6.
葛飾北斎 かつしかほくさい	[name of a painter]	[画家名]	[화가 이름]	(tên một hoạ sĩ)	2.
活動 かつどう	activity	活动	활동	hoạt động	6.
活発な かっぱつ	lively; active; sprightly	活跃的 ; 热烈的	활발한	hoạt bát, năng động	8.
活躍 かつやく	lively activity; energetic involvement; great work	活跃	활약	hoạt động	6.7.
仮名垣魯文 か な がきろぶん	[name of an author]	[作家名]	[작가 이름]	(tên một tác giả)	3.
神奈川沖浪裏 か な がわおきなみうら	[title of an ukiyo-e painting]	[浮世绘画名]	[우키요에 회화의 제목]	(tên một bức hoạ ukiyo)	2.
神奈川県 か な がわけん	Kanagawa Prefecture	神奈川县	가나가와 현	Tỉnh Kanagawa	6.
悲しい かな	sad; sorrowful; unhappy	悲哀	슬프다	buồn, sầu	6.7.8.
悲しき 60 歳 かな　　　さい	[title of a song]	[歌曲名]	[노래 제목]	(tên bài hát)	6.
悲しみ かな	sorrow; sadness	哀伤	슬픔	nỗi buồn	5.6.
彼女 かのじょ	girlfriend; she	女朋友 ; 她	그녀	bạn gái, cô ta	4.6.
カバー	cover	套 ; 外皮	커버	che chở, che phủ	6.7.
歌舞伎 か ぶ き	kabuki	歌舞伎	가부키	kịch Kabuki	2.8.
歌舞伎座 か ぶ き ざ	[name of a kabuki theater]	[歌舞伎剧场名]	[가부키 극장 이름]	(sân khấu kịch Kabuki)	6.
株式 かぶしき	stock; share	股份	주식	cổ phần, cổ phiếu	5.
貨幣 か へい	money; currency; coin	货币	화폐	tiền tệ	8.
紙 かみ	paper	纸	종이	giấy	2.
神 かみ	god	神明	신	thần, thánh	5.
髪 かみ	hair	头发	머리 ; 머리카락	tóc	1.

通う かよ	to visit frequently; commute	去；往来	다니다	đi (diễn tả sự di chuyển thường xuyên hằng ngày)	6.
歌謡 かよう	song; popular music	歌谣	가요	ca dao, bài hát	7.
歌謡曲 かようきょく	popular song	歌谣	가요곡	bài hát	7.
カラー	color	彩色	컬러	màu sắc	3.5.7.
体 からだ	body	身体	몸	cơ thể	1.8.
カラフルな	colorful	五彩缤纷的	컬러풀	đầy màu sắc	8.
ガリバー旅行記 りょこうき	[title of an animated film]	[动画片名]	[애니메이션 영화 제목]	(tên một bộ phim hoạt hình)	5.
カリフォルニア	California	加州	캘리포니아	California	6.
彼 かれ	he; boyfriend	他；男朋友	그；남자친구	anh ấy, bạn trai	6.
彼氏 かれし	boyfriend	男朋友	남자친구	bạn trai	4.
彼ら かれ	they	他们	그들	họ, bọn họ	6.
かわいい	cute	可爱	귀엽다	dễ thương	1.4.6.7.
かわいそう	pitiful; sad; poor; miserable	可怜	불쌍하다, 가엽다	đáng thương, tội nghiệp, buồn, tiếc	2.
川崎市 かわさきし	Kawasaki City	川崎市	가와사키 시	tỉnh Kawasaki	6.
河鍋暁斎 かわなべきょうさい	[name of an author and painter]	[作家和画家名]	[작가 이름]	(tên tác giả)	3.
変わる か	(something) changes	(某事)改变	변하다	thay đổi	7.
～間 かん	for ～ [time]	～期间	～ 사이	(đơn vị thời gian)	5.8.
考える かんが	to think; consider	想起；思索	생각하다	nghĩ, suy nghĩ	1.2.4.5. 6.7.8.
観客 かんきゃく	audience	观众	관객	quan khách	8.
関係 かんけい	relation; relationship	关系	관계	quan hệ	3.6.
漢語 かんご	word originally derived from classical Chinese	(日语的)音读汉语词	한자어	tiếng Hán	2.
観光客 かんこうきゃく	tourist; visitor; sightseer	观光客	관광객	khách tham quan, du khách	8.
監視 かんし	monitoring; supervision	监视	감시	quản lý, giám sát	2.
漢字 かんじ	kanji	汉字	한자	Hán tự	2.3.6.
感情 かんじょう	emotion; feeling	感情	감정	cảm xúc, tình cảm	8.
感じる かん	to feel	感觉	느끼다	cảm thấy	4.6.
完成 かんせい	completion	完成	완성	hoàn thành	3.5.6.7.
関節 かんせつ	joint	关节	관절	khớp, xương khớp	1.
完全感覚 Dreamer かんぜんかんかく	[title of a song]	[歌曲名]	[노래 이름]	(tên bài hát)	7.
ガンダム	[part of the title of an anime]	[动画的部分题名]	[일본 애니메이션 제목의 부분]	(tên một bộ phim hoạt hình)	5.
簡単な かんたん	easy; simple	简单的	간단한	đơn giản	1.
感動 かんどう	inspiration; sensation; excitement; strong emotion	感动	감동	cảm động, xúc động	8.
監督 かんとく	director	导演	감독	đạo diễn	5.
歓楽街 かんらくがい	amusement area; entertainment area; red-light district	花街；红灯区	환락가	khu vui chơi, khu giải trí, phố đèn đỏ	6.

き

黄色い きいろ	yellow	黄色	노랗다	màu vàng	3.
戯画 ぎが	caricature	讽刺画；滑稽画	희화, 캐리커처	biếm hoạ	1.
機会 きかい	opportunity	机会	기회	cơ hội	5.
企業 きぎょう	enterprise; corporation	企业	기업	cơ sở, doanh nghiệp	5.
聞く き	to hear; listen to	听	듣다	nghe, lắng nghe	1.6.8.
気候 きこう	climate	气候	기후	khí hậu	3.
聞こえる き	to be audible	听见	들리다	có thể nghe thấy	6.

帰国子女 きこくしじょ	school child who has returned from abroad	归国子女	귀국자녀	người được sinh ra ở nước ngoài trở về nước	7.
儀式 ぎしき	ceremony; ritual	仪式	의식	lễ nghi, nghi thức	8.
技術 ぎじゅつ	technique; skill	技术	기술	kỹ thuật	5.7.
貴女 きじょ	gentlewoman; noblewoman	淑女	귀부인	quý bà	7.
擬人化 ぎじんか	personification	拟人化	의인화	sự nhân cách hoá	1.2.
奇跡 きせき	miracle	奇迹	기적	kỳ tích	5.
基礎 きそ	base; foundation	基础	기초	nền tảng, cơ bản	1.
規則 きそく	rule; regulation	规则	규칙	quy định, quy tắc	2.
貴族 きぞく	nobility; noble; aristocracy	贵族	귀족	quý tộc	8.
ギター	guitar	吉他	기타	ghi-ta	6.
北沢楽天 きたざわらくてん	[name of a manga artist]	[漫画家名]	[만화가 이름]	(tên một hoạ sĩ truyện tranh)	3.
北山清太郎 きたやませいたろう	[name of an animator]	[动画家名]	[애니메이션작가 이름]	(tên một người sáng tạo ra hoạt hình)	5.
気付く きづく	to notice; become aware of	注意到	알아채다 ; 깨닫다	để ý, nhận ra	3.
狐 きつね	fox	狐狸	여우	cáo, chồn	4.
機動戦士ガンダム きどうせんし	[title of an anime]	[动画名]	[일본 애니메이션 제목]	(tên phim hoạt hình)	5.
気に入る きにいる	to be pleased with; be satisfied with	喜欢	마음에 들다	vừa ý	6.
厳しい きびしい	strict	严格	엄하다	nghiêm ngặt, khó	2.3.4.
希望 きぼう	hope	希望	희망	hy vọng	7.
基本 きほん	basic; fundamental	基本	기본	cơ bản, nền tảng	1.4.8.
気持ち きもち	feeling	感情	기분	cảm xúc	4.5.8.
着物 きもの	kimono; Japanese attire	和服	기모노 ; 일본 전통옷	kimono (trang phục truyền thống của Nhật)	3.
ギャグ	gag	噱头	개그	trò cười	4.
客／お客さん きゃく	customer; guest	客人／顾客	손님 / 고객	khách, quan khách	1.
キャッシュボックス誌 し	[title of a magazine]	[杂志名]	[잡지 제목]	(tên một tạp chí)	6.
キャッチーな	catchy	悦耳的 ; 朗朗上口的	외우기 쉬운 ; 눈길 끄는	dễ say mê	6.
キャプテン翼 つばさ	[title of a manga]	[漫画名]	[만화 제목]	(tên truyện tranh)	5.
キャラクター	character	角色	캐릭터	đặc điểm, tính cách	1.4.5.
九 きゅう	nine	九	아홉	số chín	6.
急激な きゅうげき	sudden; abrupt; drastic	急剧 ; 骤然	급격한	kịch liệt, nhanh	6.
九州 きゅうしゅう	Kyushu [name of one of Japan's major islands]	九州 [日本的主要列岛名之一]	규슈 [일본 주요 열도 이름]	đảo Kyushu (tên một đảo ở Nhật)	8.
急速な きゅうそく	rapid; quick	快速的	급속한	nhanh, lẹ, gấp	6.8.
球体 きゅうたい	sphere; globe	球体	구체 ; 구형물체	hình cầu	1.
宮廷 きゅうてい	Imperial Court	宫廷	궁정	Cung Điện	8.
急に きゅう	suddenly	突然	급하게 ; 갑자기	đột ngột	2.
牛肉 ぎゅうにく	beef	牛肉	쇠고기	thịt bò	3.
今日 きょう	today	今天	오늘	hôm nay	4.
～行 ぎょう	～ lines	～行	～ 행	hàng ～	2.
教育 きょういく	education	教育	교육	giáo dục	5.
教科書 きょうかしょ	textbook	教科书	교과서	sách giáo khoa	8.
狂言 きょうげん	traditional short comedic drama	狂言	짧은 전통희극	hài kịch ngắn	8.
胸骨 きょうこつ	breastbone	胸骨	가슴뼈	xương ức	1.
教師 きょうし	teacher	教师	교사	giáo viên	8.
行事 ぎょうじ	event	活动	행사	sự kiện	8.
教室 きょうしつ	classroom	教室	교실	lớp học	6.

兄弟 きょうだい	brother; sibling	兄弟	형제	anh em	5.6.
強調 きょうちょう	emphasis	强调	강조	nhấn mạnh	2.
共通／共通点 きょうつう／きょうつうてん	commonness; common feature	共通处／共通点	공통／공통점	thông thường, điểm chung	8.
京都 きょうと	Kyoto [name of a city]	京都 [城市名]	교토 [도시 이름]	Kyoto (tên một thành phố ở Nhật)	1.2.
興味 きょうみ	interest	爱好	흥미	quan tâm	1.6.
～曲 きょく	[counter for pieces of music]	～曲	[곡의 수를 세는 말]	bài hát (số đếm của bản nhạc)	7.
曲 きょく	piece of music; musical composition	歌曲	곡	bản nhạc, ca khúc	6.7.8.
玉音放送 ぎょくおんほうそう	broadcast of the Emperor's announcement to accept the Potsdam Declaration	大东亚战争终结诏书	일왕의 육성방송	phát thanh trực tiếp thông điệp của Thiên Hoàng về việc chấp nhận Tuyên bố Potsdam và chấm dứt chiến tranh	6.
着る きる	to wear; put on	穿	입다	mặc	3.
きれいな	clean; beautiful	漂亮的	아름다운	sạch, tươm tất, đẹp	2.3.7.8.
記録 きろく	record	记录	기록	ghi chép	5.7.8.
銀河鉄道 999 ぎんがてつどう	[title of an anime]	[动画名]	[일본 애니메이션 이름]	(tên phim hoạt hình)	5.
金熊賞 きんくましょう	Goldener Bär [top prize at the Berlin International Film Festival]	金熊奖 [柏林国际电影节的最高奖项]	황금곰상 [베를린 국제영화제 최고상]	Giải Gấu Vàng (phần thưởng lớn nhất trong liên hoan phim quốc tế tại Berlin)	5.
禁止 きんし	prohibition; ban	禁止	금지	cấm	2.8.
近代 きんだい	modern times; present day	近代	근대	cận đại	3.4.5.7.
キン肉マン にく	[title of a manga]	[漫画名]	[만화 제목]	(tên truyện tranh)	5.
近年 きんねん	recent years	近年	근래；근년	những năm gần đây	8.
く					
クイズ	quiz	谜语	퀴즈	đố	6.
空前 くうぜん	unprecedented	空前	기존에 없던；최고의	ngẫu nhiên	5.
空想 くうそう	imagination; fantasy	幻想	공상	không tưởng	1.
クーラー	air conditioner	空调	에어컨	máy điều hoà	7.
口 くち	mouth	嘴	입	miệng	1.5.
唇 くちびる	lip	唇	입술	môi	3.
国 くに	country	国家	나라	quốc gia	2.3.4.5.6.
国々 くにぐに	countries	各国	나라들	các nước	2.3.5.
首輪 くびわ	collar; choker	项链	(개) 목걸이	cổ áo	3.
区別 くべつ	distinction	区别	구별	sự phân biệt	7.
くもとちゅうりっぷ	[title of an animated production]	[动画作品名]	[애니메이션 작품 제목]	(tên sản phẩm hoạt hình)	5.
暮らす く	to make a living; live	生活	살다	sống, sinh sống	2.
クラブ	club	俱乐部	클럽	câu lạc bộ	1.
グラフィックデザイン	graphic design	(书籍、杂志、广告的) 平面造型设计	그래픽 디자인	thiết kế đồ hoạ	2.
比べる くら	to compare	比较	비교하다	so sánh	4.8.
クリエイティブな	creative	富有创造性的	창조적인；크리에이티브한	sinh động	4.
クリエーター	creator	发明家	크리에이터	người sáng tạo	5.
繰り返す く かえ	to repeat	重复	반복하다	lặp đi lặp lại	4.
来る く	to come	来	오다	đến	3.4.6.
グループ	group	团体	그룹	nhóm	7.8.
GS（グループサウンズ／ジーエス）	Group Sounds [genre of music]	由数人组成的摇滚乐队所创作的音乐 [音乐类型]	그룹 사운드 [음악 장르]	Group Sounds (thể loại âm nhạc)	6.7.

苦しい くる	painful; arduous; uncomfortable	痛苦	괴롭다 ; 불편하다	đau khổ, khó chịu, mệt	6.7.
車 くるま	car	车	차	xe	7.
グレー	gray	灰色	회색 ; 그레이	xám	2.
紅の豚 くれない　ぶた	[title of an animated film]	[动画片名]	[애니메이션 영화 제목]	(tên một bộ phim hoạt hình)	5.
クロード・モネ	[name of a painter]	[画家名]	[화가 이름]	(tên một hoạ sĩ)	2.
加える くわ	to add	添加	더하다	thêm vào	4.7.
詳しい くわ	detailed	详细的	상세하다	chi tiết	1.2.
軍 ぐん	army	军队	군	quân	6.
軍事 ぐんじ	military affairs	军事	군사	quân sự	6.

け

芸妓 げいぎ	geisha	艺伎	기녀	geisha	8.
経験 けいけん	experience	经验	경험	kinh nghiệm	3.
掲載 けいさい	publication (of an article, etc.); appearance (in a magazine, newspaper, etc.)	刊登（在杂志、报纸上等）	게재	việc đăng tải (lên báo, tạp chí…)	4.
経済 けいざい	economy	经济	경제	kinh tế	1.2.6.7.8.
芸者 げいしゃ	geisha	艺伎	게이샤 ; 기녀	geisha	2.
芸術 げいじゅつ	art	艺术	예술	nghệ thuật	2.
芸術家 げいじゅつか	artist	艺术家	예술가	nghệ sĩ	2.
芸能 げいのう	performing art; public entertainment	表演艺术 ; 娱乐	예능 ; (공연) 대중예술	nghệ thuật, nghệ thuật biểu diễn	2.6.8.
ゲーム	game	游戏	게임	trò chơi	1.
劇画 げきが	[genre of manga]	[漫画类型]	[만화 장르]	(thể loại truyện tranh)	1.
化粧 けしょう	makeup	化妆	화장	trang điểm, hoá trang	8.
結婚 けっこん	marriage	结婚	결혼	kết hôn	3.
欠乏 けつぼう	insufficiency; shortage	缺乏	결핍	sự thiếu thốn, nghèo khổ	7.
ケニー・ボール＆ヒズ・ジャズメン	[name of a band]	[乐团名]	[밴드 이름]	(tên ban nhạc)	6.
県 けん	prefecture	县	현 ; 일본의 행정구역	tỉnh	1.
剣 けん	sword	剑	검	thanh gươm	3.
検閲 けんえつ	censorship	审查	검열	sự kiểm duyệt	7.
玄関番の巻 げんかんばん　まき	[part of the title of an animated production]	[动画作品部分篇名]	[애니메이션 작품중 한 이야기의 제목]	(một phần tựa đề của sản phẩm hoạt hình)	5.
元気づける げんき	to lift (someone's) spirits; cheer up	鼓舞	기운을 북돋우다	làm cho ai vui, phấn khởi	7.
元気な げんき	lively; vigorous; healthy	精神百倍的	건강한 ; 기운찬	khoẻ khoắn, khỏe mạnh, lạc quan	6.
研究 けんきゅう	research	研究	연구	nghiên cứu	4.
現在 げんざい	present time	现在	현재	hiện tại	1.4.5.6.7.8.
原則 げんそく	principle; general rule	原则	원칙	nguyên tắc	5.
現代 げんだい	modern age; present day	现代	현대	hiện đại	1.2.4.5.8.
建築 けんちく	architecture	建筑	건축	kiến trúc	4.
原文 げんぶん	original text	原文	원문	nguyên tác	3.
言論 げんろん	speech; discussion	言论	언론	bình luận	3.4.7.

こ

～後 ご	after ～	～之后	～후	sau ～	3.
恋するフォーチュンクッキー こい	[title of a song]	[歌曲名]	[노래 제목]	(tên một bài hát)	7.
こう	this	这个	이렇게	cái này	6.

幸内純一 こううちじゅんいち	[name of an animator]	[动画家名]	[애니메이션 작가 이름]	(tên người sáng tạo ra hoạt hình)	5.
高円寺 こうえんじ	[name of an area]	[区域名]	[장소 이름]	(tên một địa điểm ở Nhật)	8.
高円寺阿波おどり こうえんじ あわ	[name of a festival]	[赛会名]	[축제 이름]	(tên một lễ hội)	8.
高円寺ばか踊り こうえんじ おど	[name of a festival]	[赛会名]	[축제 이름]	(tên một lễ hội)	8.
効果 こうか	effect	效果	효과	hiệu quả	4.7.
公開 こうかい	open to the public	公开	공개	công khai, công chiếu	7.
効果音 こうかおん	sound effect	效果配音	효과음	hiệu quả âm thanh	8.
攻殻機動隊 こうかくきどうたい	[title of a manga]	[漫画名]	[만화 이름]	(tên truyện tranh)	5.
興行 こうぎょう	public entertainment; performance	演出；公演	흥행	giải trí	5.
貢献 こうけん	contribution	贡献	공헌	cống hiến	3.5.
高校 こうこう	high school	高中	고교	trường cấp 3	6.
高校生 こうこうせい	high school student	高中生	고교생	Học sinh cấp 3	1.6.
広告 こうこく	advertisement	广告	광고	quảng cáo	7.
高山寺 こうさんじ	[name of a temple]	[寺庙名]	[절 이름]	(tên một ngôi đền)	1.
構成 こうせい	composition; formation; organization	构成	구성	cấu thành, cấu tạo, cấu trúc	8.
皇族 こうぞく	Imperial family	皇室	황족	hoàng tộc	8.
講談社 こうだんしゃ	[name of a publisher]	[出版社名]	[출판사 이름]	(tên nhà xuất bản)	4.
高知 こうち	[name of a prefecture]	[县名]	[현 이름]	(tên một tỉnh ở Nhật)	8.
高知県 こうちけん	Kochi Prefecture	高知县	고치 현	Tỉnh Kochi	8.
高度 こうど	high degree	高度	고도	cao độ	6.7.
後半 こうはん	second half; latter half	后半	후반	nửa sau	5.6.7.
後略 こうりゃく	omission (of the rest)	(后部)省略	후략；뒷부분을 생략함	bỏ phần sau	6.
交流 こうりゅう	exchange; interaction	交流	교류	trao đổi, giao lưu	2.
声 こえ	voice	声音	목소리	âm thanh	3.7.
GHOST IN THE SHELL (ゴーストインザシェル)	[title of an anime film]	[动画片名]	[일본 애니메이션 영화 제목]	(tên một bộ phim hoạt hình)	5.
氷の世界 こおり せかい	[title of a song]	[歌曲名]	[노래 제목]	(tên một bài hát)	7.
ゴールド・ディスク	gold disc	金曲集	골드디스크	đĩa vàng	6.
国際～ こくさい	international ～	国际～	국제 ～	～ quốc tế	3.4.5.6.8.
国産 こくさん	domestic (product)	国产	국산	sản phẩm sản xuất trong nước	5.
国内 こくない	within the country; domestic; interior	国内	국내	quốc nội, nội địa	5.6.8.
ここ	here	这里	여기	ở đây	1.4.8.
心 こころ	mind; heart; mentality	心	마음	trái tim, tinh thần	7.
腰 こし	waist; lower back	腰	허리	hông, eo	8.
腰骨 こしぼね	hipbone	腰骨	허리뼈	xương chậu	1.
五十三次 ごじゅうさんつぎ	[part of the title of an ukiyo-e series]	[浮世绘系列的部分画名]	[우키요에 시리즈 제목]	(một phần của loạt nhan đề ukiyo-e)	2.
個性 こせい	individuality; personality	个性	개성	cá tính, cá nhân	8.
答える こた	to answer	回答	대답하다	trả lời	4.6.
娯茶平 ごちゃへい	[name of an awaodori group]	[阿波舞团体名]	[아와오도리춤 그룹의 이름]	(tên một nhóm nhảy awaodori)	8.
誇張 こちょう	exaggeration	夸张	확장	sự khoa trương	1.
古典 こてん	classical work; old book	古典	고전	cổ điển	8.
こと	thing	事情	것	việc, vật	1.2.3.4.
事 こと	thing	事情	일；사실	việc, vật	3.
鼓童 こどう	[name of a wadaiko group]	[和太鼓团体名]	[와다이코(전통북) 그룹의 이름]	(tên của một nhóm Wadaiko)	8.

言葉 ことば	language	语言	말	từ ngữ, tiếng	1.2.4.5.6.7.
言葉遊び ことばあそび	word game	语言游戏	말놀이 ; 언어유희	chơi chữ	3.
子供 こども	child	孩童	아이 ; 어린이	đứa trẻ	1.3.6.7.
この～	this ～	这个～	이 ～	～ này	1.2.3.4.5.6.7.8.
コマ	frame (of manga, film, etc.)	(漫画、电影等的)镜头 ; 画面	한 화면 (영화, 만화 등)	khung (manga, phim)	3.4.
コマ割り こまわり	allotment of frames (in manga)	(漫画里的)分镜	화면 컷	cách trình bày khung (trong manga)	4.
コミュニティー	community	社区 ; 团体	커뮤니티	cộng đồng	3.
子守難 こもりなん	[title of a manga episode]	[漫画集名]	[만화 에피소드 제목]	(nhan đề một tập truyện tranh)	3.
娯楽 ごらく	pleasure; pastime; recreation; hobby	娱乐	오락	tiêu khiển, giải trí, thú vui	1.2.5.8.
これ	this	这个	이것	đây	3.4.5.7.8.
これから	from now; starting now; after this	今后	지금부터	từ giờ trở đi	4.
これら	these	这些	이들 ; 이것들	những thứ này	5.6.8.
～頃 ごろ/ころ	when ～ ; around the time of ～ ; around the time when ～	～时候	～ 경 ; ～ 즈음	khoảng ～ (thời gian), chừng	1.3.
殺す ころす	to kill	杀	죽이다	giết	5.
コロムビアレコード	[name of a record company]	[唱片公司名]	[레코드 회사 이름]	(tên một công ty thu âm)	8.
コントラスト	contrast	对比 ; 对照	명암	tương phản	2.
こんなに	this much; like this	这么	이토록 ; 이렇게	đến mức này	3.

さ

～歳 さい	～ years old	～岁	～ 세	tuổi ～	4.6.7.
～祭 さい	～ festival	～节	～ 축제	lễ hội ～	5.
最後 さいご	last	最后	최후	lần cuối, cuối cùng	4.
最高 さいこう	highest; best	最棒的	최고	cao nhất, tốt nhất, tuyệt vời	7.
最初 さいしょ	first	最初	최초	đầu tiên	1.4.5.6.7.8.
埼玉県 さいたまけん	Saitama Prefecture	埼玉县	사이타마 현	tỉnh Saitama	8.
サイト	website	网站	사이트	trang web	7.
西遊記 鉄扇公主の巻 さいゆうき てっせんこうしゅ まき	[title of an animated film]	[动画片名]	[애니메이션 영화 제목]	(tên một bộ phim hoạt hình)	5.
サウンズ	sounds	声音	사운드	âm thanh (số nhiều)	7.
サウンド	sound	声音	사운드	âm thanh (số ít)	6.7.
探す さがす	to look for; search	找寻	찾다	tìm kiếm	6.
魚 さかな	fish	鱼	생선	con cá	1.3.
坂本九 さかもとときゅう	[name of a singer]	[歌手名]	[가수 이름]	(tên ca sĩ)	6.
作品 さくひん	piece of work	作品	작품	tác phẩm	2.5.6.8.
サザエさん	[title of a manga]	[漫画名]	[만화 제목]	(tên truyện tranh)	4.
サザンオールスターズ	[name of a band]	[乐团名]	[밴드 이름]	(tên một band nhạc)	7.
THE JAPAN PUNCH (ザジャパンパンチ)	[title of a magazine]	[杂志名]	[잡지 제목]	(tên một tạp chí của Nhật)	3.
～冊 さつ	[counter for books]	～本	[책을 세는 단위]	quyển, cuốn (đơn vị đếm sách)	4.
作家 さっか	author; writer; novelist	作家	작가	tác giả	5.
雑誌 ざっし	magazine	杂志	잡지	tạp chí	3.4.5.
札幌 さっぽろ	Sapporo [name of a city]	札幌 [城市名]	삿포로 [도시 이름]	Sapporo (tên một thành phố ở Nhật)	8.

寂しい さび	lonely	寂寞	쓸쓸하다	buồn	1.
淋しい さび	lonely	寂寞	외롭다	buồn	6.
サポート	support	支援	원조 ; 지지	hổ trợ	8.
寒い さむ	cold	寒冷	춥다	lạnh	3.
左右 さゆう	left and right	左右	좌우	trái phải	4.
更に さら	furthermore; moreover	更	그 위에 ; 더욱더	thêm vào đó, hơn nữa	8.
サラリーマン	company employee	上班族	샐러리맨	nhân viên công ty	1.2.
猿蟹合戦 さるかにがっせん	[title of an animated production; title of a famous old tale]	[动画作品名；著名古老童话名]	[애니메이션 작품 제목 ; 유명한 옛날 이야기 제목]	(tên một sản phẩm hoạt hình; tên một câu truyện cổ nổi tiếng)	5.
〜さん	Mr./Ms. 〜	〜先生 ; 〜女士	〜씨	ông, bà, anh, chị 〜	6.
参加 さんか	participation	参加	참가	tham dự	8.
参勤交代 さんきんこうたい	daimyo's alternate-year residence in Edo	江户时代，各藩的大名前往江户替幕府将军执行政务。	에도 막부가 일정기간 영주를 에도에 머무르게 한 제도	các lãnh chúa luân phiên ở lại Edo mỗi năm một lần ở Edo (luân phiên trình diện)	1.
三種の神器 さんしゅ じんぎ	three status symbols; three sacred emblems of sovereign rule; Imperial Regalia of Japan [specifically, a sword, mirror and jewel]	历代天皇相传继承的三种宝物[主要指宝剑、宝镜和宝玉]，为皇位的象征。	왕위계승의 표지로 계승되는 세가지 보물 ; 귀중한 물건 [구체적으로 검 , 거울 , 보석]	Ba loại công cụ thần thiêng : (cụ thể là: gươm, kiếng và trang sức)	6.7.
三女 さんじょ	third daughter	三女	셋째딸	đứa con gái thứ 3	6.
三大〜 さんだい	three largest 〜	三大〜	삼대 〜	ba 〜 lớn nhất	8.
サンデー	[name of a serial manga magazine]	[连载漫画杂志名]	[만화연재잡지 이름]	(tên một loạt những tạp chí truyện tranh)	4.
三人 さんにん	three people	三个人	세 명	ba người	8.
サンプル	sample	样本 ; 样品	샘플	mẫu mã	1.6.
サンライズ	[name of an anime studio]	[动画工作室名]	[일본애니메이션 스튜디오 이름]	(tên một xưởng sản xuất hoạt hình)	5.

し

幸せ しあわ	happiness	幸福	행복	hạnh phúc	6.
GHQ（ジーエイチキュー）	General Headquarters	总司令部	연합군 총사령부	tổng hành dinh	7.
GNP（ジーエヌピー）	Gross National Product	国民生产总值	국민총생산	tổng sản lượng quốc gia	6.
シーン	scene	情景	장면	cảnh	2.3.4.5.6.7.8.
シェークスピア	[name of a dramatist]	[剧作家名]	[극작가 이름]	(tên một nhà soạn kịch)	4.
J-POP（ジェイポップ）	J-POP	日本流行歌曲	J-POP	J-POP	6.7.
ジェラシー	jealousy	嫉妒	질투	ghen tị	4.
滋賀県 し がけん	Shiga Prefecture	滋贺县	시가현	tỉnh Shiga	1.
しかし	however	但是	그러나	tuy nhiên	1.2.3.4.5.6.8.
仕方 しかた	way; method	方法	방법	cách thức, phương pháp	2.4.5.8.
〜時間 じかん	for 〜 hours	〜小时	〜시간	〜 tiếng	6.
時間 じかん	time	时间	시간	thời gian	3.4.5.
事故 じこ	accident	事故	사고	tai nạn	6.
四国 しこく	Shikoku [name of one of Japan's major islands]	四国 [日本的主要列岛名之一]	시코쿠 [일본열도 중 주요 섬의 이름]	đảo Shikoku (tên một trong những đảo chính của Nhật)	8.
仕事 しごと	work; job	工作	일	nghề nghiệp, công việc	3.
支持 しじ	support; backing	支持	지지	sự nâng đỡ, ủng hộ	3.
時事 じじ	current event	时事	시사	thời sự	3.
時事新報 じじしんぽう	[name of a newspaper]	[报纸名]	[신문의 이름]	(tên một tờ báo)	3.
システムコンポ	compact stereo system	组合音响	앰프 , 스피커 , 플레이어가 한 세트로 된 스테레오	dàn máy âm nhạc	7.

沈む	to go down; sink	下沉	가라앉다	chìm xuống	3.
自然	nature	自然	자연	tự nhiên	2.8.
思想	thought; idea; ideology	思想	사상	ý tưởng, tư tưởng	7.
地蔵	Jizo [the guardian deity of travelers and children]	地藏 [旅人和孩童的守护神]	지장보살; 여행객과 아이들을 보호하는 보살 [여행자와 어린이를 보살피는 수호신]	Địa Tạng, một vị Bồ Tát phù hộ cho lữ khách và trẻ em	3.
下	below; under	下	아래; 밑	bên dưới, dưới	1.2.3.4.5.6.7.8.
時代	era; period	时代	시대	thời đại, kỷ nguyên	1.2.3.4.5.6.7.8.
親しむ	to be familiar with; be friendly with	爱好; 喜好	친숙하다; 익숙하다	làm thân, làm quen với	6.
実際	actual	实际	실제	thực tế	1.
実写	live-action	实写	실사	quay thực tế, trực tuyến	5.
実は	in fact; in reality; actually	实际上	사실은; 실은	Thật ra, thực tế là	6.
質問	question	问题	질문	câu hỏi	4.
指導	guidance; instruction	指导	지도	chỉ đạo, hướng dẫn	3.8.
死ぬ	to die; pass away	死	죽다	chết, qua đời	4.
シネマ	cinema	电影	시네마	rạp chiếu phim	7.
篠笛	bamboo flute	横笛	대나무로 만든 (옆으로 부는) 피리	ống sáo cùng trong kịch Kabuki và nhạc dân ca	8.
自分	oneself	自己	자신	bản thân	1.2.3.4.5.6.8.
資本	capital	资本	자본	vốn	7.
島	island	岛屿	섬	đảo	5.
島耕作	[name of a manga character]	[漫画人物名]	[만화 등장인물 이름]	(tên một nhân vật truyện tranh)	1.
地面	land; (surface of the) earth; ground	地面	지면	mặt đất	4.
下川凹天	[name of an animator]	[动画家名]	[애니메이션 작가 이름]	(tên người sáng tạo ra hoạt hình)	5.
社員	employee of a company	职员	사원	nhân viên công ty	5.
社会	society	社会	사회	xã hội	2.3.6.8.
写真	picture	照片	사진	bức hình	1.2.8.
ジャズ	jazz	爵士	재즈	nhạc jazz	6.7.
社長	company president	总经理	사장	giám đốc	6.
ジャパンフェスト	Japan Fest	日本节	일본 페스티발	Lễ hội Nhật Bản	1.
Japonisme (ジャポニスム)	Japonism [Japanese influence on Western art and culture]	日本主义 [在西方艺术与文化中掀起的和风热潮]	자포니즘; 서양 미술에 나타난 일본 미술의 영향 [일본의 영향을 받은 서양미술과 문화]	chủ nghĩa Nhật Bản (những ảnh hưởng của Nhật Bản trong văn hoá và kiến trúc Châu Âu)	2.
三味線	three-stringed musical instrument	三味线; 日本三弦	샤미센; 3 줄현으로 된 전통악기	đàn tam (shamisen)	6.8.
ジャングル大帝	[title of a manga]	[漫画名]	[만화 제목]	(tên truyện tranh)	4.
シャンソン	chanson [style of French song]	香颂 [法国歌曲类型]	샹송	nhạc chanson - bài hát trong quán rượu Pháp	7.
ジャンプ	[name of a serial manga magazine]	[连载漫画杂志名]	[만화 연재잡지의 이름]	(tên một loạt những tạp chí truyện tranh)	5.
ジャンル	genre	类型	장르	thể loại	1.7.
自由	freedom	自由	자유	tự do	1.3.7.8.
集英社	[name of a publisher]	[出版社名]	[출판사 이름]	(tên nhà xuất bản)	4.
集会	assembly; meeting; gathering	集会	집회	tập hợp, hội họp, họp mặt	3.7.
～週間	for ～ week(s)	～周	～ 주간	～ tuần	5.6.
週刊	weekly (publication)	周刊	주간	báo tuần	4.5.
週刊誌	weekly magazine	周刊	주간지	tạp chí tuần	4.

宗教 しゅうきょう	religion	宗教	종교	tôn giáo	3.8.
収入 しゅうにゅう	revenue; income; earnings	收入	수입	thu nhập, lương	5.
充分な じゅうぶん	sufficient; enough	足够的	충분한	đủ, mãn nguyện	3.
10万 じゅうまん	hundred thousand	10万	10만	một trăm ngàn	6.
重要な じゅうよう	important	重要的	중요한	quan trọng	4.5.7.
授業 じゅぎょう	class	课	수업	giờ học	1.
受賞 じゅしょう	receiving an award	获奖	수상	nhận giải	5.
主人公 しゅじんこう	protagonist; main character	主角	주인공	nhân vật chính	4.5.
主題歌 しゅだいか	theme song	主题歌曲	주제가	bài hát chủ đề	7.
出身／出身者 しゅっしん／しゅっしんしゃ	one's origin; hometown / person coming from ～ ; native of ～	～出身／～出身的人	출신／출신자	xuất thân, quê nhà	8.
出版 しゅっぱん	publication	出版	출판	xuất bản	1.3.4.
出版社 しゅっぱんしゃ	publisher	出版社	출판사	nhà xuất bản	2.4.
主導 しゅどう	leading; initiative	主导	주도	chủ đạo	6.
主役 しゅやく	leading role	主角；中心人物	주역	vai trò quan trọng	8.
種類 しゅるい	type; kind	种类	종류	thể loại	1.2.8.
順番 じゅんばん	order; turn	顺序	순번；순서	thứ tự	4.
～賞 しょう	～ award	～奖	～상	giải ～	5.
～上 じょう	on ～	在～上面	～상；～에 있어	trên ～	2.
上映 じょうえい	screening; showing on a screen	放映	상영	trình chiếu	5.
～城下 じょうか	area surrounding ～ Castle	～城邑	～성하；성 둘레	xung quanh Thành	8.
紹介 しょうかい	introduction	介绍	소개	giới thiệu	1.3.6.8.
小学館 しょうがくかん	[name of a publisher]	[出版社名]	[출판사 이름]	(tên nhà xuất bản)	4.
小学生 しょうがくせい	elementary school students	小学生	초등학생	học sinh tiểu học	6.
将軍 しょうぐん	shogun	将军	장군	tướng quân	1.8.
衝撃 しょうげき	impact; shock; impulse	冲击	충격	đột ngột, bất ngờ	6.
証拠 しょうこ	proof	证据	증거	chứng cứ	5.
将校クラブ しょうこう	officers' club	军官俱乐部	장교 클럽	câu lạc bộ dành cho sĩ quan	6.
少女 しょうじょ	girl	少女	소녀	thiếu nữ	1.4.6.7.
上手な じょうず	skillful	擅长	잘하는；능숙한	giỏi	1.3.
小説 しょうせつ	novel	小说	소설	tiểu thuyết	3.
招待 しょうたい	invitation	招待	초대	mời	8.
正ちゃん しょう	[name of a manga character]	[漫画人物名]	[만화 등장인물 이름]	(tên nhân vật truyện tranh)	3.
正チャンの冒険 しょう ぼうけん	[title of a manga]	[漫画名]	[만화 제목]	(tên truyện tranh)	3.
商人 しょうにん	merchant	商人	상인	thương gia	1.2.8.
少年 しょうねん	boy	少年	소년	thiếu niên	1.3.4.5.
庄野 しょうの	[name of a town]	[城镇名]	[지역 이름]	(tên địa danh)	2.
庄野・白雨 しょうの はくう	[title of an ukiyo-e painting]	[浮世绘画名]	[우키요에 회화의 제목]	(tên bức hoạ ukiyo-e)	2.
消費 しょうひ	consumption; spending	消费	소비	tiêu hao, tiêu phí	6.
商品 しょうひん	goods; merchandise	商品	상품	sản phẩm	1.5.
勝負 しょうぶ	victory or defeat; match; game	胜负	승부	thắng bại	3.
情報 じょうほう	information	情报	정보	thông tin	1.2.
将来 しょうらい	future	将来	장래	tương lai	6.
条例 じょうれい	regulation; ordinance	条例	조례	luật lệ	3.
昭和 しょうわ	Showa [name of an era]	昭和[时代名]	쇼와 [시대 이름]	Showa (tên gọi của một thời đại)	6.7.8.

ショー	show	秀	쇼	show diễn	4.
女王	queen	女王	여왕	nữ hoàng	7.
ショート	short	短	쇼트	ngắn	4.
初期	early phase; beginning	初期	초기	thời kỳ đầu, đầu tiên	1.5.7.8.
職業	occupation	职业	직업	nghề nghiệp	3.4.
職人	artisan; craftsman	工匠	장인	công nhân	1.2.8.
女性	woman; women	女性	여성	phụ nữ	1.2.3.4.6.8.
女中	maidservant; housemaid	女佣	하녀 ; 여자 종업원	người hầu gái	3.
庶民	common people; the masses	庶民	서민	dân thường, bình dân	2.8.
女優	actress	女演员	여배우	nữ diễn viên	7.
ジョルジュ・ビゴー	[name of a cartoonist]	[漫画家名]	[만화가 이름]	(tên hoạ sĩ hoạt hình)	3.
調べる	to look into; look up; examine; investigate	调查	조사하다 ; 찾다	xem xét	5.6.
白雪姫	[title of an animated film]	[动画片名]	[애니메이션 영화 제목]	(tên một bộ phim hoạt hình)	5.
シリーズ	series	系列	시리즈	loạt, hàng loạt	2.5.
知る	to know	知道	알다	biết	1.2.6.7.8.
シルエット	silhouette	线条 ; 剪影 ; 轮廓	실루엣	hình bóng, bóng dáng	2.
白黒テレビ	black-and-white television	黑白电视	흑백 TV	tivi trắng đen	6.7.
新～	new ～ ; neo- ～	新～	신～	～ mới	7.
～人	～ people	～人	～인	người ～	1.2.3.5.6.
シングル	single	单独	싱글	đơn, một	7.
シングル・レコード	single (record)	单曲	싱글 레코드	(đĩa) đơn	6.
振興	advancement; promotion	振兴	진흥	sự khuyến khích, khích lệ	8.
人口	population	人口	인구	dân số	2.
紳士	gentleman	绅士	신사	quý ông	7.
じんじょうな	regular; ordinary	一般 ; 寻常	보통	bình thường	4.
信じる	to believe	相信	믿다	tin tưởng	4.
人生	human life	人生	인생	đời người	5.
神道	Shinto	神道	신도 ; 일본 전통신앙	Thần đạo	8.
心配	anxiety; concern	担心	걱정	lo lắng	8.
人物	person	人物	인물	nhân vật	4.5.
シンプルな	simple	单纯的	심플한	đơn giản	1.2.4.8.
新聞	newspaper	报纸	신문	báo	3.4.
シンボル	symbol	象征	심볼	biểu tượng	2.6.
真理	truth	真理	진리	chân lý	7.

す

スイス	Switzerland	瑞士	스위스	Thuỵ Sĩ	6.
スイング	swing	即兴爵士乐	스윙	nhạc swing	7.
スウェーデン	Sweden	瑞典	스웨덴	Thuỵ Điển	6.
数字	number	数字	숫자	con số	4.
スーパー～	super ～	超级～	슈퍼～	siêu ～, cực ～	7.
ズームアウト	zoom out	缩小 ; 拉远(镜头)	줌 아웃	phóng to	5.
ズームイン	zoom in	放大 ; 聚焦	줌 인	thu nhỏ	5.
末っ子	youngest child	老幺	막내	con út	6.
スカイツリー	Skytree	晴空塔	스카이트리	tháp Sky-tree	2.
姿	personal appearance; figure	样貌	모습	tướng mạo, hình dáng	3.

好きな	favorite; liking; love	喜欢	좋아하는	yêu thích	1.2.3.4.5.6.7.8.
SUKIYAKI（スキヤキ）	[title of a song]	[歌曲名]	[노래 제목]	(tên một bài hát)	6.
すき焼き	sukiyaki (food)	寿喜烧	스키야키；전골요리	món lẩu sukiyaki	6.
スキル	skill	技巧	스킬；기술；재주	kỹ năng	8.
すぐ	soon; immediately	立刻	곧；바로	ngay, liền	3.6.
少ない	little; few; small quantity	少	적다	ít	2.5.6.7.
すぐに	soon; immediately	立刻	바로	ngay tức khắc	4.
すごい	awesome; amazing	棒	놀랍다；굉장하다	cực kỳ, tuyệt vời	1.
少し	a little	少量	조금	một ít	3.6.7.8.
過ごす	to spend (time); pass (time)	过；度过	보내다	trải qua (thời gian)	4.7.
進める	to advance; move forward	前进	앞으로 나아가게 하다；움직이다	tiến tới, xúc tiến	8.
スター	star	明星	스타	ngôi sao	7.
スタート	start	开始	스타트	bắt đầu	5.
スタイル	style	样式；文体	스타일	kiểu	1.2.3.4.7.8.
スタジオ	studio	工作室	스튜디오	phòng thu, trường quay, phim trường	5.
スタジオジブリ	[name of an animation studio]	[动画工作室名]	[애니메이션 스튜디오 이름]	(tên một xưởng sản xuất hoạt hình)	5.
スタンダード	standard	标准	표준；스탠다드	tiêu chuẩn	5.
す手	bare hand; bare hands	徒手	맨손；맨주먹	tay trần	4.
スティーブ・アレン・ショー	[title of a TV show]	[电视秀名]	[TV 쇼 제목]	(một chương trình game show trên tivi)	6.
ステージ	stage	舞台	스테이지	sân khấu	8.
捨て猫	(abandoned) stray cat	流浪猫	버려진 고양이	mèo hoang	4.
捨てる	to throw away; dispose of	丢弃	버리다	vứt bỏ, loại bỏ	4.
ステレオ	stereo	立体声	스테레오	máy hát	7.
ストーリー	story	故事	스토리；이야기	câu chuyện	1.3.4.5.8.
ストーリー漫画	story manga	故事漫画	스토리 만화	câu chuyện truyện tranh	3.
スピード	speed	速度	스피드	tốc độ	4.
スペイン	Spain	西班牙	스페인	Tây Ban Nha	6.
スペース	space	空间	공간；스페이스	không gian	1.
全て	all	全部	전부	toàn bộ, tất cả	1.5.7.
スポーツ	sports	运动	스포츠	thể thao	6.
スポンサー	sponsor	赞助商	스폰서	tài trợ	5.
住む	to live	住	살다	sinh sống	2.
スムーズ	smooth	圆满；顺利	순조롭게	mượt mà, thuận lợi	5.
相撲	(the sport of) sumo	相扑	스모	Sumo	2.6.
スラムダンク	[title of a manga]	[漫画名]	[만화 제목]	(tên truyện tranh)	4.
する	to do	做	하다	làm	1.2.3.4.5.6.7.8.
座る	to sit; sit down; kneel on the floor	坐	앉다	ngồi xuống	8.

せ

静	stillness	宁静	조용하다	thanh tịnh	2.
～税	～ tax	～税	～세	thuế ～	7.
性格	personality	性格	성격	tính cách	1.4.6.
生活	living; life	生活	생활	cuộc sống, sinh hoạt	1.2.3.4.6.7.

日本語	English	中文	한국어	Tiếng Việt	
～世紀 せいき	～ th century	～世纪	～세기	thế kỷ ～	1.2.
制限 せいげん	restriction; limitation	限制	제한	giới hạn	2.3.
成功 せいこう	success	成功	성공	thành công	5.6.
政策 せいさく	policy	政策	정책	chính sách	5.
製作／製作所 せいさく　せいさくじょ	production / workshop; factory	制造／制造厂	제작／제작소	sản phẩm/chế phẩm, nhà máy	5.
生産 せいさん	production; output	生产	생산	sản xuất	1.
政治 せいじ	politics	政治	정치	chính trị	1.2.3.4.7.
成長 せいちょう	growth	成长	성장	trưởng thành, phát triển	6.7.
成長期 せいちょうき	growth period	成长期	성장기	thời kỳ phát triển	6.
制度 せいど	system	制度	제도	chế độ	1.3.7.
青年 せいねん	youth	青年	청년	thanh niên	1.
政府 せいふ	government	政府	정부	chính phủ	3.4.5.7.
西洋 せいよう	the West	西洋	서양	phương Tây	2.3.5.6.7.
聖闘士星矢 せいんとせいや	[title of a manga]	[漫画名]	[만화 제목]	(tên truyện tranh)	5.
セーラームーン	[part of the title of an anime]	[动画的部分题名]	[일본 애니메이션 제목의 부분]	(tên một bộ phim hoạt hình)	5.
セールス	sales	销售人员	세일즈	bán giảm giá	7.
背負う せお	to carry on one's back	肩负	짊어지다	cõng, gánh vác	3.
世界 せかい	world	世界	세계	thế giới	1.2.3.4.5.6.7.
世界中 せかいじゅう	all over the world	世界中	전세계	trên khắp thế giới	1.6.
世代 せだい	generation	世代	세대	thế hệ	5.6.7.
説 せつ	theory; belief; opinion; view	观点	설；의견	thuyết	8.
積極的な せっきょくてき	active; assertive; positive	积极的	적극적인	mang tính tích cực	8.
セット	set	套	세트	một bộ, một phần	8.
切ない せつ	heartbreaking; distressing	悲痛；悲伤	안타깝다；서글프다	thảm, khổ	6.
説明 せつめい	explanation	说明	설명	giải thích	1.2.3.4.6.7.8.
設立 せつりつ	establishment; foundation	设立	설립	thiết lập	5.
背中 せなか	back	背	등	cái lưng	3.
台詞 せりふ	one's lines; words (of a play)	台词	대사	lời thoại	4.8.
セル	cel (anime); celluloid	赛璐珞(动画)；电影胶片	셀（셀룰로이드）	khung tranh (phim hoạt hình), băng nhựa	5.
線 せん	line	线	선	đường, hàng	1.2.4.
全員 ぜんいん	everyone	全员	전원	mọi người	2.5.
全英 ぜんえい	all of Britain	全英	전영	toàn bộ nước Anh	6.
戦後 せんご	post-war	战后	전후	sau chiến tranh	4.5.7.8.
専攻 せんこう	major (in university)	专业	전공	chuyên ngành	4.
戦国 せんごく	warring states; warring countries	战国	전국；내란시기	chiến quốc	1.
全国 ぜんこく	whole country	全国	전국	khắp quốc gia	1.8.
前座 ぜんざ	pre-show performance; opening performance	前座	쇼 등에 앞선 오프닝 출연자；사전 MC	tiết mục mở màn	5.
1300万 せんさんびゃくまん	thirteen million	1300万	1300만	mười ba triệu	6.
戦時中 せんじちゅう	during the war	战争时期	전시중	suốt thời kỳ chiến tranh	4.5.8.
先週 せんしゅう	last week	上周	지난 주	tuần trước	1.
選手村 せんしゅむら	Olympic village	选手村	선수촌	làng tuyển thủ	8.
センス	sense	感觉；品味	센스	cảm giác, cảm nhận	7.
先生 せんせい	teacher	教师	선생	thầy, cô giáo	1.

戦前 せんぜん		pre-war	战前	전쟁 전	trước chiến tranh	4.5.7.
全然 ぜんぜん		not at all	完全	전혀	hoàn toàn không	1.
戦争 せんそう		war	战争	전쟁	chiến tranh	4.5.6.7.8.
洗濯機 せんたくき		washing machine	洗衣机	세탁기	máy giặt	6.7.
宣伝 せんでん		advertisement; promotion	宣传	선전	tuyên truyền, quảng bá	2.5.8.
千と千尋の神隠し せんとちひろのかみかく		[title of an animated film]	[动画片名]	[애니메이션 영화 제목]	(tên một bộ phim hoạt hình)	5.
前半 ぜんはん		first half; first period	前半	전반	nửa trước	7.
全部 ぜんぶ		all	全部	전부	toàn bộ	2.
専門 せんもん		special field; specialty; area of expertise	专门	전문 ; 전공	chuyên môn	5.
占領 せんりょう		occupation	占领	점령	chiếm đóng, chiếm giữ	5.6.
洗練 せんれん		refinement; polishing; sophistication	洗练	세련	lọc, tinh luyện	8.

そ

装飾品 そうしょくひん		ornament; decoration; accessory	装饰品	장식품	đồ trang sức, đồ trang trí	2.
創造 そうぞう		creation	创造	창조	sự sáng tạo	8.
相対性 そうたいせい		relativeness; relativity	相对性	상대성	tính tương đối	1.
装置 そうち		device; equipment	装置	장치	trang thiết bị	8.
僧侶 そうりょ		Buddhist priest; monk	僧侣	승려	tăng lữ	1.
そして		and then	然后	그리고	thêm vào đó, và rồi	2.3.4.5.6.7.8.
育つ そだつ		(something) grows	(某物)成熟；(某物)长大	자라다	trưởng thành, lớn lên	3.5.6.
育てる そだてる		to bring up; rear; raise	培养	기르다 , 양육하다	nuôi dưỡng, nuôi nấng	4.6.
そっと		quietly; gently	静悄悄地	조용히 ; 살짝	nhẹ nhàng, rón rén	3.
外 そと		outside	外面	밖	bên ngoài	3.
その～		that ~	那个～	그~	~ đó	1.2.3.4.5.6.7.8.
その後 そのご/あと		after that; afterwards	之后	그 후	sau đó	4.5.6.7.8.
素朴な そぼくな		simple; naive	简朴的	소박한	hồn nhiên, ngây thơ	4.
そよかぜ		gentle breeze	微风	산들바람	gió nhẹ	7.
それ		that	那个	그것	cái đó	1.2.4.6.
それぞれ		each; respectively	各个	각각	mỗi, từng	2.3.5.6.8.
損 そん		loss	损失	손해	lỗ, tổn hại	8.

た

第～ だい		No. ~	第～	제~	thứ ~ (thứ tự)	4.6.
大～ だい		great ~ ; big ~	大～	대 ~	đại ~, ~ lớn	1.2.4.5.6.7.
大学 だいがく		university; college	大学	대학	đại học	4.8.
太鼓 たいこ		drum	太鼓	북	cái trống	8.
たいした～		extreme; exceptional	了不起的；惊人的	대단한 ; 엄청난	to lớn, nhiều	3.
大衆 たいしゅう		the masses	大众	대중	đại chúng	1.2.6.7.8.
大正 たいしょう		Taisho [name of an era]	大正 [时代名]	다이쇼 [시대 이름]	Taisho (tên gọi của một thời đại)	8.
大切な たいせつな		important	重要的	소중한 ; 중요한	quan trọng	1.4.6.8.
大胆な だいたんな		bold; fearless; audacious	大胆的	대담한	mạnh dạn, thẳng thắn	2.
たいてい		usually	一般	보통 ; 대체로	thường thường	5.7.
タイトル		title	标题名称	타이틀 ; 제목	tựa đề	3.5.6.7.
ダイナミックな		dynamic	动感的	다이나믹하다	năng động	1.4.8.

第二次世界大戦 だいにじせかいたいせん	World War II	第二次世界大战	제 2 차 세계대전	Chiến tranh thế giới thứ 2	4.
代表 だいひょう	representative; representation; delegate	代表	대표	đại biểu, đại diện	5.6.7.8.
代表曲 だいひょうきょく	signature piece of music	代表歌曲	대표곡	nhạc đại diện	7.
代表作 だいひょうさく	representative work; (someone's) most well-known work	代表作	대표작	sản phẩm đại diện	5.
タイプ	type	类型	타입	loại, thể loại	6.
太平洋 たいへいよう	Pacific Ocean	太平洋	태평양	Thái Bình Dương	6.7.
大名 だいみょう	feudal lord	大名	다이묘 ; 영주	lãnh chúa	1.2.
大量 たいりょう	large quantity	大量	대량	số lượng lớn	1.
倒す たおす	to bring down; lay low; knock down	击倒	쓰러뜨리다	làm đổ , đánh gục	8.
高い たかい	high; expensive	高 ; 贵	높다 ; 비싸다	cao, mắc	1.4.5.7.
高畑勲 たかはたいさお	[name of an animated film director]	[动画片导演名]	[애니메이션 영화 감독 이름]	(tên một đạo diễn phim hoạt hình)	5.
抱き取る だきとる	to get hold of; take hold of	搂 ; 紧抱不放	받아 안다	ôm ấp	3.
たくさん	many	许多	많은	nhiều	1.2.5.6.7.
竹 たけ	bamboo	竹	대나무	cây tre, cây trúc	2.
竹のうち たけ	[name of a publisher]	[出版社名]	[출판사 이름]	(tên một nhà xuất bản)	2.
田吾作 たごさく	[name of a manga character]	[漫画人物名]	[만화 등장인물 이름]	(tên nhân vật truyện tranh)	3.
山車 だし	festival float	彩车 ; 花车	축제에 쓰이는 장식한 수레	kiệu dùng trong lễ hội	8.
出す だす	to put out; take out	出 ; ～出来	내다	ra, đổ ra	2.3.8.
タスク	task	任务	과제 ; 일	nhiệm vụ, đề mục	1.2.3.4.6.7.8.
助ける たすける	to help; save	帮助	돕다	trợ giúp	3.5.
叩く たたく	to hit; strike; beat; knock	敲打	두드리다 ; 때리다	gō, đánh	4.8.
多田小餘綾 ただこゆるぎ	[name of a person]	[人名]	[사람 이름]	(tên người)	8.
正しい ただしい	correct; right	正确	바르다	chính xác, thẳng thắn	3.6.
タタラ場 ば	[name of a village in an animated film]	[动画片里出现的村落名]	[애니메이션 영화 속의 마을 이름]	(tên một ngôi làng trorg bộ phim hoạt hình)	5.
～達 たち	～ s [The suffix 達 is a plural marker.]	～们 [后缀 "達" 表示复数]	～들 [복수형을 만들때 붙이는 접미어]	các ～ (hậu tố để tạo lập danh từ số nhiều	1.2.3.4.5.6.7.8.
立川 たちかわ	[name of a town]	[城镇名]	[지역 이름]	(tên một thị trấn)	6.
立つ たつ	to stand; stand up	站立	서다	đứng, đứng lên	8.
竜の子プロダクション たつ こ	[name of an anime studio]	[动画工作室名]	[일본 애니메이션 스튜디오 이름]	(tên một xưởng sản xuất phim hoạt hình)	5.
縦 たて	vertical; height	纵	세로	chiều dọc, chiều cao	1.
例えば たと	for example	譬如	예를 들면	ví dụ	1.4.5.7.8.
種 たね	seed	种子	씨 ; 종	hạt	7.
楽しい たの	enjoyable; joyful; pleasant	愉快的	즐겁다	vui	1.2.8.
楽しむ たの	to enjoy	享受	즐기다	hưởng thụ	1.2.3.4.5.6.7.8.
旅 たび	travel; trip	旅程	여행	chuyến đi	2.
食べ物 たもの	food	食物	음식	thực phẩm	1.6.
食べる た	to eat	吃	먹다	ăn	1.
保つ たも	to keep	保持	보존하다	giữ gìn	8.
太夫 たゆう	chanter in Bunraku	在 "文乐" 里负责说唱的艺人	분라쿠 (전통인형극) 에서 노래하는 사람	Thái Phu (tên gọi vai chính trong môn nghệ thuật rối Nhật Bản)	8.
誰 だれ	who	谁	누구	ai	1.
～段 だん	～ rows; ～ levels; ～ steps	～排 ; ～栏 ; ～段	～ 단	～ hàng, ～khay, ～ bước	4.
タンゴ	tango [style of dance]	探戈	탱고	điệu tăng-gô	7.

単語 たんご	word; vocabulary	单词	단어	từ vựng	6.7.
単行本 たんこうぼん	standalone volume; independent book [often referring to a compilation of comics]	单行本 [常指漫画合集]	단행본 [자주 만화의 편찬본을 일컬음]	sách xuất hành lẻ (để cập đến một bộ truyện tranh)	4.
男女 だんじょ	man and woman; men and women	男女	남녀	nam nữ	2.
誕生日 たんじょうび	birthday	生日	생일	sinh nhật	6.
ダンス	dance	舞蹈	댄스	nhảy múa	3.7.
ダンスソング	dance song	舞曲	댄스송	nhạc dùng cho khiêu vũ	7.
男性 だんせい	man; men	男性	남성	đàn ông	6.8.
ダンデライオン～遅咲きのタンポポ おそざ	[title of a song]	[歌曲名]	[노래 이름]	(tên bài hát)	7.
担当 たんとう	being in charge; person in charge	担任	담당	chịu trách nhiệm	6.
短編 たんぺん	short piece	短篇	단편	truyện ngắn	5.
たんぽぽ	dandelion	蒲公英	민들레	bồ công anh	7.
ち					
血 ち	blood	血	피	máu	4.
地域 ちいき	region; area; district	地区	지역	vùng, khu vực	8.
小さい ちい	small	小	작다	nhỏ	1.2.6.
チーム	team	团队	팀	nhóm	8.
チェック	check	确认	체크	kiểm tra	4.6.
違う ちが	to be different; wrong	错误	다르다 ; 틀리다	khác biệt, sai	1.8.
近松門左衛門 ちかまつもんざえもん	[name of a dramatist]	[剧作家名]	[극작가 이름]	(tên một nhà soạn kịch)	8.
力 ちから	power; force; strength	力量	힘	lực, sức mạnh	2.8.
父 ちち	father	父亲	아버지	cha, bố	3.5.
秩父屋台囃子 ちちぶやたいばやし	[title of a festival song]	[赛会曲名]	[축제 노래 제목]	(tên một bài nhạc lễ hội)	8.
秩父夜祭 ちちぶよまつり	[name of a festival]	[赛会名]	[축제 이름]	(tên một lễ hội)	8.
ちびキャラ	chibi character	大头漫画人物	가분수 캐릭터	nhân vật chibi	1.
地方 ちほう	district; region; countryside	地方	지방	địa phương	8.
チャート	chart	排行榜	차트	biểu đồ	6.
チャールズ・ワーグマン	[name of a cartoonist]	[漫画家名]	[만화가 이름]	(tên hoạ sĩ hoạt hình)	3.
茶屋 ちゃや	teahouse; tea store	茶馆；茶亭	찻집	phòng trà	2.
チャレンジ	challenge	挑战	첼린지 ; 도전	thử thách	1.
～ちゃん	[casual version of -san, typically only used with children or younger women]	小～（通常用于孩童）	[주로 아이들을 부를 때 쓰는 호칭]; -さんよりも 친근감을 주는 호칭	bé ~ (thường dùng cho trẻ em)	4.5.6.
注意 ちゅうい	attention; caution	注意	주의	chú ý	1.
中央集権 ちゅうおうしゅうけん	centralization of administrative power; centralized administrative power	中央集权	중앙집권	tập quyền trung ương	2.
中学生 ちゅうがくせい	middle school student	初中生	중학생	học sinh trung học cơ sở	1.
中期 ちゅうき	middle period	中期	중기	trung hạn	1.
中国 ちゅうごく	China	中国	중국	Trung Quốc	2.3.4.5.
中心 ちゅうしん	center	中心	중심	trung tâm	1.8.
注目 ちゅうもく	attention	注目	주목	chú ý	4.
中略 ちゅうりゃく	omission (of interior parts)	中略	중략	lược, bỏ đi	6.
長期 ちょうき	long term; long period of time	长期	장기	dài hạn	7.
鳥獣人物戯画 ちょうじゅうじんぶつぎが	[name of a series of picture scrolls]	[绘卷系列名]	[회화 제목]	(tên một bức tranh biếm hoạ)	1.

朝鮮 ちょうせん	Korea [typically referring to a unified Korea, before the country split into North and South Korea]	韩国 [主要指分裂成南北韩之前的统一国家]	조선 [북한과 대한민국으로 분단되기 이전의 한국]	Triều Tiên (nói đến bán đảo Triều Tiên trước khi phân chia thành Nam và Bắc Triều Tiên)	3.
町人 ちょうにん	townspeople	村民	도시에 사는 상인 ; 서민	dân thành thị	1.2.8.
長編 ちょうへん	feature-length; long piece; long work	长篇	장편	truyện dài	5.
直前 ちょくぜん	just before	前夕	직전	ngay trước	7.
千代子 ちよこ	[name of a person]	[人名]	[사람 이름]	(tên người)	6.
ちょっと	a little	一点儿	조금	một chút	1.
チラシ	leaflet; flyer	广告单	전단	tờ bướm	2.
散る ち	to fall; scatter	散落	지다	rơi rụng, vương vãi	7.

つ

ツアー	tour	旅游 ; 观光	투어	tour du lịch	8.
付いて行く つ い	to follow	跟随	따라가다	đi theo	3.
墜落 ついらく	accidental fall; crash	坠落	추락	tai nạn rơi	6.
通信／通信員 つうしん つうしんいん	correspondence; communication / correspondent	通讯／通讯员	통신／통신원	đưa tin, người đưa tin,' phóng viên	3.
使う つか	to use	使用	사용하다	sử dụng	1.2.3.4. 5.6.7.8.
津堅 つがた	[name of a scholar]	[学者名]	[연구자 이름]	(tên một học giả)	5.
津軽 つがる	[name of a region]	[地区名]	[지역 이름]	(tên một khu vực)	7.
疲れる つか	to get tired	疲惫	피곤하다	mệt mỏi	2.
次 つぎ	next	下个	다음	kế tiếp	1.3.4.5. 6.
付き合う つ あ	to date; keep company with (someone)	交往	사귀다	hẹn hò	4.
次々 つぎつぎ	one after another	接踵而来	잇달아 ; 연이어	liên tục	4.7.
次に つぎ	next	接下来	다음으로	tiếp theo	8.
月夜 つきよ	moonlit night	月圆夜	달밤	đêm trăng	7.
机 つくえ	desk; table	桌子	책상	bàn	4.
作る つく	to make	做	만들다	làm, tạo ra	1.2.3.4. 5.6.7.8.
つける	to bring together; attach; affix; turn on	附加 ; 添加 ; 固定	붙이다 ; 켜다	đính kèm, mặc vào, bật lên	1.6.7.
続き つづ	continuation	续编	계속	tiếp tục	1.7.
続く つづ	(something) continues	(某事)继续	계속되다	duy trì	2.4.5.7.
続ける つづ	to continue	继续	계속하다	tiếp tục	2.3.4.5. 6.7.8.
鼓 つづみ	hand drum	鼓	북	trống cơm	8.
ツナ	[name of a manga character]	[漫画人物名]	[만화 등장인물 이름]	(tên một nhân vật truyện tranh)	4.
つま子 こ	[name of a manga character]	[漫画人物名]	[만화 등장인물 이름]	(tên một nhân vật truyện tranh)	3.
つまらない	boring	无聊	재미없다	chán	4.
冷たい つめ	cold	寒冷	차다 ; 차갑다	lạnh	3.
強い つよ	strong	强壮	강하다	mạnh khoẻ	2.4.5.6. 7.8.
辛い／つらい つら	hard; difficult; heartbreaking	痛苦	힘들다 ; 어렵다	khó khăn, khổ	2.7.
釣り つ	fishing	垂钓	낚시	câu cá	3.
連れて行く つ い	to take (someone) to (somewhere)	带(人)去(某处)	데리고 가다	mang theo, dắt đi	3.

て

手 て	hand	手	손	tay	1.5.8.

DJ（ディージェー）	DJ; disc jockey	(广播电台)流行音乐播音员；流行音乐节目主持人	디제이	DJ	6.
デイヴ・デクスター・ジュニア	[name of a journalist]	[记者名]	[저널리스트 이름]	(tên một nhà báo)	6.
提携 ていけい	partnership; tie-up; cooperation; alliance	合作	제휴	sự hợp tác, liên kết	6.
ディズニー	[part of the name of an animation studio]	[动画工作室的部分名称]	[애니메이션 스튜디오 이름의 일부]	(tên một xưởng sản xuất phim hoạt hình)	5.6.
テーマ	theme	主题	테마	đề tài	1.2.4.5.
手紙 てがみ	letter	信	편지	lá thư	6.
～的 てき	～ -ic; ～ -ive; ～ -al [The suffix 的 makes nouns into na-adjectives.]	～的 [后缀"的"能把名词转变为 NA- 形容词。]	～적인 [명사를 -な형용사로 만들어주는 접미사]	mang tính ～ (hậu tố đi sau danh từ để tạo tính từ)	1.2.3.4. 5.6.7.8.
出来事 できごと	event	事件	사건；일	sự kiện	5.6.
出来る でき	to be able to; be capable of	能	할 수 있다	có thể	1.2.3.5. 8.
テクニック	technique	技巧	테크닉	công nghệ	4.
テクノポップ	technopop; synthpop	流行电音	테크노 팝	kỹ thuật làm nhạc	7.
デザイン	design	设计	디자인	thiết kế	1.2.
手塚治虫 てづかおさむ	[name of a manga artist]	[漫画家名]	[만화가 이름]	(tên một nghệ sĩ truyện tranh)	4.5.
デッサン	sketch	素描	뎃상	phác họa	1.
鉄腕アトム てつわん	[title of a manga]	[漫画名]	[만화 제목]	(tên truyện tranh)	4.5.
出てくる で	to appear; come on stage; come out; emerge	出现	나오다	xuất hiện	8.
手にいれる て	to obtain	获得	손에 넣다；입수하다	giành lấy được	4.
デビュー	debut	出道	데뷔	lần đầu biểu diễn, xuất hiện trên sân khấu	4.6.7.
でも	but	不过	하지만	nhưng	3.
出る で	to go out; appear; attend	出现	나오다	ra ngoài, xuất hiện, tham gia	1.2.3.4. 5.6.7.8.
テレビ	TV	电视	TV	ti-vi	1.4.5.6. 7.
テレビ局 きょく	TV station	电视局	방송국	đài truyền hình	6.
電気 でんき	electricity	电气	전기	điện	6.7.
天才 てんさい	genius	天才	천재	thiên tài	7.
電車 でんしゃ	train	电车	전차	xe điện	1.3.
天地 てんち	heaven and earth	天地	천지	thiên địa, trời đất	7.
伝統 でんとう	tradition	传统	전통	truyền thống	7.8.
転覆 てんぷく	overturning; capsizing	翻船	전복	lật úp	2.
電報 でんぽう	telegram	电报	전보	điện tín	6.
デンマーク	Denmark	丹麦	덴마크	Đan Mạch	6.
電話 でんわ	telephone	电话	전화	điện thoại	3.6.

と

～度 ど	～ times	～次	～ 번	～ lần	5.
ドイツ	German	德国	독일	Đức	3.6.7.
トイレ	toilet	洗手间	화장실	nhà vệ sinh	1.
動 どう	motion	动作	움직임	chuyển động	2.
どう	how	怎么	어떻게	như thế nào	3.5.
統一 とういつ	unification	统一	통일	thống nhất	1.
東映 とうえい	[name of an anime studio]	[动画工作室名]	[일본 애니메이션 스튜디오 이름]	(tên một studio hoạt hình)	5.
東映アニメーション とうえい	[name of an anime studio]	[动画工作室名]	[일본 애니메이션 스튜디오 이름]	(tên một studio hoạt hình)	5.

動画 どうが	animation; motion video; animated graphics	动画	동영상	video, phim hoạt hình, hình động	5.7.8.
東海道 とうかいどう	[name of a route]	[路线名]	[길 , 노선 이름]	(tên một tuyến đường)	1.2.
東海道五拾三次 とうかいどう ごじゅうさんつぎ	[title of an ukiyo-e series]	[浮世绘画系列名]	[우키요에 시리즈 제목]	(tên những tác phẩm ukiyo-e)	2.
東京 とうきょう	Tokyo [name of a city]	东京 [城市名]	도쿄 [도시 이름]	Tokyo (tên một thành phố ở Nhật)	1.2.3.6.7.8.
東京オリンピック とうきょう	Tokyo Olympics	东京奥林匹克	도쿄 올림픽	Thế vận hội thể thao Tokyo	8.
東京行進曲 とうきょうこうしんきょく	[title of a song]	[歌曲名]	[노래 제목]	(tên một ca khúc)	7.
東京パック とうきょう	[title of a magazine]	[杂志名]	[잡지 제목]	(tên tạp chí)	3.
東京ブギウギ	[title of a song]	[歌曲名]	[노래 제목]	(tên một ca khúc)	7.
倒産 とうさん	bankruptcy	破产	도산	phá sản	5.
当時 とうじ	at that time; in those days; then	当时	당시	đương thời, ngày đó	3.4.5.6.7.8.
同時 どうじ	the same time	同时	동시	đồng thời	4.
どうして	why	为什么	왜	tại sao	1.2.4.7.
同時に どうじ	at the same time	同时	동시에	cùng thời điểm đó	2.5.6.7.
東芝レコード とうしば	[name of a record company]	[唱片公司名]	[레코드 회사 이름]	(tên một công ty thu âm)	6.
登場 とうじょう	entrance (in a play); appearance (on screen)	登场	등장	đăng đàn, xuất hiện	4.5.
～頭身 とうしん	[the ratio of the length of one's head to their total height]	～头身	[전체 신장에서 머리가 차지하는 비율]	chiều cao từ đầu đến chân của một người	1.
統制 とうせい	regulation; control	统制	통제	điều khiển, hạn chế	4.
統治 とうち	rule; government; administration	统治	통치	cai trị, thống trị, điều hành	
とうとう	finally	最终	드디어	cuối cùng	4.
動物 どうぶつ	animal	动物	동물	động vật	1.4.
どうも	somehow; quite	实在 ; 怎么也	아무래도 ; 어쩐지	dù thế nào, rõ ràng	3.
どうやって	how	如何	어떻게	như thế nào	6.
トーキー	talkie; talking picture	有声片	토키 ; 발성 (유성) 영화	phim nói	5.
トーク	talk	谈话	토크 ; 이야기	nói	4.
通る とお	to pass; go by; take (a road or route)	通过	통하다	thông qua, ghé ngang qua	7.
～時 とき	when ～	～的时候	～ 시 ; ～ 때	khi ～	1.2.4.5.6.7.8.
時々 ときどき	sometimes	偶尔	때때로	thỉnh thoảng	6.
得意な とくい	skillful; good at	拿手 ; 擅长	잘하는 ; 능숙한	giỏi về	6.
徳川家康 とくがわいえやす	[name of a shogun]	[将军名]	[쇼군 (장군) 이름]	(tên một tướng quân)	1.
独自の どくじ	unique; one's own	独自的	독자의	độc đáo, độc quyền	2.
徳島 とくしま	[name of a prefecture]	[县名]	[지방 이름]	(tên một tỉnh ở Nhật)	8.
徳島県 とくしまけん	Tokushima Prefecture	德岛县	도쿠시마 현	tỉnh Tokushima	8.
徳島市 とくしまし	Tokushima City	德岛市	도쿠시마 시	thành phố Tokushima	8.
読者 どくしゃ	reader	读者	독자	độc giả	4.
Dr. スランプアラレちゃん	[title of a manga]	[漫画名]	[만화 이름]	(tên truyện tranh)	5.
特徴 とくちょう	special feature; characteristic	特征	특징	đặc trưng, tiêu biểu	1.6.8.
独特な どくとく	unique; distinctive	独特的	독특한	độc đáo, đặc biệt	8.
特に とく	especially	特别	특히	đặc biệt là	1.2.3.5.6.7.
特別な とくべつ	special	特别	특별한	đặc biệt	6.
どこ	where	哪里	어디	ở đâu	1.5.

床屋 とこや	barber shop	理发院	이발소	tiệm cắt tóc	1.
ところ	place	地方	곳	nơi chốn	3.
所 ところ	place	地方	곳	nơi chốn	3.4.8.
都市 とし	city	都市	도시	thành thị	2.
年 とし	year	年	년 ; 해	năm	5.6.
突然 とつぜん	suddenly	突然	돌연 ; 갑자기	đột nhiên, bất thình lình	6.
トップ	top	首位	탑	đứng đầu	7.
とても	very	非常	매우	rất	1.2.3.4. 5.6.8.
隣 となり	next to; in the vicinity of	旁边	옆 ; 이웃	bên cạnh, kế bên	8.
となりのトトロ	[title of an animated film]	[动画片名]	[애니메이션 영화 제목]	(tên một bộ phim hoạt hình)	5.
どの～	which ～	哪个～	어떤 ～	～ nào	4.
TÔBAÉ（トバエ）	[title of a magazine]	[杂志名]	[잡지 제목]	(tên tạp chí)	3.
鳥羽絵 とばえ	[style of drawing]	[绘画类型]	[소묘의 형태]	(một loại hình tranh)	1.
鳥羽絵三国志 とばえさんごくし	[title of a book]	[书名]	[책 제목]	(tên một cuốn sách)	1.
鳥羽僧正 とばそうじょう	[name of a monk]	[僧侣名]	[승려 이름]	(tên một thầy tu)	1.
飛び込む とこ	to jump into	投入 ; 扑向 ; 跃身而入	뛰어들다	nhảy vô	6.
トピック	topic	话题	토픽	đề tài	1.
飛び跳ねる とは	to jump up and down; hop; spring	跳跃	뛰어오르다	nhảy lò cò	4.
トムスエンタテイメント	[name of an anime studio]	[动画工作室名]	[애니메이션 스튜디오 이름]	(tên một xưởng sản xuất phim hoạt hình)	5.
友達 ともだち	friend	朋友	친구	bạn	1.3.
ドラえもん	[title of a manga]	[漫画名]	[만화 제목]	(tên một bộ truyện tranh)	5.
ドラゴンボール	[title of a manga]	[漫画名]	[만화 제목]	(tên một bộ truyện tranh)	4.5.
ドラマ	drama	连续剧	드라마	phim truyền hình	1.4.5.6.
ドラマティックな	dramatic	戏剧性的	드라마틱한	kịch tính, bi kịch	4.
ドラム	drum	鼓	드럼	cái trống	8.
取り入れる と い	to take in; adopt	采用	도입하다 ; 받아들이다	áp dụng, đưa vào	8.
撮る と	to take (a picture)	拍(照片)	찍다	chụp (ảnh)	2.
取る と	to take	拿	잡다 ; 받다	lấy, nhận lấy	3.
どれ	which one	哪个	어느	cái nào	4.
どんな	what kind of	什么样的	무슨	thể loại nào	2.4.5.6.

な

直す なお	to correct; fix; repair	修理	고치다 ; 바로 잡다	sửa chữa	3.
中 なか	inside	中	중 ; 가운데	bên trong	1.2.3.4. 5.6.7.8.
仲 なか	relation; relationship	关系	사이	quan hệ	1.
長い なが	long	长	길다	dài	1.3.4.7.
流す なが	to play (music); pour; drain	放(音乐) ; 流	흘리다 ; 흐르게 하다	lướt qua, chảy	6.
仲良く なかよ	on good terms; as good friends	要好 ; 友好	사이좋게	thân thiết, hòa thuận	4.6.
流れる なが	(sound) is played; (something) flows; runs	传来(声音) ; (某物)流动 ; 流逝	흐르다 ; 흘러내리다	nhạc (được chơi), ～ chảy, trôi	6.
泣き声 な ごえ	crying; tearful voice; scream; whine; whimper	哭声	우는 목소리	tiếng khóc, tiếng la	8.
泣く な	to cry	哭泣	울다	khóc	3.6.7.
亡くなる な	to die; pass away	过世	돌아 가시다	từ trần, chết	4.6.7.
投げる な	to throw	丢	던지다	quăng, ném	4.
なぞる	trace; follow	模仿	(형태 , 윤곽을) 따라그리다 ; 투사하다	đồ lại, dặm lại	2.

ナツ	[name of a manga character]	[漫画人物名]	[만화 등장인물 이름]	(tên một nhân vật truyện tranh)	4.
750万 ななひゃくごじゅうまん	7.5 million	750万	750 만	7.5 triệu	7.
何 なに/なん	what	什么	무엇, 뭐	cái gì	1.2.3.6.7.
何か なに	something	什么；某些	어떤	cái gì đó	4.
名前 なまえ	name	名字	이름	tên	1.2.3.4.5.6.8.
鯰 なまず	catfish	鲇鱼	메기	cá da trơn	3.
波 なみ	wave	波浪	파도	sóng	2.
並木路子 なみきみちこ	[name of a singer]	[歌手名]	[가수 이름]	(tên ca sĩ)	7.
涙 なみだ	tears	眼泪	눈물	nước mắt	6.
奈良 なら	Nara [name of a city]	奈良 [城市名]	나라 [도시 이름]	Nara (tên một thành phố ở Nhật)	1.
なる	to become	变成	되다	trở nên, trở thành	1.2.3.4.5.6.7.8.
鳴る な	(something) sounds; rings	(某物)响	울리다；소리가 나다	reo lên, hót lên	6.
ナンセンス	nonsense	荒谬；胡说八道	넌센스	vô cảm	4.
に					
西 にし	west	西边	서쪽	hướng Tây	3.
～日 にち	the ~ th day of the month	~日	~일	ngày ~	5.6.8.
日劇ウエスタンカーニバル にちげき	[name of a music event]	[音乐活动名]	[음악 이벤트 이름]	(tên một sự kiện âm nhạc)	6.
日曜 にちよう	Sunday	星期天	일요	ngày Chủ nhật	3.
日系アメリカ人 にっけい じん	Japanese American	日裔美国人	일본계 미국인	người Mỹ gốc Nhật	4.
日中 にっちゅう	Japan and China	日本与中国	중일	Nhật Trung	4.
日本コロムビア にっぽん	[name of a record company]	[唱片公司名]	[레코드 회사 이름]	(tên công ty thu âm)	7.
日本放送協会 にっぽんほうそうきょうかい	NHK; Japan Broadcasting Corporation	日本放送协会	일본 방송 협회	Đài truyền hình trung ương Nhật Bản	5.6.
日本ポリドール にっぽん	[name of a record company]	[唱片公司名]	[레코드 회사 이름]	(tên một công ty thu âm)	7.
日本漫画奉公会 にっぽんまんが ほうこうかい	[name of a group]	[团体名]	[그룹 이름]	(tên một tổ chức)	4.
日本 にほん	Japan	日本	일본	Nhật Bản	1.2.3.4.5.6.7.8.
日本語 にほんご	Japanese language	日语	일본어	tiếng Nhật	1.2.3.6.7.
日本航空機 にほんこうくうき	an aircraft of Japan Airlines	日本航空(JAL)	일본 항공기	máy bay Hàng không Nhật Bản	6.
日本ビクター にほん	[name of a record company]	[唱片公司名]	[레코드 회사 이름]	(tên công ty thu âm)	7.
2万 にまん	twenty thousand	2万	2 만	hai mươi ngàn	7.
入社 にゅうしゃ	entering a company	进入公司	입사	vào công ty	5.
ニュース	news	新闻	뉴스	tin tức	5.6.
ニューミュージック	[genre of music]	[音乐类型]	[음악 장르]	(thể loại âm nhạc)	7.
ニューヨーク	New York	纽约	뉴욕	New York	7.
似る に	to resemble; be similar	相似	비슷하다, 닮다	giống nhau, tương đồng	2.4.
～人 にん	[counter for people]	~人	[사람을 세는 말]	~ người (đơn vị đếm người)	1.2.3.5.6.
人気 にんき	popularity	人气	인기	thông dụng, phổ thông	1.2.3.4.5.6.7.8.
人形 にんぎょう	puppet; doll	娃娃	인형	con búp bê	8.
人形遣い にんぎょうづかい	puppeteer	操偶师傅	인형을 조종하는 사람	diễn viên múa rối	8.
人間 にんげん	human	人类	인간	con người, nhân loại	2.4.

ぬ						
塗り替える ぬ か	to break a record; change the color; repaint	刷新；破纪录	기록을 깨뜨리다；다시 쓰다	phá kỷ lục, sơn lại, thay đổi màu sắc	5.	
ね						
猫 ねこ	cat	猫	고양이	con mèo	4.	
熱心な ねっしん	enthusiastic; eager; earnest	热心的	열심인	nhiệt tình	6.	
寝る ね	to sleep	睡觉	자다	ngủ	2.	
～年 ねん	～ [year]; ～ years	～年	～년	～ năm	1.2.3.4. 5.6.7.8.	
～年後 ねん ご	after ～ years; ～ years later	～年后	～년 후	sau ～ năm	3.	
～年生 ねんせい	～ st/nd/rd/th year student [e.g. "1st year student"]	～年级［例：1年级的学生］	～학년 [예를 들면 "1학년"]	sinh viên năm ～ (ví dụ như sinh viên năm 1)	4.	
～年代 ねんだい	the ～ [year]s [e.g. "the 1920s"]	～年代［例：1920年代］	～년대 [예를 들면 "1920년대"]	những năm ～ (những năm 1920)	2.3.4.5. 6.7.8.	
の						
野 の	field	原野	들판	cánh đồng	3.	
能 のう	Noh drama	能剧	일본 전통극	kịch Nô, loại hình kịch của Nhật	8.	
残す のこ	to leave; keep; save; preserve	留传；留下	남기다	bỏ lại, giữ lại, lưu giữ	6.	
残る のこ	(something) remains; survives	(某物)留下	남다	còn sót lại	6.7.8.	
後に のち	later	之后	나중에	sau	1.2.5.8.	
飲み物 の もの	drink; beverage	饮料	음료	đồ uống	1.	
飲む の	to drink	喝	마시다	uống	1.4.7.	
乗る の	to ride	乘坐	타다	lái (xe), bước lên	2.8.	
ノルウェー	Norway	挪威	노르웨이	Norway	6.	
ノンキナトゥサン	[title of a manga]	[漫画名]	[만화 제목]	(tên một bộ truyện tranh)	3.	
は						
～パーセント	～%	百分之～	～퍼센트	～%	6.	
パーツ	parts	配件；零部件	파트；부분	phần, linh kiện	1.	
パーティー	party	舞会	파티	bữa tiệc	3.	
パールハーバー	Pearl Harbor	珍珠港	진주만	Trân Châu Cảng	6.	
俳句 はい く	haiku; Japanese poem in a 5-7-5 syllabic form	俳句；日本古典短诗，由5字-7字-5字形式所组成。	일본 5-7-5조 정형시 (시조)	thơ Haiku Nhật Bản theo hình thức 5-7-5	8.	
ハイクオリティ	high quality	高品质	고품질；하이 퀄리티	chất lượng cao	5.	
背景 はいけい	background	背景	배경	bối cảnh	1.2.3.5. 6.8.	
敗戦 はいせん	lost battle; defeat	败战	패전	thua trận	6.	
俳優 はいゆう	actor; player	演员	배우	diễn viên	6.	
入る はい	to enter	进入	들어가다	tham dự, bước vào	4.6.7.	
パイ・レコード	[name of a record company]	[唱片公司名]	[레코드 회사 이름]	(tên công ty thu âm)	6.	
ハウルの動く城 うご しろ	[title of an animated film]	[动画片名]	[애니메이션 영화 제목]	(tên một bộ phim hoạt hình)	5.	
ハウンド・ドッグ	[title of a song]	[歌曲名]	[노래 제목]	(tên một bài hát)	6.	
はかない	short-lived; passing; fleeting; transient	无常的；短暂的	덧없다；허무하다	phù du, thoáng qua, vô thường	2.	
白蛇伝 はくじゃでん	[title of an animated film]	[动画片名]	[애니메이션 영화 제목]	(tên một bộ phim hoạt hình)	5.	
拍手 はくしゅ	clapping; applause	拍手	박수	vỗ tay	6.	
爆発 ばくはつ	explosion	爆发	폭발	bùng nổ	4.6.	
幕府 ばく ふ	feudal government; shogunate government	幕府	무사 정권 또는 그 정부	thời kỳ Mạc Phủ (một thời kỳ trong lịch sử Nhật)	1.2.8.	

幕末 ばくまつ	closing days of the Tokugawa government	幕府末期	도쿠가와 막부 말기	những ngày cuối cùng của nhà nước Tokugawa	3.
迫力 はくりょく	force; power; drive	气势	박력	thúc giục, bắt buộc	8.
運ぶ はこ	to transport; carry; convey	搬运	옮기다	vận chuyển, mang, đưa đi	8.
橋 はし	bridge	桥	다리	cây cầu	3.
始まる はじ	(something) begins	(某事)开始	시작하다	(cái gì đó) bắt đầu	1.3.4.5. 6.7.8.
始め はじ	beginning	开始	시작	đầu tiên	1.
初めて はじ	for the first time	初始	처음	lần đầu	1.3.4.5. 6.7.
始める はじ	to begin; start	开始	시작하다	bắt đầu	2.3.4.6. 8.
場所 ばしょ	place	场所	장소	địa điểm	1.2.4.8.
走る はし	to run	跑	달리다	chạy	4.
長谷川町子 はせがわまちこ	[name of a manga artist]	[漫画家名]	[만화가 이름]	(tên một hoạ sĩ truyện tranh)	
パターン	pattern	式样；模式	패턴	mẫu mã	5.
果たす は	to play a part; fulfill (a promise, mission, etc.)	扮演(角色)；完成(约定、任务等)	다하다	đóng vai trò, làm tròn (lời hứa, nghĩa vụ…)	4.5.7.
働く はたら	to work	工作	움직이다	làm việc	4.5.6.
はっきり	clearly	明确地	확실히	rõ ràng	7.
発展 はってん	development; expansion	发展	발전	phát triển, mở rộng	1.2.3.4. 5.8.
発売 はつばい	sale	贩卖	판매；발매	việc bán ra	6.
発表 はっぴょう	presentation; announcement	发表	발표	phát biểu, diễn văn	3.4.5.
派手な はで	showy; gorgeous; bright	花哨的	화려한	loè loẹt, rực rỡ, sáng	8.
パテ・マルコーニ	[name of a record company]	[唱片公司名]	[레코드 회사 이름]	(tên công ty thu âm)	
バトル	battle	战役	싸움；배틀	trận đánh	4.
鼻 はな	nose	鼻子	코	cái mũi	1.
話 はなし	talk; speech	演说	이야기	câu chuyện, bài diễn thuyết	4.5.8.
話す はな	to talk	说话	이야기하다	nói chuyện	1.4.5.8.
花びら はな	(flower) petal	花瓣	꽃잎	cánh hoa	7.
塙凹内　名刀の巻 はなわへこない　めいとう　まき 試し斬 ため　ぎり	[title of an animated production]	[动画作品名]	[애니메이션 작품 제목]	(tên một sản phẩm hoạt hình)	
母 はは	mother	妈妈	어머니	mẹ	3.
母親 ははおや	mother	母亲	모친	mẹ	6.
幅広い はばひろ	wide; broad	广泛的	폭넓다	rộng lớn	5.6.7.
パフォーマー	performer	表演者	무대 예술을 공연하는 사람；공연예술가	người biểu diễn	7.8.
パフォーマンス	performance	表演	퍼포먼스	biểu diễn	7.8.
バブル	bubble economy	泡沫经济	거품 (경제); 내재가치에 비해 시장과역이 과대평가 된 시기	kinh tế bong bóng	7.
早い はや	early	早	이르다	sớm	2.
速い はや	quick; fast; speedy	快	빠르다	nhanh, tốc hành	5.
流行る はや	to be fashionable; be trendy; prosper	流行	유행하다	thịnh hành, thời trang, mốt	7.
バラード	ballad	抒情歌	발라드	bản ba-lát	6.
バラエティー	variety show	综艺节目	버라이어티	chương trình truyền hình	6.
パラダイス・キング	[name of a band]	[乐团名]	[밴드 이름]	(tên của một band nhạc)	6.
バランス	balance	平衡	균형；밸런스	cân bằng	1.

パリ	Paris	巴黎	파리	Paris (Pháp)	2.3.
ハリウッド	Hollywood	好莱坞	헐리우드	Hollywood	6.
貼る	to paste; stick	贴	붙이다	dán, đính vô	3.
パワフルな	powerful	活力无穷的	파워풀한	đầy quyền năng	7.
藩	feudal domain; feudal clan	藩	에도 시대 영주의 영지와 그 지배조직	thái ấp (đơn vị hành chính ngày xưa)	8.
番組	(TV, radio, etc.) program	(电视、广播等)节目	프로그램	chương trình (tivi, radio, v.v..)	5.6.
伴奏	(musical) accompaniment	伴奏	반주	đệm nhạc	8.
バンド	band	乐团	밴드	band nhạc	6.7.
バンドボーイ	roadie	乐团的道具管理员	밴드 매니저	người phụ trong các nhóm nhạc	6.
バンビ	[title of an animated film]	[动画片名]	[애니메이션 영화 제목]	(tên một bộ phim hoạt hình)	5.

ひ

日	the sun; day	日	일	mặt trời, ngày	3.6.
非〜	non-; un-; anti-	非〜	비〜	phi 〜, vô 〜, không 〜 (phủ định)	6.
日当り	sunshine	向阳	볕이 듦 ; 양지	ánh mặt trời	3.
ヒーロー	hero	英雄	영웅 ; 히어로	anh hùng	5.
冷える	(something) gets cold	(某物)变冷	차가워지다	lạnh đi, nguội đi	3.
比較	comparison	比较	비교	so sánh	2.8.
低い	low	低	낮다	thấp	5.8.
膝	knee	膝盖	무릎	đầu gối	8.
ひさし	[name of a person]	[人名]	[사람 이름]	(tên người)	6.
ビジネス	business	商业	비지니스	kinh doanh	1.5.
美術	art; fine art	美术	미술	mỹ thuật	3.
美少女戦士セーラームーン	[title of an anime]	[动画名]	[일본 애니메이션 이름]	(tên phim hoạt hình)	5.
非常に	extraordinarily; remarkably; very	非常	매우	cực kỳ, vô cùng, rất	5.
左	left	左边	왼쪽	bên trái	3.4.
左足	left foot	左脚	왼발	chân trái	8.
左上	upper left	左上	왼쪽 위	bên trái phía trên cùng	2.
左肩	left shoulder	左肩	왼쪽 어깨	vai bên trái	8.
左手	left hand	左手	왼쪽 손	tay trái	8.
びっくり	surprise	吃惊	놀라다	giật mình	2.
びっしょり	drenched	湿透	흠뻑 젖다	ướt sũng	6.
ピッチャー	pitcher	投手	투수	cầu thủ ném bóng (bóng chày)	6.
ヒット	hit	打击	히트	cú ném, cú đánh	5.6.7.
ビデオ	video	录像机	비디오	video	5.7.
人	person	人	사람	người	1.2.3.4.5.6.7.
一つ	one	一个	하나	một cái	1.2.3.4.5.6.7.8.
人成	[name of a manga character]	[漫画人物名]	[만화 등장인물 이름]	(tên một nhân vật truyện tranh)	3.
人々	people	人们	사람들	người người	1.2.3.5.6.7.8.
人前	public; in front of others	人前	남의 앞 ; 체면	trước công chúng, trước mặt người khác	6.
一人	one person; alone	一个人	한 사람	một mình, cô đơn	1.2.3.4.6.7.

ピノキオ	[title of an animated film]	[动画片名]	[애니메이션 영화 제목]	(tên một bộ phim hoạt hình)	5.
火の鳥 ひ とり	[title of a manga]	[漫画名]	[만화 제목]	(tên truyện tranh)	4.
ビブラフォン	vibraphone	颤音琴	비브라폰 ; 타악기의 종류	đàn tăng rung	6.
100万 ひゃく まん	one million	100万	100 만	một triệu	2.6.
表 ひょう	chart; table	表格	표	bảng biểu	5.6.7.
～秒 びょう	～ seconds; [counter for seconds]	～秒	～초[초 (시간) 을 재는 말]	～ giây (đơn vị đếm thời gian)	5.
美容院 びよういん	beauty salon	美容院	미용실	thẩm mỹ viện	1.
評価 ひょうか	evaluation	评价	평가	đánh giá	5.7.
病気 びょうき	sickness; illness	病	병	bệnh tật	3.5.
表現 ひょうげん	expression	表现	표현	biểu hiện	1.4.5.7.8.
表現力 ひょうげんりょく	ability to express oneself; one's power of expression	表现力	표현력	năng lực biểu diễn, năng lực diễn xuất thể hiện	7.
表情 ひょうじょう	facial expression	表情	표정	cảm xúc	1.
開く ひら	to open	打开	열다	mở ra	8.
昼 ひる	daytime	白天	점심 ; 낮	buổi trưa	6.
昼寝 ひる ね	daytime nap	午睡	낮잠	ngủ trưa	4.
ビルボード／ ビルボード誌 し	[title of a magazine]	[杂志名]	[잡지 제목]	(tên một tờ tạp chí)	5.6.
ヒロ	[name of a manga character]	[漫画人物名]	[만화 등장인물 이름]	(tên nhân vật truyện tranh)	4.
広い ひろ	wide; spacious	广大的	넓다	rộng, bao la	2.5.
拾う ひろ	to pick up	拾起	줍다	nhặt lên	4.
披露 ひろう	show; display; exhibit; announce	发表 ; 公布	(사람 앞에서) 보이다 ; 발표하다	công khai, công bố	8.
広まる ひろ	(something) spreads; becomes widely known	(某物)扩大 ; 扩展 ; 蔓延	넓어지다 ; 널리 퍼지다	lan rộng, được biết đến nhiều	1.3.6.8.
広める ひろ	to spread; make (something) widely known	扩展	넓히다 ; 보급시키다	bành trướng, mở rộng	3.5.

ふ

ファーストアルバム	first album	首张专辑	첫번째 앨범	album đầu tay	7.
First Love（ファーストラブ）	[title of a song]	[歌曲名]	[노래 제목]	(tên một ca khúc)	7.
ファッション	fashion	时装	패션	thời trang	2.
ファン	fan	粉丝	팬	fan hâm mộ	2.5.6.
不安 ふ あん	uneasiness; uncertainty; anxiety	不安	불안	bất an, lo lắng	6.
ファンタジア	[title of an animated film]	[动画片名]	[애니메이션 영화 제목]	(tên một bộ phim hoạt hình)	5.
フィンセント・ファン・ゴッホ	[name of a painter]	[画家名]	[화가 이름]	(tên một bức tranh)	2.
風紀 ふう き	public morals; discipline	风纪	풍기	tác phong sinh hoạt	8.
風景 ふうけい	scenery; landscape	风景	풍경	phong cảnh, cảnh vật	2.7.
風刺 ふう し	satire	讽刺	풍자	trào phúng, châm biếm	1.2.3.4.
風刺画 ふう し が	satirical drawing; caricature	讽刺画	풍자화	biếm hoạ	1.2.
ブーム	boom	潮流	붐	sự bùng nổ	5.6.7.
笛 ふえ	flute	笛	피리	ống sáo	8.
増える ふ	(something) increases	(某物)增加	늘리다	gia tăng	2.7.8.
フォーク	folk	叉子	포크	dân ca	7.
フォークソング	folk song	民歌	포크송	nhạc dân ca	7.
深い ふか	deep	深	깊다	sâu	5.6.

舞楽 ぶがく	traditional Japanese court music accompanied by dancing	伴随舞蹈的"雅乐"	전통 궁정음악인 아악 가운데 춤이 따르는 곡	ca vũ truyền thống Nhật	8.
富嶽三十六景 ふがくさんじゅうろっけい	[title of an ukiyo-e series]	[浮世绘画系列名]	[우키요에 시리즈의 제목]	(tựa đề của một loạt ukiyo-e)	2.
ブギ	boogie	布基	부기	một loại nhạc disco phổ biến cuối năm 1970	7.
吹き出し ふ だ	speech balloon	对白	말풍선	phun ra, bắn ra	3.4.
普及 ふきゅう	spread; dissemination; extension; popularization	普及	보급	phổ biến, phổ cập	7.
服 ふく	clothes	衣服	옷	quần áo	3.
複雑な ふくざつ	complex; complicated	复杂的	복잡한	phức tạp	1.5.
複製 ふくせい	replica; duplication; copy	复制	복제	phục chế	2.
更ける ふ	to grow late; advance [time]	深；阑 [时间]	깊어지다；한창이다[시간]	về khuya (thời gian)	7.
武士 ぶし	samurai; warrior	武士	무사	võ sĩ	8.
不思議の国のアリス ふしぎ くに	[title of an animated film]	[动画片名]	[애니메이션 영화 제목]	(tên một bộ phim hoạt hình)	5.
富士山 ふじさん	Mt. Fuji	富士山	후지산	núi Phú Sĩ	2.
不足 ふそく	shortage; deficiency; insufficiency	不足	부족	thiếu, không đủ	6.
舞台 ぶたい	stage	舞台	무대	sân khấu	8.
二つ ふた	two	两个	두 개	hai cái	3.5.
二人 ふたり	two people	两个人	두 사람	hai người	3.5.
普通 ふつう	normal; regular; common	普通	보통	phổ thông, thông thường	6.
二日 ふつか	two days	两天	2일	hai ngày	6.
仏画 ぶつが	Buddhist painting	佛教绘画	불화；불교에 관한 그림	tranh ảnh Phật	1.
復活 ふっかつ	revival; rebirth	复活	부활	phục sinh, sống lại	8.
ぶつかる	to strike; collide; hit	碰撞；遇上；冲突	부딪히다	tông, đụng	4.
仏教 ぶっきょう	Buddhism	佛教	불교	Phật giáo	8.
船 ふね	ship	船	배	con tàu, thuyền	2.
部分 ぶぶん	part; portion; section	部分	부분	bộ phận, phần	2.7.
不満 ふまん	dissatisfaction; discontent	不满	불만	bất mãn, khó ở	7.
部門 ぶもん	division; department	部门	부문	phân khoa, bộ môn	5.
増やす ふ	to increase	增加	늘리다	làm tăng lên	5.
フライシャー	[name of animators]	[动画家名]	[애니메이션 작가 이름]	(tên một nhà sáng tạo hoạt hình)	5.
ブラジル	Brazil	巴西	브라질	Brazil	6.
フランス	France	法国	프랑스	Pháp	1.2.3.5.6.7.
プリキュア	[part of the title of an animated series]	[动画系列的部分题名]	[일본 애니메이션 시리즈 제목]	(một phần tựa đề của một loạt phim hoạt hình)	5.
振り向く ふ む	to turn one's face; look back	转头	돌아 보다	quay lại, nhìn lại	4.
降る ふ	(rain, snow, etc.) falls	下(雨、雪等)	내리다	(tuyết, mưa v.v..) rơi	2.
古い ふる	old	旧	낡다；오래되다	cũ	1.8.
ブルース	blues [genre of music]	蓝调 [音乐类型]	블루스 [음악 장르]	blues (thể loại âm nhạc)	7.
フレーズ	phrase	词组；短语	소절；악구	nhóm từ, cụm từ	7.
フレズノ	[name of a city]	[城市名]	[미국 도시 이름]	(tên một thành phố)	6.
フレンド	[name of a serial manga magazine]	[连载漫画杂志名]	[만화 연재잡지 이름]	(tên của một số tạp chí truyện tranh)	4.
プロ	professional	专业人员	프로	chuyên nghiệp	6.
付録 ふろく	supplement; appendix; extra	附录	부록	bổ sung, thêm vào, phụ lục	3.
プロデューサー	producer	制片人；节目制作人	프로듀서	nhà sản xuất	6.

プロパガンダ	propaganda	宣传	프로파간다 ; 선전	tuyên truyền	4.5.
プロモーション	promotion	宣传	프로모션	khuyến mãi	6.7.
プロレス	professional wrestling	职业摔角	프로 레슬링	đấu vật chuyên nghiệp	6.
文（ぶん）	sentence	句子	문장	câu văn	3.
～分（ふん/ぷん）	～ minutes; [counter for minutes]	～分	～분 [분(시간)을 세는 말]	～ phút (đơn vị đếm thời gian)	5.
文化（ぶんか）	culture	文化	문화	văn hoá	1.2.3.6.7.8.
文学（ぶんがく）	literature	文学	문학	văn học	2.
扮装（ふんそう）	style of dress; disguise; costume	装扮	분장	cải trang, hoá trang	7.
分野（ぶんや）	field; division; branch	领域	분야	lĩnh vực, chuyên ngành	6.7.
文楽（ぶんらく）	Bunraku theater; puppet show	文乐 ; 傀儡戏	분라쿠 ; 전통 인형극	nhà hát múa rối, show múa rối	8.

へ

塀（へい）	wall; fence	围墙	담	tường, vách	3.
平均（へいきん）	average	平均	평균	trung bình, bình quân	6.
兵士（へいし）	soldier	士兵	병사	binh sĩ	
平成狸合戦ポンポコ（へいせいたぬきがっせん）	[title of an animated film]	[动画片名]	[애니메이션 영화 제목]	(tên một bộ phim hoạt hình)	5.
平和（へいわ）	peace	和平	평화	hoà bình	2.
ページ	page	页数	페이지	trang	3.4.
ベストセラー	bestseller	畅销书籍	베스트셀러	bán chạy	3.6.
別（べつ）	difference; distinction; separate	另外	별 ; 구별하다	khác biệt, phân biệt	6.
ペット	pet	宠物	반려동물	thú cưng	4.
ベティ・ブープ	[name of a cartoon character]	[卡通人物名]	[카툰 등장인물 이름]	(tên một nhân vật hoạt hình)	5.
部屋（へや）	room	房间	방	phòng ốc	4.
ベルリン	Berlin	柏林	베를린	Berlin	5.
ペン	pen	圆珠笔	펜	bút máy	2.
変化（へんか）	change	变化	변화	thay đổi	6.7.
勉強（べんきょう）	study	学习	공부	học hành	1.4.
返事（へんじ）	reply; response	回答	대답 ; 응답	hồi âm, trả lời	6.
ベンチ	bench	长凳	벤치	băng ghế, ghế dài	2.
ペンネーム	pen name	笔名	펜 네임	bút danh	3.

ほ

保安（ほあん）	preservation of public order	保安	보안	đảm bảo an ninh	3.
ポイント	point	重点	포인트	điểm	1.4.
貿易（ぼうえき）	trade	贸易	무역	thương mại	2.3.
邦楽（ほうがく）	Japanese music	日本音乐	일본 음악 ; 자국 음악을 일컬음	nhạc truyền thống Nhật	7.
ほうき	broom	扫帚	빗자루	cây chổi	6.
冒険（ぼうけん）	adventure	冒险	모험	mạo hiểm	3.
放送（ほうそう）	broadcasting; broadcast	广播	방송	phát sóng	4.5.6.
報知新聞（ほうちしんぶん）	[name of a newspaper]	[报纸名]	[신문 이름]	(tên một tờ báo)	3.
方法（ほうほう）	method	方法	방법	phương pháp	2.4.5.
法隆寺（ほうりゅうじ）	[name of a temple]	[寺庙名]	[절 이름]	(tên một ngôi Chùa)	法.
ボーカル	vocal	歌手	보컬	hát theo nhóm	6.
ポーズ	pose	姿势	포즈	tạo dáng	1.
ホーム	home	家庭	홈 ; 가정	nhà, gia đình	5.
ボーリング	bowling	保龄球	볼링	bowling	6.

ボール	ball	球	공	quả banh	4.
他 ほか	other	其他	다른	khác	2.3.4.6.8.
僕／ボク ぼく	I	我	나	tôi, tớ, em (đại từ nhân xưng)	6.
北斎 ほくさい	[name of a painter]	[画家名]	[화가 이름]	(tên một bức tranh)	2.
北斎漫画 ほくさいまんが	[title of a book]	[书名]	[책 이름]	(nhan đề một cuốn sách)	1.
北斗の拳 ほくとのけん	[title of a manga]	[漫画名]	[만화 이름]	(tên một cuốn truyện tranh)	5.
母語 ぼご	first language [the language one learns from birth]	母语 [自幼接触并学习的语言]	모어 [태어났을 때 배우는 언어]	tiếng mẹ đẻ (ngôn ngữ được học từ khi mới sinh)	7.
母国語 ぼこくご	native language [the language of one's home country]	母语 [民族语]	모국어 [모국의 언어]	tiếng mẹ đẻ (ngôn ngữ đất nước mình)	7.
ポジション	position	位置	포지션	vị trí	6.
ポジティブ	positive	积极的	긍정적；포지티브	lạc quan	7.
ポスター	poster	海报	포스터	áp phích quảng cáo	2.
ポスト	postbox; mailbox	邮筒	우편함	hộp thư	3.
北海道 ほっかいどう	[name of a prefecture]	[都道府县名]	[지역 이름]	(địa danh ở Nhật)	8.
ポップカルチャー	pop culture	流行文化	대중문화	văn hoá nhạc pop	1.2.5.6.8.
ポップス	pop music	流行音乐	팝뮤직	nhạc pop	6.7.
ほとんど	almost	几乎	거의	hầu như	2.4.5.6.7.
ポパイ	[name of a cartoon character]	[卡通人物名]	[카툰 등장인물 이름]	(tên một nhân vật trong phim hoạt hình)	5.
ポピュラー音楽 おんがく	pop music	流行音乐	대중음악	nhạc pop	6.7.
ボランティア	volunteer	志愿者	자원봉사자	tình nguyện	1.
本 ほん	book	书	책	sách	1.2.
盆踊り ぼんおどり	Bon Festival dance	盆舞	주로 여름축제에서 추는 춤；윤무	điệu nhảy Bon	8.
本格的な ほんかくてき	full-fledged; serious	正宗的；地道的	본격적인	chính thức, chính gốc	6.
香港 ほんこん	Hong Kong	香港	홍콩	Hồng Kông	6.
本当 ほんとう	true; actual; real	真的	정말；진짜；사실	thật sự, thật	1.
本文 ほんぶん	main text; body (of an email or document)	本文	본문	bài văn chính	1.
本名 ほんみょう	real name	本名	본명	tên thật	8.
翻訳 ほんやく	translation	翻译	번역	biên dịch	3.

ま

マア	oh; well; ah	哎	아；어머；뭐	à, ờ	3.
マアちゃんの日記帳 にっきちょう	[title of a manga]	[漫画名]	[만화 이름]	(tên một bộ truyện tranh)	3.
マーガレット	[name of a serial manga magazine]	[连载漫画杂志名]	[만화 연재잡지 이름]	(tên một loạt tạp chí truyện tranh)	4.
～枚 まい	[counter for flat objects]	～张	～장 [종이 따위의 평면의 물건을 세는 단위]	tờ (đơn vị đến vật mỏng)	2.3.5.6.7.
毎週 まいしゅう	every week	每周	매주	mỗi tuần	4.5.
毎年 まいとし	every year	每年	매년	mỗi năm	5.6.8.
毎日 まいにち	every day	每天	매일	mỗi ngày	3.
前 まえ	front; before	前	앞；전	trước	2.3.4.6.8.
マガジン	[name of a serial manga magazine]	[连载漫画杂志名]	[만화 연재잡지 이름]	(tên một loạt tạp chí truyện tranh)	4.
まく	to sow (seeds)	播(种)	뿌리다	rắc, gieo hạt	7.
負ける まける	to lose; be defeated	输	지다；패하다	thua, bị đánh bại	6.7.

政岡憲三 まさおかけんぞう	[name of an animator]	[动画家名]	[애니메이션작가 이름]	(tên một nhà làm phim hoạt hình)	5.
魔女の宅急便 まじょ たっきゅうびん	[title of an animated film]	[动画片名]	[애니메이션 영화 제목]	(tên một bộ phim hoạt hình)	5.
まず	at first; first of all	首先	먼저 ; 우선	đầu tiên	4.5.6.
マスター	master	精通 ; 掌握 ; 熟练	마스터	rành	4.
マスターテープ	master tape	原声带 ; 母带	마스터 테이프	băng gốc	6.
また	also	而且	또한	Hơn nữa, cũng	1.2.3.4. 5.6.7.8.
または	or	或者	혹은	hoặc là	5.
町 まち	town	城市	마을	thị trấn	1.2.6.8.
松井須磨子 まついすまこ	[name of a singer]	[歌手名]	[가수 이름]	(tên ca sĩ)	7.
まっすぐな	straight	笔直	쭉 곧은	ngay thẳng	8.
松任谷由美 まつとうやゆみ	[name of a singer]	[歌手名]	[가수 이름]	(tên ca sĩ)	7.
祭り まつ	festival	赛会 ; 祭典	마쓰리 ; 축제	lễ hội	8.
マナー	manners	礼节	매너 ; 예의	thường thức	3.
学ぶ まな	to learn	学习	배우다	học hành	3.
真似 まね	imitation	模仿	흉내	bắt chước	1.2.3.4. 6.
団団珍聞 まるまるちんぶん	[title of a magazine]	[杂志名]	[잡지 제목]	(tên cuốn tạp chí)	3.
回る まわ	to go around; run in a circle; spin	转	(둘레를) 돌다 ; 회전하다	vòng vòng, đi lòng vòng, quay vòng	6.8.
漫画 まんが	manga	漫画	만화	truyện tranh	1.2.3.4. 5.
漫画家 まんがか	manga artist	漫画家	만화가	hoạ sĩ truyện tranh	1.3.4.5.
漫画喫茶 まんがきっさ	manga cafe	漫画咖啡店	만화 카페	cà phê truyện tranh	1.
漫画漫文 まんがまんぶん	[name of a manga style]	[漫画类型名]	[만화 형식의 이름]	(tên một thể loại truyện tranh)	3.
真ん中 ま なか	middle; center; midpoint	正中间	한 가운데	ngay chính giữa	2.8.

み

見える み	to be visible; be able to see	看见	보이다	có thể thấy được	2.4.
身軽な みがる	light; agile; nimble; sprightly	毫不费力的 ; 轻装 ; 轻松的	가벼운 ; 경쾌한 ; 홀가분한	nhẹ nhàng, thanh thoát	4.
右 みぎ	right	右边	오른쪽	bên phải	1.2.3.4. 6.
右足 みぎあし	right foot	右脚	오른발	chân phải	8.
右肩 みぎかた	right shoulder	右肩	오른쪽 어깨	vai bên phải	8.
右手 みぎて	right hand	右手	오른손	tay phải	8.
幹人 みきひと	[name of a manga character]	[漫画人物名]	[만화 등장인물 이름]	(tên một nhân vật truyện tranh)	
巫女 みこ	shrine maiden	巫女	신사(神社)에서 신을 모시는 여성 ; 무녀	nữ phục vụ tại đền thờ	8.
短い みじか	short	短	짧다	ngắn	7.
水 みず	water	水	물	nước	4.
店 みせ	store; shop	商店	가게 ; 샵	cửa hàng	1.
見せる み	to show	给~看	보여주다	cho thấy	4.8.
美空ひばり みそら	[name of a singer]	[歌手名]	[가수 이름]	(tên ca sĩ)	7.
乱れ みだ	disturbance; turbulence	混乱	어지러움 ; 흐트러짐	rối loạn, chệch hướng	8.
道 みち	road; street	道路	길	đường, phố	1.
見つかる み	to be found	找到	발견되다	tìm ra	1.
ミッキーマウス	[name of a cartoon character]	[卡通人物名]	[카툰 등장인물 이름]	(tên một nhân vật hoạt hình)	5.
見つける み	to find	寻找	찾다 ; 발견하다	tìm kiếm	2.4.8.
三つ みっ	three	三个	3개	ba cái	2.5.7.

37

南 みなみ	south	南边	남쪽	phương Nam	5.
南アフリカ みなみ	South Africa	南非	남아프리카	Nam Phi	6.
耳 みみ	ear	耳朵	귀	tai	6.
宮崎駿 みやざきはやお	[name of an animated film director]	[动画片导演名]	[애니메이션 영화 감독 이름]	(tên một đạo diễn phim hoạt hình)	5.
ミュージシャン	musician	音乐家	뮤지션	nhạc sĩ	7.
未来 みらい	future	未来	미래	tương lai	4.
ミリオンセラー	million seller	百万销售	밀리온셀러	hàng triệu bản bán ra	7.
見る み	to see; watch; look at	看	보다	xem, ngó, nhìn	1.2.3.4. 5.6.7.8.
民権 みんけん	civil rights	民权	민권	dân quyền	3.7.
民主 みんしゅ	democracy	民主	민주	dân chủ	6.

む

迎える むか	to welcome; greet; meet	迎接	맞이하다 ; 마중하다	nghênh đón	7.
昔 むかし	a long time ago; at one time	以前	옛날	ngày xưa	1.6.7.8.
昔話 むかしばなし	old tale	童话	옛날 이야기	chuyện cổ tích	5.
向く む	to turn (one's face); look toward	转向	향하다 ; 보다	hướng mặt, quay về	6.8.
向ける む	to turn toward; direct toward; face	向 ; 朝	향하게 하다 , (방향 등을) 돌리다	hướng về, quay về, đối mặt với	6.
向こう む	the other side	对面	저쪽 ; 맞은편	phía đối diện	3.
虫 むし	insect; bug	虫	벌레	côn trùng	1.
虫プロダクション むし	[name of an animation studio]	[动画工作室名]	[애니메이션 스튜디오 이름]	(tên một xưởng sản xuất hoạt hình)	5.
難しい むずか	difficult	困难	어렵다	khó khăn	1.4.
娘 むすめ	young woman; daughter	女儿	딸	con gái	7.
村 むら	village	村落	촌락 ; (시골) 마을	làng xóm	5.
紫 むらさき	purple	紫色	보라색	màu tím	3.
村人 むらびと	villager; village folk	村民	마을 사람	người dân trong làng	5.
無力な むりょく	powerless; helpless	无力的	무력한	bất lực, không được giúp đỡ	2.

め

～目 め	[ordinal suffix (denoting first, second, third, etc.)]	第～	~ 째[첫번째 , 두번째 등으로 사람이나 사물을 셀 때 쓰는 접미사]	thứ ~ (đơn vị dùng để chỉ thứ tự vật/ người)	2.5.
目 め	eye	眼睛	눈	mắt	1.
明治 めいじ	Meiji [name of an era]	明治 [时代名]	메이지 [시대 이름]	Meiji (tên gọi của một thời đại)	3.5.7.
名所江戸百景 めいしょえどひゃっけい	[title of an ukiyo-e series]	[浮世绘系列名]	[우키요에 시리즈 제목]	(tên một loạt tranh ukiyo)	2.
メガヒット	mega hit	超级热门	메가 히트	cú ngoạn mục, thành công to lớn	4.
メキシコ	Mexico	墨西哥	멕시코	Mê-xi-cô	6.
目指す めざ	to aim at; have (something) in mind; have an eye on	以～为目标	목표로 하다 ; 지향하다	nhắm tới, mục đích, để mắt tới	5.
珍しい めずら	rare; uncommon	罕见 ; 珍贵	드물다 ; 진기하다	hiếm, lạ	7.
目立つ めだ	to be conspicuous; be prominent; stand out	显眼	눈에 띄다 ; 두드러지다	nổi lên, nổi bật, bắt mắt	6.
メッセージ	message	留言	메시지	tin nhắn	7.8.
メディア	media	媒体	미디어	truyền thông	7.
メモ	memo	便条	메모	ghi chú	3.
メロディー	melody	旋律	멜로디	giai điệu	7.
メンバー	member	成员	멤버	thành viên	4.6.

も

もう一度	once again	再度	한번 더	một lần nữa	4.5.6.
目的	purpose; aim	目的	목적	mục đích	4.5.8.
木版印刷	woodblock printing [process]	木版印刷 [过程]	목판 인쇄 [공정]	bản in khắc trên gỗ (quá trình, tiến trình)	1.
木版画	woodblock print	木版画	목판화	bức hoạ khắc trên gỗ	2.
杢兵衛	[name of a manga character]	[漫画人物名]	[만화 등장인물 이름]	(tên một nhân vật truyện tranh)	3.
文字	letter; character	文字	문자	ký tự	2.
文字通り	literally	按照字面	문자 그대로	theo nghĩa đen	4.
モダンな	modern	现代的；新式；摩登的	모던한	hiện đại	6.7.
もちろん	of course; naturally	当然	물론	đương nhiên	3.
持つ	to hold; have	持有	들다；가지다	nắm lấy, có	2.5.6.7.8.
持って行く	to take (something somewhere)	带(某物)去(某处)	가지고 가다	mang đi	6.
もっと	more	更多	더	nữa	2.
最も	the most	最	가장	nhất	1.4.6.
モデル	model	模特	모델	người mẫu, mẫu	6.
求める	to seek; request; demand	追求	구하다；원하다	tìm kiếm, yêu cầu, đòi hỏi	3.7.
もともと	originally	原本	원래	căn nguyên, nguồn gốc	1.2.3.5.
戻る	to return	返回	돌아가다	trở lại	6.
もの	thing	物品	것	cái, món, vật	1.2.3.6.8.
物	thing	东西	것；물건	cái, món, vật	4.
物語	tale; story; narrative	故事	이야기	truyện cổ tích	2.
もののけ姫	[title of an animated film]	[动画片名]	[애니메이션 영화 제목]	(tên một bộ phim hoạt hình)	5.
桃太郎	[title of a famous old tale]	[著名古老童话名]	[유명한 옛날 이야기 제목]	(tên một câu truyện cổ nổi tiếng)	5.
桃太郎 海の神兵	[title of an animated film]	[动画片名]	[애니메이션 영화 제목]	(tên một bộ phim hoạt hình)	5.
もらう	to receive	得到	받다	nhận	4.6.
モンスター	monster	怪兽	몬스터；괴물	quái vật	6.

や

八木節	[title of a folk song]	[民谣名]	[포크송 제목]	(tên một bài hát dân ca)	3.
野球	baseball	棒球	야구	bóng chày	6.
～役	～ role	～角色	～역	vai ～	8.
役	role; assignment; responsibility	角色	역；역할	vai trò	8.
約～	approximately ～; about ～	大约	약；대략	khoảng, xấp xỉ	6.
役者	actor	演员	배우；연기자	diễn viên	2.8.
訳す	to translate	翻译	번(통)역 하다	phiên dịch	6.7.
役割	role	角色	역할	vai trò	4.5.7.
やさしい	kind; gentle	善良	친절하다；쉽다	dễ dàng, dễ tính	1.3.5.
安い	cheap	便宜	(가격이) 싸다	rẻ	1.2.5.
休み	rest	休息	휴식；휴일	nghỉ ngơi	3.5.
雇う	to hire	雇用	고용하다	thuê	3.
止める	to stop; quit	停止	그만두다	ngưng, nghỉ	6.

ゆ

夕方	evening; dusk	傍晚	저녁	đêm tối	3.

勇気づける ゆうき	to encourage; give encouragement	鼓舞；激励	용기를 주다 ; 용기를 북돋우다	khuyến khích, khích lệ	7.
遊女 ゆうじょ	prostitute (in the Edo period)	妓女(江户时期的称呼)	유녀 (에도 시대)	gái làng chơi (trong thời kỳ Edo)	8.
遊女歌舞伎 ゆうじょかぶき	prostitute kabuki	歌舞伎女	유녀 가부키	gái làng chơi Kabuki	8.
郵便 ゆうびん	mail; postal service	邮政	우편 ; 우편물	thư từ, dịch vụ bưu điện	3.
有名な ゆうめい	famous	有名	유명한	nổi tiếng	1.2.4.5. 6.8.
ユーモア	humor	幽默	유머	hài hước	1.
ユーモラスな	humorous	幽默的	유머러스	có tính hài hước	1.3.
遊里 ゆうり	red-light district	红灯区	유곽	phố đèn đỏ	2.
有力な ゆうりょく	convincing; powerful; influential	有力	유력한	có ảnh hưởng, quyền lực	8.
豊かな ゆた	affluent; abundant; rich	丰富	풍부한 ; 부유한	phong phú	2.8.
ユニークな	unique	独特	개성적인	độc nhất vô nhị	1.4.6.
輸入 ゆにゅう	import; importation	进口	수입	nhập khẩu	5.7.
指先 ゆびさき	tip of a finger	指尖	손 끝	đầu ngón tay	8.
由来 ゆらい	origin; derivation; source	由来	유래	nguồn gốc, căn nguyên	6.
揺れる ゆ	to shake; sway; quake	摇晃	흔들리다	rung, lắc	4.

よ

洋楽 ようがく	Western music	西洋音乐	서양 음악	nhạc Âu Mỹ	7.
要素 ようそ	element	要素	요소	yếu tố	8.
ヨーロッパ	Europe	欧洲	유럽	châu Âu	2.6.
よく	often	经常	자주	thường hay	1.2.4.5. 7.8.
	well	常常	잘	tốt, giỏi	6.7.8.
翌日 よくじつ	following day	隔天	다음 날	ngày hôm sau	6.
翌年 よくねん	following year	隔年	다음 해	năm sau	8.
横 よこ	horizontal; next to; beside	横	옆	ngang	1.4.8.
横浜 よこはま	Yokohama [name of a city]	横滨 [城市名]	요코하마 [도시 이름]	Yokohama (tên một thành phố ở Nhật)	3.
YOSAKOI ソーラン祭り まつ	[name of a festival]	[赛会名]	[축제 이름]	(tên một lễ hội)	
よさこい鳴子踊り なるこおど	[name of a dance]	[舞蹈名]	[춤의 이름]	(tên một điệu nhảy)	8.
よさこい祭り まつ	[name of a festival]	[赛会名]	[축제 이름]	(tên một lễ hội)	8.
4日 よっか	four days	四天	4 일	bốn ngày	8.
世の中 よ なか	world; society; life	世界	세상 ; 사회	trên thế giới , trong cuộc đời này	2.
四番バッター よばん	the fourth batter	四号打者	4 번 타자	lượt đánh thứ 4 trong môn bóng chày	6.
呼ぶ よ	to call	叫	부르다	gọi	1.3.4.5. 6.7.8.
読み物 よ もの	reading; (something to) read	读物	서적 ; 읽을 거리	sách đọc	6.
読む よ	to read	阅读	읽다	đọc	1.2.3.4. 6.7.
夜 よる	night	夜晚	밤	đêm tối	2.6.
喜び よろこ	joy; pleasure	喜悦	즐거움 ; 기쁨	vui vẻ, hoan hỉ	5.6.

ら

ライトアップ	illumination	点灯	야간 조명	thắp sáng	2.
ライフワーク	life's work	毕生的事业	라이프워크	cuộc sống	4.
楽天 らくてん	[pen name of a manga artist]	[漫画家名]	[만화가 이름]	(tên của một hoạ sĩ truyện tranh)	3.

楽天漫画スタジオ らくてんまんが	[name of a manga studio]	[漫画工作室名]	[만화 스튜디오 이름]	(tên một xưởng sản xuất truyện tranh)	3.
ラジオ	radio	收音机	라디오	radio	6.8.
ラップ	rap music	饶舌音乐	랩 음악	nhạc rap	7.
ランクイン	entering the chart; earning a place on a list	荣登排行榜	순위에 들다	xếp hạng	6.
ランプ	lamp	灯	램프	đèn	3.
り					
リアルな	real	真实的	리얼한 ; 진짜같은	thực	5.
リーダー	leader	领导	리더	lãnh đạo	5.
理解 りかい	understanding	理解	이해	hiểu	6.
力士 りきし	sumo wrestler	力士	스모 선수	lực sĩ	2.
リキュル	liqueur	烈酒	리큐르 ; 알콜음료	một loại rượu	7.
リクエスト	request	点播 ; 希望 ; 要求	리퀘스트	yêu cầu	6.
李氏朝鮮 りしちょうせん	[name of a dynasty]	[朝代名]	[왕조 이름]	(tên một triều vua)	5.
リス	squirrel	松鼠	다람쥐	con sóc	3.
リスク	risk	危险	리스크 ; 위험	rủi ro	5.
リスト	list	名单	리스트	danh sách	5.
リスナー	listener	听众	청취자	người nghe	6.
リズム	rhythm	节奏	리듬	giai điệu	7.8.
リトル・リチャード	[name of a singer]	[歌手名]	[가수 이름]	(tên ca sĩ)	6.
リミテッドアニメーション	[style of animation]	[动画类型]	[애니메이션의 형태]	(thể loại phim hoạt hình)	5.
略語 りゃくご	abbreviation	简称	줄임말	từ viết tắt	5.
理由 りゆう	reason	理由	이유	lý do	1.5.7.
留学 りゅうがく	study abroad	留学	유학	du học	1.3.
流行 りゅうこう	craze; fad	流行	유행	lưu hành	6.7.
流行歌 りゅうこうか	popular song	流行歌曲	유행가	nhạc đang được thịnh hành	7.
両親 りょうしん	parents	双亲	부모	cha mẹ	6.
両手 りょうて	both hands	双手	양 손	hai tay	4.8.
旅行 りょこう	travel; trip	旅行	여행	du lịch	2.3.
リリース	release	公告 ; 发布	릴리스 ; (영화, 음악등을) 공개하다	cho ra	6.7.
理論 りろん	theory	理论	이론	lý luận	1.
輪郭 りんかく	outline; contour	轮廓	윤곽	đường viền	2.
リンゴ	apple	苹果	사과	trái táo	7.
リンゴ追分 おいわけ	[tile of a song]	[歌曲名]	[노래 제목]	(tên một ca khúc)	7.
リンゴの唄 うた	[tile of a song]	[歌曲名]	[노래 제목]	(tên một ca khúc)	7.
る					
ルイス・ベンジャミン	[name of a record company president]	[唱片公司总经理名]	[레코드회사 사장이름]	(tên giám đốc công ty thu âm)	6.
ルーツ	root; roots	起源	뿌리 ; 루트	gốc rễ	1.7.8.
ルックス	looks; appearance	相貌	외모	dáng vẻ, vẻ bề ngoài	7.
れ					
例 れい	example	范例	예 ; 보기	ví dụ	1.2.3.4.8.
礼 れい	thanks; etiquette; bow	谢词 ; 礼节 ; 敬礼	인사	hành lễ, lời cảm ơn, cúi chào	6.
冷蔵庫 れいぞうこ	refrigerator	冰箱	냉장고	tủ lạnh	6.7.
歴史 れきし	history	历史	역사	lịch sử	1.2.8.
レコーディング	recording	录音	레코딩	việc thu thanh	6.7.

レコード	record	唱片	레코드	ghi âm	6.7.8.
レベル	level	水平	레벨	trình độ	4.
連（れん）	awaodori group	阿波舞団体	아와오도리를 공연하는 집단	nhóm múa điệu awa	8.
恋愛（れんあい）	love; romantic attachment	恋爱	연애	yêu đương, tình yêu	2.
連合／連合国（れんごう／れんごうこく）	union; league; amalgamation / Allied Nations	联合／联合国	연합／연합국	liên hợp／Liên Hợp Quốc	6.
連載（れんさい）	serial publication	连载	연재	phát hành theo số	3.4.
練習（れんしゅう）	practice	练习	연습	luyện tập	4.
連続（れんぞく）	continuity; continuation	连续	연속	liên tục	6.

ろ					
ロカビリー	rockabilly	乡村摇滚乐	로커빌리；록큰롤과 컨트리 음악이 혼합된 미국음악	một loại nhạc rock chịu ảnh hưởng nhạc miền Tây nước Mỹ	6.7.
録音（ろくおん）	(audio) recording	录音	녹음	thu âm	7.8.
ロシア	Russia	俄国	러시아	nước Nga	2.3.
ロック	rock [genre of music]	摇滚 [音乐类型]	록 뮤직 [음악 장르]	rock (thể loại âm nhạc)	7.
ロックバンド	rock band	摇滚乐团	록 밴드	band nhạc rock	7.
ロボット	robot	机器人	로봇	robot	4.
ロンドン	London	伦敦	런던	Luân Đôn	2.

わ					
若い（わかい）	young	年轻	젊다	trẻ	3.5.6.
若者（わかもの）	young people; youth	年轻人	젊은이	lớp trẻ	5.6.7.
分かる（わかる）	to understand	了解	알다；이해하다	hiểu	1.2.3.4.6.7.8.
別れ（わかれ）	separation; parting; farewell	分手	이별；분리	tách biệt, chia tay	7.
訳（わけ）	reason	理由	이유	lý do, nguyên nhân	3.
和太鼓（わだいこ）	Japanese drum	日式太鼓	일본 전통북	trống Nhật	8.
私（わたし）	I	我	나	tôi (đại từ nhân xưng)	1.2.4.6.
笑い（わらい）	laughing; laughter	笑	웃음	cười, tiếng cười	4.
悪い（わるい）	bad	坏的	나쁘다	tệ, xấu	3.
ONE OK ROCK（ワンオクロック）	[name of a band]	[乐团名]	[밴드 이름]	(tên một band nhạc)	7.
わんぱくな	unruly; naughty; mischievous	淘气；调皮	개구장이；장난꾸러기	nghịch ngợm, hư hỏng	6.
ONE PIECE（ワンピース）	[title of a manga]	[漫画名]	[만화 이름]	(tên một bộ truyện tranh)	5.

ポップカルチャー NEW & OLD

POP CULTURE NEW & OLD

ポップカルチャーで学ぶ初中級日本語

ELEMENTARY AND INTERMEDIATE JAPANESE THROUGH POP CULTURE

花井善朗【著】 YOSHIRO HANAI

刊行によせて

「現行の初級日本語コースは学習者の知的レベルに見合っているだろうか？」「学習者の言語力の低さを理由に、文化教育がないがしろにされていないだろうか？」「初級レベルから、学問的探求の入り口となるような内容重視の授業を可能にする方法があるのではないだろうか？」「学習者の言語力向上と文化理解を同時に促進するための、より効果的なテクノロジーの活用法があるのではないだろうか？」、このような問題意識を出発点として作成された教科書が、本書『ポップカルチャー NEW & OLD: ポップカルチャーで学ぶ初中級日本語』です。上記の批判的考察を繰り返しながら、大学の初中級レベルの日本語コースで試用、修正を重ね、今回の刊行に至りました。これらの問題意識を共有する先生方に「この教科書は答えの一つになり得る！」と思っていただけたら、それに勝る喜びはありません。

本書の刊行にあたり、まず、教科書作成協力者の江森祥子さんとくろしお出版編集者の市川麻里子さんに心からお礼を申し上げたいと思います。お二人の多角的な視点からの意見と助言、そして全面的な協力なくして、本書を今の形に作り上げることは出来ませんでした。また、本プロジェクトの採用を決定してくださったくろしお出版の岡野秀夫社長にも改めてお礼申し上げます。

本書の漫画教材と全課のイラストは、マンガアーティストの山縣志穂さんにご担当いただきました。山縣さんの作品のおかげで、学習者にユニークな学びの場を提供出来るようになったと確信しています。娯茶平七代目連長岡秀昭さんと連員の山城嘉明さんには、徳島市阿波おどり本番直前のお忙しい時期に取材を受け入れていただき貴重なお話を聞かせていただきました。京都国際マンガミュージアムでは、伊藤遊さん、中村浩子さん、渡邉朝子さんに大変お世話になりました。また、本書の作成にあたっては、上記以外にも、北海道から九州まで様々な場所に赴き、取材や実地調査を重ねました。その際にご協力いただいた全ての方々に、改めて感謝の意を述べたいと思います。なお、本書にある全ての不備は著者の責に帰するものです。

近年の日本語学習者の大多数が現代日本のポップカルチャーに強い関心を持っているということは周知の事実だと言えるでしょう。本書が、そのような学習者に魅力的な日本語学習、日本文化の学習の機会を提供する一助となり、日本語教育・日本研究の分野の更なる発展に貢献出来るようになることを願ってやみません。

2017年3月　花井善朗

本書の一部は以下の助成を受けたものです。
Japan Foundation Los Angeles , Japanese-Language Education Project Grant
University of Wisconsin Oshkosh , Faculty Development Grant

On the Publication of *POP CULTURE NEW & OLD*

　　Do the current elementary-level Japanese courses meet the intellectual needs of learners? Are we ignoring the cultural side of education for learners at a lower language level? Is there some way for us to create a class with content that enables even elementary learners to open lines of academic inquiry? Is there a better way for us to apply more effective technology to improve learners' language skills while simultaneously advancing their understanding of the culture? This book, *POP CULTURE NEW & OLD: Elementary and Intermediate Japanese through Pop Culture*, has been created with these issues in mind. This publication is the result of repeated critical consideration of the points mentioned above, carried out during experimentation and trial-and-error testing in college-level elementary and intermediate Japanese courses. Nothing would make me happier than for other like-minded instructors to see this textbook as a potential solution to these problems.

　　Upon the publication of this book, I would first like to extend my heartfelt gratitude towards Shoko Emori, for collaborating with me in the creation of this textbook, and Mariko Ichikawa of Kurosio Publishers, for her thorough and detailed editing. Without their encouragement, diverse opinions and overall cooperation, it would not have been possible to create this book in its current form. I would also like to take this opportunity to once again thank the President of Kurosio Publishers, Hideo Okano, for his decision to support this textbook project.

　　Manga artist Shiho Yamagata provided the illustrated materials found within each of the book's chapters. I truly believe that Ms. Yamagata's work makes it possible for the book to offer learners a unique learning experience. I am also very grateful that I was able to interview and collect valuable information from Hideaki Oka, the Seventh President of Gojyahei, and Yoshiaki Yamashiro, a participating member, during their very busy schedules before the Tokushima City Awa-Odori Festival. Additionally, I would like to offer my sincere thanks to Yu Ito, Hiroko Nakamura and Tomoko Watanabe of the Kyoto International Manga Museum, as well as to everyone who offered their support and cooperation for the numerous interviews, field studies and other research gathering efforts that were conducted in various locations from Hokkaido all the way to Kyushu. Nevertheless, any and all of the imperfections in this book may be attributed purely to the author.

　　It is commonly believed that, in recent years, the great majority of Japanese language learners have developed a strong interest in modern Japanese popular culture. It is my earnest hope that this book will be able to successfully combine that passion with Japanese language learning and cultural understanding, thereby leading to greater contributions to the fields of Japanese language education and Japanese Studies.

Yoshiro Hanai
March 2017

This textbook project was supported in part by the following grants:
Japan Foundation Los Angeles , Japanese-Language Education Project Grant
University of Wisconsin Oshkosh , Faculty Development Grant

CONTENTS

- ☐ 刊行によせて　ii　　　　☐ On the Publication of *POP CULTURE NEW & OLD*　iii
- ☐ 教科書の特徴　vi　　　　☐ Features of the Textbook　vii
- ☐ 学習者の皆様へ（教科書の構成｜教科書で使われる記号｜教科書の使い方｜学習の自己評価｜漢字の振り仮名）　viii
- ☐ Students' Guide to Using *POP CULTURE NEW & OLD* (The Overall Structure of *POP CULTURE NEW & OLD* | Symbols Used in the Textbook | How to Use This Textbook | Self-Evaluation | *Kanji Furigana*)　xiv
- ☐ パスワード保護コンテンツへのアクセス　xx
- ☐ How to Access Password-Protected Contents　xx

第1課　**漫画-1**　　　　　　　　　　　　　　　　　　　　　　　　　　　　　　1

- **読み物**　❶〜❸日本の漫画　❹❺漫画のキャラクターの描き方　❻漫画のルーツ
　❼「大津絵」「鳥羽絵」「漫画」　❽時代背景：江戸時代
- **アクティビティ**　話しましょう！　①②漫画のキャラクターを描いてみよう！

第2課　**浮世絵**　　　　　　　　　　　　　　　　　　　　　　　　　　　　　　17

- **読み物**　❶浮世絵　❷「神奈川沖浪裏」「庄野・白雨」　❸時代背景：江戸時代
　❹「憂き世」「浮世」「浮世絵」　❺浮世絵の西洋の国々への影響
　❻浮世絵の影響を受けた作品
- **アクティビティ**　話しましょう！　①浮世絵を楽しもう！　②絵のシリーズを作ってみよう！

第3課　**漫画-2**　　　　　　　　　　　　　　　　　　　　　　　　　　　　　　29

- **読み物**　❶『絵新聞日本地』と『団団珍聞』　❷チャールズ・ワーグマンと『THE JAPAN PUNCH』
　❸ジョルジュ・ビゴーと『TÔBAÉ』　❹時代背景：幕末〜明治時代
　❺北澤楽天　❻アメリカのコマ漫画の影響、子供のためのストーリー漫画
- **アクティビティ**　考えましょう！　①風刺漫画を描いてみよう！　②描いてみよう！
　③岡本一平のストーリー漫画を読んでみよう！

第4課　**漫画-3**　　　　　　　　　　　　　　　　　　　　　　　　　　　　　　45

- **読み物**　❶戦時中の漫画と『サザエさん』　❷週刊漫画雑誌　❸手塚治虫
　❹色々な漫画の表現：1. 吹き出し　❺2. 効果線(1)　❻3. 効果線(2)　❼4. コマ割り
- **アクティビティ**　考えましょう！　①『火の鳥』を読んでみよう！
　②自分の漫画キャラクターを描いてストーリーを作ってみよう！

| 第5課 | アニメ | 63 |

読み物 ❶日本のアニメ ❷日本でのアニメーションの発展とその背景：初期のアニメーション ❸セルアニメーションとトーキーアニメーション ❹長編アニメーション ❺戦後の日本アニメ ❻東映動画、虫プロダクション、スタジオジブリ ❼虫プロダクション ❽スタジオジブリ ❾アニメと漫画

アクティビティ 話しましょう！ ①②調べてみよう！

| 第6課 | 歌-1 | 77 |

読み物 ❶「上を向いて歩こう」 ❷坂本九の子供時代と歌手デビュー ❸時代背景 ❹ロカビリーブームと坂本九 ❺「上を向いて歩こう」の大ヒット ❻「SUKIYAKI」 ❼坂本九が残した言葉

アクティビティ 話しましょう！ ①調べてみよう！ ②歌ってみよう！ ③アメリカでの「SUKIYAKI」のエピソードを読んでみよう！ ④どんな人になりたいか考えてみよう！

| 第7課 | 歌-2 | 91 |

読み物 ❶ポピュラー音楽のルーツ ❷戦前のポピュラー音楽 ❸戦後の歌謡曲 ❹美空ひばり ❺テレビの普及とアイドルブーム ❻J-POP ❼❽英語の歌詞

アクティビティ 話しましょう！ ①「リンゴ追分」のメロディーで表現してみよう！ ②好きな歌詞を日本語に訳してみよう！

| 第8課 | 踊りと芸能 | 105 |

読み物 ❶阿波踊り ❷阿波踊りの歴史 ❸全国に広まる祭りと芸能 ❹江戸時代の庶民の芸能：文楽、歌舞伎 ❺時代背景 ❻和太鼓

アクティビティ 話しましょう！ ①阿波踊りを踊ってみよう！ ②「阿波よしこの」を歌ってみよう！ ③歌舞伎役者の絵を描いてみよう！

プロジェクト	クリエイティブコンテンツを作りましょう！	120
モデル会話	練習問題をする時のモデル会話	122
■ 文法・表現		124
■ 主な参考資料		142

■別冊1：解答　　■別冊2：単語リスト（英語・中国語・韓国語・ベトナム語翻訳）

教科書の特徴

外国語を学習する際には、十分な量の理解可能なインプットが必要不可欠ですが、基礎的な語彙や漢字、文法を学習中の初級・中級前半レベルの日本語学習者に、多くの読解・聴解活動を提供するのはやさしいことではありません。『ポップカルチャー NEW & OLD: ポップカルチャーで学ぶ初中級日本語』の目的は、初級、中級前半の学習項目を使いながら日本のポップカルチャーについて学習することで、内容のあるインプットや実践的に日本語を使用する機会を増やし、初級後半（授業時間にして130～150時間程度の日本語学習を終えたレベル）、または中級前半の学習者が中級後半へと到達するためのサポートをすることです。具体的には、以下のような特徴があります。

1. **日本の大衆文化・ポップカルチャーと日本語が同時に勉強出来る。**
   この教科書では、古くは江戸時代から現代に至るまでのポップカルチャー（大衆文化）を扱っています。学習者の興味が強い日本のポップカルチャーについて、その時代背景や歴史的関連性のある江戸時代の大衆文化なども含めて色々なことが学習出来るので、楽しく日本語学習を続けることが出来ます。

2. **内容を重視して読み物が書かれている。**
   日本研究の分野で使われる文献や研究に基づいて読み物が書かれているので、学習者の知的レベルに見合った学習を進めることが出来ます。

3. **初級・中級前半の学習者が使えるようにデザインされている。**
   外国語の授業では、言語以外（文化、歴史、社会など）の学習は中級後半以降に回されがちです。しかし、この教科書は、初級後半、中級前半の学習者でも文化、歴史、社会などを学習することが出来るように言語レベルがコントロールされています。言語学習の早い段階から内容に重点を置いた学習を進めることは、より高度な言語処理が求められる中級後半、上級へ到達するために大変重要なことです。

4. **ウェブ上のツールで単語や漢字を調べ、速く楽しくたくさん読むことが出来る。**
   知らない単語や漢字の意味や読み方を調べるのに時間がかかってしまうと、学習者は一番大切な読み物の内容理解という作業に集中するのが難しくなってしまいます。この教科書の読み物はウェブサイトにも掲載されているので、ポップアップ辞書などの読解補助ツールを使って、単語や漢字を素早く調べながら読み進めることが出来ます。

5. **内容の理解だけでなく、文法的な要素にも注意が向けられるようにデザインされている。**
   この教科書は、初級後半、中級前半レベルの文法を「文法・表現」として取り上げて説明しています。学習者は読解を進めながら、同時に文法の理解を深めることが出来ます。

6. **インプット（読む・聴く）だけでなく、アウトプット（話す・書く）の練習も出来る。**
   この教科書では、読解練習だけでなく、読み物の内容に基づいて、会話練習や書く練習が提供されています。内容的な関連性を重視した形で、総合的に日本語の能力を向上させることが出来ます。

7. **学習者が実際にポップカルチャーを体験出来るような活動が提供されている。**
   言語学習の最も重要な副産物の一つは、文化の理解だと言えるでしょう。そして、文化を理解するための一番の方法は、それを実際に体験することです。この教科書には、漫画のキャラクターの描き方の勉強や浮世絵の写生、有名な歌や踊りなど、様々な体験学習を通して、学習者をより深い文化理解へと導くような活動があります。実際の体験を通して、日本のポップカルチャーへの理解を深めることが出来ます。

Features of the Textbook

It is a well-known fact that a sufficient amount of understandable input is essential for successful foreign language learning. In reality, however, it is not easy to provide plenty of reading and listening comprehension activities for elementary and early intermediate-level learners of Japanese who are still acquiring basic vocabulary, kanji and grammar. The objective of *POP CULTURE NEW & OLD: Elementary and Intermediate Japanese through Pop Culture* is to help upper elementary-level (in terms of classroom time, somewhere from 130 to 150 hours of Japanese study) and early intermediate-level Japanese language learners reach the upper intermediate level by providing a variety of content-focused input in the form of interpersonal, interpretive and presentational activities that explore various aspects of Japanese popular culture. Throughout the textbook, learners are given plenty of opportunities to improve their language skills through learning Japanese popular culture. Specific features of the textbook are as follows.

1. **Learners can study Japanese popular culture and language simultaneously.**
   This textbook covers popular culture from as early as the Edo period to the present. Learners can use this material to study the historical background of the modern popular culture topics that interest them, adding cultural context and enabling them to continue learning the Japanese language in a fun way.

2. **The reading materials focus on content.**
   The reading materials were written based on literature and research used in the field of Japanese Studies in order to bridge the gap between the learner's current language level and their need for intellectual stimulation.

3. **The textbook was designed for elementary and early intermediate-level learners.**
   In foreign language education, classes that include content beyond language (such as cultural, historical and social topics) are often put off until learners reach the upper intermediate level. However, the language levels in this textbook are adjusted so that even upper elementary and early intermediate-level learners can approach content beyond language. Starting content-focused language learning early is an extremely important step when progressing toward advanced-level language study, which requires more sophisticated language processing abilities.

4. **Learners can use online tools to look up vocabulary and kanji, allowing them to quickly read the materials in a fun way.**
   If learners are required to spend a significant amount of time looking up definitions and kanji readings, they will not be able to concentrate on the most important task, which should be comprehending the content of the text. Because the text content of this book is also available on the website, learners can quickly look up vocabulary and kanji using pop-up dictionaries and other reading support tools.

5. **In addition to improving reading comprehension skills, learners can also deepen their understanding of various grammar points.**
   In this textbook, upper elementary and early intermediate-level grammar points are introduced in "Grammar & Expressions". This enables learners to attain a deeper understanding of essential grammar while proceeding through the text.

6. **In addition to input activities that involve reading and listening, learners can also practice providing output in the form of speaking and writing.**
   This textbook offers not only reading comprehension practice, but also conversation and writing practice based on the content of the textbook's reading materials. Learners can comprehensively improve their reading, listening, speaking and writing skills while focusing on the content within the textbook.

7. **Learners can gain first-hand experience of popular culture through the activities offered in this textbook.**
   It is fair to say that the most significant side effect of language learning is cultural understanding. Furthermore, the best way to gain understanding of a culture is to actually experience it. To this end, this textbook leads learners to a deeper cultural understanding through various hands-on activities that involve drawing *manga* characters, sketching *ukiyo-e*, practicing famous songs and dances, and more. These unique cultural learning experiences allow learners to deepen their understanding of Japanese popular culture.

学習者の皆様へ

I 教科書の構成

『ポップカルチャー NEW & OLD』は、教科書とウェブサイト（www.learnjpcinjapanese.com）で構成されています。教科書とウェブサイトの補助教材の構成は以下のようになっています。

各課のメインコンテンツ

※メインコンテンツを使った学習の仕方については、「III 教科書の使い方」をご覧下さい。

教科書のみに掲載

練習問題
各「読み物」に後続する練習問題です。内容確認問題や正誤判定問題、文の間違いを直す問題、情報をまとめる問題、関連した話題について話し合う活動などがあります。基本的に、「モデル会話」を参考にして授業内でクラスメートと話し合いながら進めるようにデザインされています。

画像・イラスト・チャート等
本文の読解や練習問題に使う視覚教材です。

単語リスト
各「読み物」や「アクティビティ」の単語が50音順に提示されています。また、英語・中国語・韓国語・ベトナム語の翻訳がついています。

教科書とウェブサイトに掲載

前作業（本文を読む前に）
本文を読むための準備の作業です。

本文（「読み物」と「アクティビティ」）
各課のトピックについて学ぶ「読み物」と理解を更に深めるための様々な「アクティビティ」があります。

ウェブサイトのみに掲載

音声教材
各「読み物」や「アクティビティ」、単語リストの音声教材です。ウェブサイト上で再生することもmp3ファイルとしてダウンロードすることも出来ます。

単語リスト（日本語能力試験レベル別）
各「読み物」や「アクティビティ」の単語が日本語能力試験のレベル別に提示されています。

予習クイズ
授業の予習のためのオンラインクイズです。

確認クイズ
授業で学習したことを確認するためのオンラインクイズです。

その他のコンテンツ

教科書のみに掲載

「文法・表現」の例文の英訳
「文法・表現」の例文の英訳は教科書のみに掲載されています。ウェブサイト上で例文を読んでみた後で、教科書で正しく訳せたかどうか確認してみるといいでしょう。

教科書とウェブサイトに掲載

プロジェクト
期末の発表のためのプロジェクトワークのモデルです。

モデル会話
「アクティビティ」や「練習問題」をする時のモデル会話です。1〜3のパターンがあります。参考にしてクラスメートと話し合いましょう。

文法・表現
初級後半または中級前半で導入される文法のうち、本文で特によく使われる文法や表現を取り上げて説明しています。

主な参考資料
本文作成時に参照した文献や資料のうち、主なものを記載しています。

ウェブサイトのみに掲載

既習として扱われる文法や表現
本文を読む際に、学習者が知っていることが前提になっている文法や表現が説明されています。主に初級前半で導入される文法や表現です。

ブログ
教科書本文での学習項目に関連した様々なブログ記事です。

教師用マニュアル
この教科書を使ってコースをデザインするための情報や各課の教案、授業内で使用出来る追加の教材などがあります。

ウェブサイト：www.learnjpcinjapanese.com

重要：本文を読む際の注意：教科書とウェブサイトの使い方

この教科書の本文は、オンライン辞書やポップアップ辞書を使いながら、ウェブサイトでも読めるようになっています。しかし、読解の最終的な目標は、**辞書を使わないで本文が読めるようになる**ことです。この目標の達成のために、**本文を読む時はいつも教科書を使い**、ウェブサイトにある本文は、単語の意味や漢字の読み方を調べる時にだけ使うようにしましょう。

Ⅱ 教科書で使われる記号

モデル会話 1　「アクティビティ」や「練習問題」をクラスメートと行う時に、該当のモデル会話（1〜3）を参考にしながら進めて下さい。

G〜（G8-B G4-A G6-A）
「文法・表現」にその文法や表現の説明があることを示しています。なお、「本文を読む前に」と「読み物／アクティビティ／練習問題」の中で、その「文法・表現」が初出の時に、それぞれこの記号が付けられています。

矢印の右に示された教材がウェブサイトにあることを示しています。
- 本文（「読み物」「アクティビティ」）
- 音声教材
- WORD 単語リスト
- PQ 予習クイズ
- RQ 確認クイズ

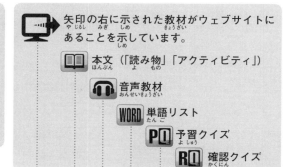

1　日本の漫画　　読み物①

漫画やアニメやゲームなどの日本のポップカルチャーは、日本でだけでなく、海外でも人気があります。特に漫画は、アニメやゲームより安くて簡単に買えるので、多くの人々に楽しまれています。日本のポップカルチャーの世界では、漫画からアニメやテレビドラマが作られたり、アニメからゲームが作られたり、ゲームから映画が作られたりします。5 漫画はこのようなポップカルチャーの基礎になっていると考えられています。

---
1 〜だけでなく : not only 〜

脚注：
脚注には以下のような情報が記載されています。
① 初級後半から中級レベルで導入される文法や表現で「文法・表現」で取り上げられていないもの。
② 本文の内容を補足する情報。

Ⅲ 教科書の使い方

1. 学習を始める前の準備

「教科書の特徴」「学習者の皆様へ」を読み、しっかり理解した後で、下の①と②をするようにして下さい。

① **本文**（「読み物」「アクティビティ」）**を読むために読解補助ツールが使えるようにする。**

この教科書は、単語や漢字が素早く調べられるように、電子辞書やポップアップ辞書を使いながら本文が読めるようになっています。読解補助ツールを使ったことがない人は、教科書のウェブサイトにある**「読解補助ツール」**のページを見て、それらのツールを使う準備をして下さい。読解補助ツールを使ったことがある人も、もっと便利なツールがないかどうかチェックしてみましょう。

> **注意** 読解補助ツールに文を翻訳させてはいけません！
>
> 読解補助ツールは正しく使えば日本語の読解力の向上に役に立ちますが、コンピュータに日本語の文を翻訳させても日本語学習には何の意味もありません。ポップアップ辞書の機能がある読解補助ツールの中には、文や段落を翻訳する機能もあるツールがありますが、この教科書で学習する時は、読解補助ツールは主に単語や表現、漢字の意味や発音を調べるために使い、文法的な要素（文の構造や助詞の役割、活用や時制など）は自分で考えるようにしましょう。自分の学習の役に立つ読解補助ツールの使い方と自分の学習の役に立たない使い方とを区別するようにして下さい。

② **学習を始める前に知っていなければならない文法や表現をチェックする。**

この教科書の本文は、ウェブサイトの**「既習として扱われる文法や表現」**のページにある文法や表現を既に学習したという前提で書かれています。これらはたいてい初級の早い段階で導入される基礎的な文法や表現です。教科書の本文を読み始める前に、このウェブサイトのページを見て、分からない文法や表現があったら、その説明や例文を読んでおいて下さい。

2.「本文を読む前に」をする

各課の本文を読み始める前に、その課の学習の準備をしましょう。その課のトピックについて、自分の経験を考える活動や本文に出てくる単語を調べる活動、本文の理解に必要な背景知識を構築する活動などがあります。

3. 本文（「読み物」「アクティビティ」）を読む

この教科書は、飽きずに楽しく学習が出来るように、各課の本文が短い「読み物」や「アクティビティ」に分けられ、各「読み物」の後に練習問題をするという構成になっています。基本的に以下の手順で学習を進めて下さい。

授業前の予習

この教科書で効果的に学習を進めるためには、授業の前に自分で本文を読んでおくことが不可欠です。以下の手順で予習をするようにして下さい。

活動内容	学習目標
❶ 授業で勉強する「読み物」や「アクティビティ」を読んでおく。	オンライン辞書やポップアップ辞書などを使って単語や漢字の意味や読み方を素早く調べながら、本文の内容が理解出来るようにする。
❷ ウェブサイトにある「予習クイズ」をする。	「予習クイズ」の答えを考えながらもう一度本文を読んで、理解を深める。（予習クイズは自動で採点されます。）
❸ 本文の意味が理解出来たら、ウェブサイトにある「単語リスト（日本語能力試験レベル別）」を見て、本文の単語を出来るだけたくさん覚える。その後で、本文をなるべく辞書を使わないでもう一度読んでみる。	辞書を使わないで本文が速く正確に読めるようにする。

授業中

先生の指示に従って学習しましょう。授業での学習効果を最大限に高めるために、上の予習をしっかりとしておきましょう。練習問題は「モデル会話」を参考にしてクラスメートと積極的に話し合いましょう。

授業後の学習

活動内容	学習目標
❶ 授業で勉強したことを考えながら本文をもう一度読み、大切なポイントを整理する。	本文の中の大切なポイントが自分でまとめられるようにする。
❷ ウェブサイトにある「単語リスト（日本語能力試験レベル別）」を見て、覚えたいレベルの単語が全部分かるかどうかもう一度確認する。	日本語能力試験のレベルに合わせて、覚えたいレベルの単語を全部覚える。
❸ 本文の音声を聞いて内容が理解出来るかどうか確認する。分からない部分は本文を再度読んでからもう一度聞いてみる。	文を読んだり辞書を使ったりしないで、音声だけで本文の内容が理解出来るようにする。
❹ ウェブサイトにある「確認クイズ」をして、本文の理解や単語の学習などが出来ているかどうか最終確認する。辞書を使わないでクイズに素早く答えられるようになるまで続ける。	本文の内容の理解を更に深める。また、単語や文法、表現などをマスターする。（確認クイズは自動で採点されます。）

Ⅳ 学習の自己評価

各「読み物」の学習終了ごとに、「学習成果」に書かれているタスクが出来るかどうか確認して、自己評価しましょう。

学習成果	学習目標
☐ 予習クイズに答えられる。 　→ ☐ 辞書を使えば出来る。／☐ 辞書を使わなくても出来る。	本文の内容が理解出来る。
☐ 確認クイズに答えられる。 　→ ☐ 辞書を使えば出来る。／☐ 辞書を使わなくても出来る。 ☐ 音声だけで本文の内容が理解出来る。 ☐ 本文の大切なポイントがまとめられる。	
☐ ウェブサイトにある「単語リスト（日本語能力試験レベル別）」を見て、覚えたいレベルの単語が全部分かる。	理解語彙を増やす。
☐ 本文の中で、どこに新しい文法や表現が使われているか分かる。 ☐ 本文の中で、新しい文法や表現が使われている文が理解出来る。	文法・表現を増やす。

Ⅴ 漢字の振り仮名

●本文（「読み物」と「アクティビティ」）

原則的に、語彙レベルと漢字レベルが全て日本語能力試験 N4 または N5（旧日本語能力試験 3級、4級）の場合、その漢字語彙には振り仮名は振られていません。それ以外の場合と特殊な読み方の漢字語彙には振り仮名が振ってあります。

例：○「有名」（語彙レベル N5、漢字レベル「有」N4、「名」N5）　→ 振り仮名なし
　　○「子供」（語彙レベル N5、漢字レベル「子」N5、「供」N3 相当）　→ 振り仮名あり
　　○「学者」（語彙レベル N3 相当、漢字レベル「学」N5、「者」N4）　→ 振り仮名あり
　　○「大人」（語彙レベル N5、漢字レベル「大」N5、「人」N5 だが特殊な読み方）→ 振り仮名あり

但し、以下の漢字には、原則的に全て振り仮名が振ってあります。
　　○ 固有名詞の漢字。
　　○ 各課の「読み物1」の前の「アクティビティ」内の漢字。

●前作業、練習問題、プロジェクト、モデル会話、文法・表現

全ての漢字に振り仮名が振ってあります。

Students' Guide to Using *POP CULTURE NEW & OLD*

I. The Overall Structure of *POP CULTURE NEW & OLD*

The curriculum of *POP CULTURE NEW & OLD* combines the content of the physical textbook with materials found on the website (www.learnjpcinjapanese.com). The structure of the textbook and supplemental online learning material is outlined below.

Each Chapter's Main Contents

※ For information on how this main content can be used to study, refer to "III. How to Use This Textbook".

Only in the Textbook

Practice Problems

Post-reading practice problems, such as comprehension checking problems, true or false problems, problems that require you to correct mistakes in a text, problems that involve summarizing information and activities that involve discussing related topics.

Images, Illustrations, Charts, etc.

Visual learning materials needed for reading comprehension, practice problems, etc.

Vocabulary Lists

Vocabulary lists for each reading and activity, sorted in Japanese alphabetical order. Translations are provided in English, Chinese, Korean and Vietnamese.

In the Textbook and on the Website

Pre-Reading Activities
(Before starting the main text)

Preparation tasks for reading the main text.

Main Text
(Readings and activities)

Readings related to the topic of each chapter along with various activities designed to further comprehension.

Only on the Website

Audio Learning Materials

Audio materials for each reading, activity and vocabulary list that can be either played on the website or downloaded in mp3 format.

Vocabulary Lists
(Separated by JLPT levels)

Vocabulary lists for each reading and activity, divided by Japanese Language Proficiency Test (JLPT) level.

Preparation Quizzes

Online quizzes designed to prepare learners for classroom lessons.

Review Quizzes

Online quizzes designed to review what was learned in class.

Other Contents

📖 Only in the Textbook

English Translations of "Grammar & Expressions" Sample Sentences

English translations of "Grammar & Expressions" sample sentences that can only be found in the textbook. Try reading the sample sentences on the website first, and then check the textbook to see if your interpretation was correct.

📖➡ In the Textbook and on the Website

Projects

Project work designed to lead up to an end-of-term presentation.

Model Dialogues

Model dialogues to be used when working on activities and practice problems. These dialogues follow one of three different patterns, and should be used as reference for in-class conversation.

Grammar & Expressions

Explanations of grammar points and expressions that are frequently used throughout the upper-elementary/lower-intermediate material.

Primary References

A list of books, documents and other materials used as references when creating the text.

💻➡ Only on the Website

Prerequisite Grammar & Expressions

Explanations of primarily lower-elementary level grammar and expressions that the learner should already be aware of at the time of reading the text.

Blog Articles

Various blog articles relating to the topics found within the textbook.

Instructor's Manual

Information, lesson plans for each chapter and supplemental classroom materials to help design a course using this textbook.

Website URL : www.learnjpcinjapanese.com

IMPORTANT — How to Use the Textbook and Website

The readings contained within this textbook can also be viewed on the website, allowing for the use of online and pop-up dictionaries. However, the final goal of this textbook is for learners to reach a point at which they can read the text **without needing a dictionary**. In order to achieve this goal, **always try to use the physical textbook for reading**, and use the website only when looking up certain definitions or *kanji* readings within a given text.

Symbols Used in the Textbook

モデル会話 1 When working through activities or practice problems with classmates, please proceed while referring to the relevant model dialogue (labeled from 1 to 3).

G ～ (G8-B G4-A G6-A)

Indicates that there is an explanation under "Grammar & Expressions". These grammar points and expressions will be marked with a code the first time they appear within a pre-reading exercise, as well as the first time they appear within either a reading, activity or practice problem.

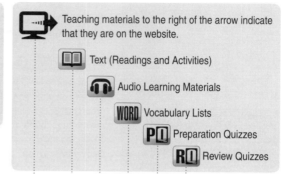

Teaching materials to the right of the arrow indicate that they are on the website.
- Text (Readings and Activities)
- Audio Learning Materials
- WORD Vocabulary Lists
- PQ Preparation Quizzes
- RQ Review Quizzes

1 日本の漫画　読み物 ①　
　　漫画やアニメやゲームなどの日本のポップカルチャーは、日本でだけでなく¹、海外でも人気があります。特に漫画は、アニメやゲームより安くて簡単に買えるので、多くの人々²に楽しまれています。日本のポップカルチャーの世界では、漫画からアニメやテレビドラ
5　マが作られたり、アニメからゲームが作られたり、ゲームから映画が作られたりします。漫画はこのようなポップカルチャーの基礎になっていると考えられています。

¹ ～だけでなく : not only ～

The following information is relayed through the footnotes:
1. Grammar points and expressions commonly introduced in the upper-elementary/intermediate levels that are not listed under "Grammar & Expressions".
2. Supplementary information regarding the main text.

III How to Use This Textbook

1. Preparations before you begin learning with this textbook

In order to effectively proceed in learning with this textbook, first read "Features of the Textbook" and "Students' Guide to Using *Pop Culture New & Old*", and then try to do the following two things:

① **Try out some reading support tools to help with reading the main texts (readings and activities) of this textbook.**

This textbook is designed so that main texts can also be viewed on the website, enabling learners to quickly look up vocabulary and *kanji* using reading support tools such as pop-up dictionaries. For those who have never used a reading support tool before, please read the **"Reading Support Tools"** page on the website (**http://www.learnjpcinjapanese.com/web/reading-support-tools/**) and try out the recommended applications. Even if you have used a reading support tool before, it is still recommended to check the page to see if there is a more convenient tool available.

> **Warning** **Relying on reading support tools to translate sentences is not allowed!**
>
> If correctly used, the reading support tools are useful for improving reading comprehension skills. However, relying on a computer to translate entire sentences undermines the purpose of studying Japanese. Some reading support tools with pop-up dictionary functions have sentence and paragraph translation functions, but, while learning with this textbook, please use the reading support tools primarily for looking up vocabulary, expressions and *kanji*. It is important that you analyze the grammatical components (sentence structures, roles of particles, conjugations, tenses, etc.) yourself. Please be sure to differentiate between the helpful and unhelpful ways to use the reading support tools in your studies.

② **Review the prerequisite grammar and expressions.**

The reading materials in this textbook have been written under the assumption that the learner has already acquired the grammar and expressions listed on the **"Prerequisite Grammar & Expressions"** page on the website (**http://www.learnjpcinjapanese.com/web/prerequisite-grammar/**). These are the fundamental grammar points and expressions usually introduced in the early stages of the elementary level. Please review the items on this page. If you encounter any grammar points or expressions that you do not know, read over the explanations and sample sentences before proceeding.

2. "Pre-Reading Activities"

Before reading the main text of a chapter, use the "Pre-Reading Activities" to help prepare you for that chapter's learning objectives. These activities include exercises such as thinking about one's own experiences in the context of the chapter's main topics, looking up vocabulary that will appear in the main text and developing an understanding of the necessary background material.

3. Reading the Main Texts (Readings and Activities)

To help learners maintain their motivation and enthusiasm, this textbook is organized in such a way that the main texts in each chapter are divided into smaller paragraph units, each of which is followed by its own practice problems. Please follow the outline below as you advance through the learning process.

Preparing Before Class

For effective learning with this textbook, it is essential for learners to read the designated text themselves before class. Please follow the three steps shown below to prepare for each class.

Activity Contents	Learning Objectives
1 Read the paragraph(s) to be studied in class.	Grasp the meaning of the text by using reading support tools (such as online or pop-up dictionaries) to quickly look up vocabulary and *kanji*.
2 Take the "Preparation Quiz" on the website.	Attain a deeper understanding of the material by reading the text again while thinking about the answers to the quiz questions. (Preparation quizzes are automatically graded.)
3 Once an understanding of the text is achieved, examine the JLPT-based vocabulary list on the website and memorize as much of the vocabulary as possible. Then, try reading the text again without using a dictionary.	Promptly and accurately read the text without the use of a dictionary.

While in Class

In class, follow the teacher's instructions to proceed through the lesson. For effective classroom learning, make sure to follow the steps listed above to prepare well for each class. When answering post-reading practice problems, discuss with your classmates using model dialogues.

Studying After Class

Activity Contents	Learning Objectives
1 Read the text once again and summarize the important points studied during class.	Develop the ability to independently summarize important points in the text.
2 Check to make sure you understand all of the vocabulary words for your desired JLPT level by once again reviewing the JLPT-based vocabulary list on the website.	Memorize all of the vocabulary for the desired JLPT level.
3 Listen to the audio recording of the text and check your understanding. If there are any parts you do not understand, reread those sections and listen to the audio again.	Understand the content through listening alone, without reading or using a dictionary.
4 Take the "Review Quiz" on the website as a final step to check your understanding of the text and vocabulary. Continue attempting the quiz until you can answer the questions quickly without using a dictionary.	Acquire an even deeper understanding of the text and master the vocabulary, grammar points and expressions contained therein. (Review quizzes are automatically graded.)

IV Self-Evaluation

Upon completion of each reading and activity, conduct a self-evaluation by seeing if you can complete the tasks listed under "Learning Outcomes".

Learning Outcomes	Learning Objectives
☐ Am I able to correctly answer the "Preparation Quiz" questions? → ☐ Possible if I use a dictionary. / ☐ Possible even without a dictionary.	Understand the content of the text.
☐ Am I able to correctly answer the "Review Quiz" questions? → ☐ Possible if I use a dictionary. / ☐ Possible even without a dictionary.	
☐ Am I able to understand the text through audio only?	
☐ Am I able to summarize the important points of the text?	
☐ Am I able to understand all of the vocabulary words for my desired JLPT level in the JLPT-based vocabulary list on the website?	Increase vocabulary recognition.
☐ Am I able to identify when new grammar and expressions are being used within the text?	Increase knowledge of grammar and expressions.
☐ Am I able to understand sentences that contain new grammar and expressions?	

V *Kanji Furigana*

● **Main Text (Readings and Activities)**

As a general rule, *furigana* readings are not provided if the vocabulary level and *kanji* level of each character in a word falls within JLPT level N4 or N5 (levels 3 and 4 in the former JLPT). In all other cases, and for words that have special readings, *furigana* is provided.

Examples:

○ 「有名」 Vocabulary Level N5, Kanji Levels 「有」N4、「名」N5 → **No** *Furigana*
○ 「子供」 Vocabulary Level N5, Kanji Levels 「子」N5、「供」N3 → *Furigana* **Provided**
○ 「学者」 Vocabulary Level N3, Kanji Levels 「学」N5、「者」N4 → *Furigana* **Provided**
○ 「大人」 Vocabulary Level N5, Kanji Levels 「大」N5、「人」N5 → *Furigana* **Provided**
　　　　　　　　　　　　　　　　　　　　　　　　　　　　　　　　　(due to special reading)

However, *furigana* readings are provided for all of the *kanji* below.
　　○ *Kanji* used in proper nouns.
　　○ *Kanji* within the activities before "Reading 1" of each chapter.

● **Pre-Reading Activities, Practice Problems, Projects, Model Dialogues and Grammar & Expressions**

Furigana readings are provided for all *kanji* in these sections.

パスワード保護コンテンツへのアクセス

教科書の本文は、ポップアップ辞書などの読解補助ツールが使えるようにウェブサイト上にも掲載されていますが、ウェブサイト上で本文にアクセスするためには、パスワードが必要です。下の手順に沿って、パスワードを取得して下さい。

1. http://www.learnjpcinjapanese.com のウェブページのヘッダーにある**「現在の読み物アクセスコード」**の数字とアルファベットの組み合わせを、下の表のヨコ軸とタテ軸に当てはめてパスワードを入手して下さい。
   例：（アクセスコード）1A 2B 3C 4D 2A → （パスワード）pJogN
2. ウェブページ上で、読みたい課の「読み物」や「アクティビティ」にアクセスする。
3. パスワードを入力すると、パスワードで保護されているページにアクセスすることが出来ます。文字は全て半角で入力して下さい。

How to Access Password-Protected Contents

In order to enable learners to use reading support tools such as pop-up dictionaries, the reading materials in the textbook are also available in a password-protected area of the textbook website. Please follow the instructions below to obtain the password.

1. You can obtain the password by taking the 現在の読み物アクセスコード (current reading access code) found in the header area of the website (http://www.learnjpcinjapanese.com/) and comparing it to the table below. The numbers in the access code refer to the columns of the table, while the letters refer to the rows.
   Example: 1A 2B 3C 4D 2A (access code) → pJogN (password)
2. Access the reading material that you want to read on the website.
3. Enter the password in the password field.

	1	2	3	4
A	p	N	h	u
B	e	J	a	m
C	n	i	o	s
D	T	k	y	g

第1課

漫画-1

本文を読む前に

I a.～g. を表に入れて下さい。その後に、表の中の質問に答えて下さい。

a. 漫画やコミック b. 新聞 c. 雑誌 d. 小説 e. 研究論文 f. インターネットの記事 g. ブログ

（　よく読む　）	（　時々読む　）	（あまり／全然読まない）
よくどこで読みますか。	どんな時に読みますか。	どうしてですか。

II 下の単語は、本文によく出てくる、または本文の理解に大切な単語です。意味を調べて下さい。

	単語	意味（自分の言葉で書いてもいいです。）
1	海外	
2	描く	
3	楽しむ	
4	特徴	
5	戯画	
6	風刺／風刺画	
7	少年／少女	
8	大衆／大衆文化	

III a.～d. の場所を調べて、右の地図の中に書きましょう。

a. 東京 b. 京都 c. 奈良 d. 大津（滋賀県）

IV 「参勤交代」という制度について調べて、質問に答えて下さい。

この制度では、誰が何をしなければいけませんでしたか。

1

① 漫画
© 尾田栄一郎『One Piece』
1997／集英社

② アニメ／DVD
『ワンピース』 DVD 発売中
価格：4,500円（税抜）
発売元：東映ビデオ

> **アクティビティ**
> **話しましょう！**
> クラスメートに、左の漫画を読んだりアニメを見たりしたことがあるかどうか聞きましょう。どこで見たか、好きかどうかなど、なるべく詳しく (in as much detail as possible) 聞きましょう。
> **モデル会話 1**
> モデル会話 1 (p.122) を見て、単語や表現 (expression) を使いながら話しましょう。

日本の漫画　読み物①

　漫画やアニメやゲームなどの日本のポップカルチャーは、日本でだけでなく、海外でも人気があります。特に漫画は、アニメやゲームより簡単に買ったり読んだり出来るので、多くの人々に楽しまれています。日本のポップカルチャーの世界では、漫画からアニメやテレビドラマが作られたり、アニメからゲームが作られたり、ゲームから映画が作られたりします。漫画はこのようなポップカルチャーの基礎になっていると考えられています。

I 本文の内容 (content) についてクラスメートと話し合いましょう。**モデル会話 2**

モデル会話 2 (p.123) を見て、単語や表現 (expression) を使いながら話しましょう。

1) 漫画とアニメとゲームの中で、どうして漫画は特に多くの人々に楽しまれていますか。
2) 日本のポップカルチャーでは、漫画から何が作られることがありますか。
3) 漫画とアニメとゲームの中で、ポップカルチャーの基礎になっているのはどれですか。

日本の漫画（続き）　読み物②

　漫画には色々なジャンルがあって、テーマやストーリー、キャラクターの特徴が違います。有名なジャンルは、少年漫画や少女漫画、青年漫画です。子供のための漫画だけでなく、勉強のための漫画、政治やビジネスについての漫画など、色々な漫画があります。例

1　～だけでなく：not only ～

2　多くの+～ [Noun]：many ～ (Although the word 多い (many) is an *i*-adjective, when it modifies a noun by itself (e.g. many people), the form must be changed to 多くの．例：多くの人々＝ many people)

えば、『課長 島耕作』という漫画はサラリーマンについての漫画で、大人に人気があります。また、日本の歴史やアインシュタインの相対性理論など、難しいトピックを勉強するための漫画もあります。学校の先生が面白い授業をするために漫画を使ったり、漫画家が自分の意見を表現するために漫画を描いたり、会社が商品を売るために人気漫画のキャラクターを使ったりするかもしれません。漫画は、大人も子供も、誰でも楽しめるポップカルチャーで、現代の日本文化の中でとても大切なものです。

II 本文を読んだ後でしてみましょう。

1) 考えましょう。

1. 下の①の漫画は、何についての漫画ですか。
2. ②の漫画は、何をするための漫画ですか。
3. ③の漫画は、何をするための漫画ですか。

①『課長 島耕作』

②『聖徳太子』

③『マンガでわかる 相対性理論』

© 弘兼憲史『課長 島耕作(1)』1985／講談社
© 柳川創造・久松文雄『聖徳太子—法隆寺をたてた政治家（学習漫画 日本の伝記）』1988／集英社
© 新田英雄(監)・山本将史(著)・高津ケイタ(作画)『マンガでわかる 相対性理論』2009／オーム社

2) 下の文が正しいか、間違っているか、クラスメートとチェックしましょう。 モデル会話 3

モデル会話 3 (p.123) を見て、単語や表現 (expression) を使いながら話しましょう。

1. (　) 漫画は子供のためだけに描かれている。
2. (　) 『課長 島耕作』という漫画は、島耕作というサラリーマンが描いた漫画だ。
3. (　) 日本では、先生は学校の授業で漫画を使ってはいけない。
4. (　) 漫画は、漫画家が自分の意見を表現するために使われることがある。
5. (　) 漫画のキャラクターは会社の商品を売るために使われることもある。

---

[3] ～ [Question word]+でも：any ～（例：誰でも =anyone, 何でも =anything, どこでも =anywhere）

日本の漫画（続き） 読み物 ③

　日本では、漫画は色々な場所で読まれます。会社に行く人が電車の中で読んだり、お客さんが床屋や美容院で読んだり、子供が友達の家で読んだりします。自分の家のお風呂や
20 トイレで読む人もいます。「漫画喫茶」という店もあります。漫画喫茶には漫画がたくさんあって、お客さんは飲み物を飲んだり食べ物を食べたりしながら、好きな漫画を楽しみます。

Ⅲ 本文を読んだ後でしてみましょう。

1) 下の文には間違いがあります。正しい文に直しましょう。

〈例〉日本人は~~漫画喫茶でだけで~~漫画を読む。 → 色々な場所で

1. 日本では、会社員が会社で漫画を読むことがある。

2. 日本では、トイレやお風呂で漫画を読まなければならない。

3. 漫画喫茶では、お客さんは飲み物を飲みながら漫画を読んではいけない。

2) 考えましょう。

1. これは「漫画喫茶」の写真です。ここでは、どんなことが出来ますか。

写真提供：GTエンタープライズ

2. あなたの国にはこのような場所がありますか。
3. あなたが「漫画喫茶」のような面白い店を作るとしたら[4]、どんな店を作りますか。どうしてですか。

---

[4] ～としたら：Suppose ～ ; If you were to ～

漫画のキャラクターの描き方 読み物④

漫画は、描き方がユニークで特徴があると言われています。また、2～4頭身で描かれる「ちびキャラ」から、少年漫画や少女漫画、劇画⁵の複雑なキャラクターまで、色々なスタイルがあります。

1. _____ 2. _____

3. _____ 4. _____

Ⅳ 本文を読んだ後で、考えましょう。

1) 下のa.～d.の言葉を、上の1.～4.に入れて下さい。

　　a. ちびキャラ　　b. 少年漫画　　c. 少女漫画　　d. 劇画

2) あなたは、どのスタイルの漫画が好きですか。どうしてですか。

---

⁵ 絵やストーリーをリアルに描くスタイルの漫画。

漫画のキャラクターの描き方（続き） 読み物 ⑤

ここでは、漫画のキャラクターの描き方について勉強します。次の1.と2.のポイントは、キャラクターの顔の描き方の基本的[6]なポイントです。実際には、漫画には色々なスタイルの描き方がありますが、下の説明は初めて漫画のキャラクターを描く人のためのものです。

30　**1. 顔のバランス**

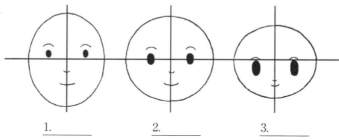

1.＿＿＿　　2.＿＿＿　　3.＿＿＿

● 顔のバランスは、目を顔の中心線より下に描いて、目を大きく、鼻と口とあごを小さく、顔を横に長く描くと、赤ちゃんの顔になります。
● 中学生や高校生は、目を顔の中心線の高さ[7]に描きます。
● 顔を縦に長く描いて、目を顔の中心線より上に描くと、大人の顔になります。

35　**2. 顔の角度を変える**

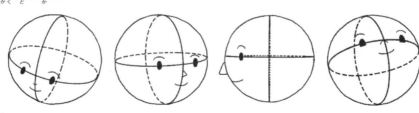

● キャラクターの顔の角度を変えるためには、上のように球体で考えると簡単に描けます。

V　本文を読んだ後でしてみましょう。

1) 下のa.〜c.の言葉を、上の1.〜3.に入れて下さい。

　　a. 赤ちゃん　　b. 中学生・高校生　　c. 大人

2) 下の文には間違いがあります。正しい文に直しましょう。（例→p.4 Ⅲ-1)）

　1. 本文の顔のバランスと角度についての説明は、プロの漫画家のために書かれた説明だ。
　2. 赤ちゃんの顔は、目を小さく、鼻と口を大きく描く。
　3. 大人の顔は、縦に長く、目を顔の中心線より下に描く。

---

[6] 〜 [Noun]+ 的な：〜 -ic; 〜 -ive; 〜 -al (The suffix 的 makes nouns into *na*-adjectives. 例：基本的な= basic, 全国的な= countrywide; nationwide　〜的に is its adverbial usage.　例：全国的に= nationally)

[7] 〜 [Adjective stem] + さ：〜 -ness; 〜 -ty (The suffix さ makes adjectives into nouns.　例：高さ= level; height)

第1課 漫画-1

アクティビティ1 漫画のキャラクターを描いてみよう！

ここで、本文で勉強したことを使って、漫画のキャラクターを描いてみましょう。下の例のように、p.8, 9 の「顔のパーツ」のサンプルを使うと上手に描けます。

[タスク]

- 家族や友達など、キャラクターとして描きたい人を一人選んで下さい。
- p.6 の「顔のバランス」のポイントに注意して、漫画のスタイルでその人の顔を p.8 のスペースに描いて下さい。
- その人について日本語で詳しく説明して下さい。下のような情報を入れるようにしましょう。

  - 名前、性格
  - どうしてその人を選んだか。
  - いつ、どこで会ったか。
  - よく一緒に何をするか／したか。
  - 今どこで何をしているか。

例

この女の人の名前は「田中友子」さんです。友子さんはとてもやさしくて、明るくて、話すのが大好きです。目が大きくてとてもかわいいです。絵を描くのが上手で、よく面白い漫画を描きます。友子さんは私の一番仲がいい友達だから、私は友子さんを選びました。

私と友子さんは、高校生の時に漫画クラブで会いました。私達は、よく大好きな少女漫画を一緒に読んだり、オリジナルのストーリーを作ったりしました。今友子さんはフランスに留学しているので、私達は全然会えません。ちょっと寂しいですが、友子さんは「フランスの生活はとても楽しい」と言っています。

友子さんは、先週、「ジャパンフェスト」というイベントでボランティアをしたそうです。日本の文化に興味がある人達に、日本の漫画やアニメを紹介したと言っていました。私は、新しいことにチャレンジが出来る友子さんはすごいと思います。私はいつかフランスに友子さんに会いに行くつもりです。

---

⁸〜 [Noun]+達：〜s (The suffix 達 is a plural marker. 例：私達 = we, 人達 = people, 動物達 = animals, 大名達 = feudal lords)

[あなたが選んだ人の顔の絵]　　　　[日本語での説明]

顔のパーツ

[目]

第1課 漫画-1

[鼻]
はな

[口]
くち

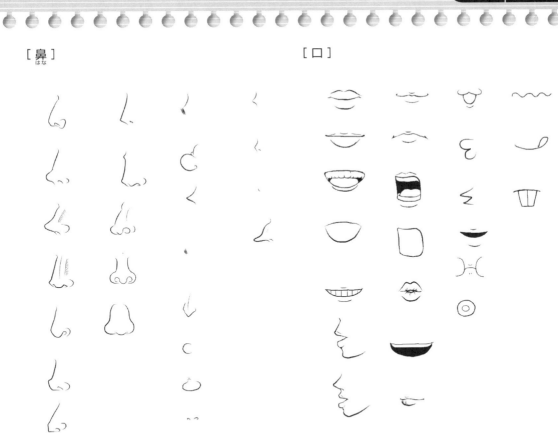

[髪]
かみ

[表情]
ひょうじょう

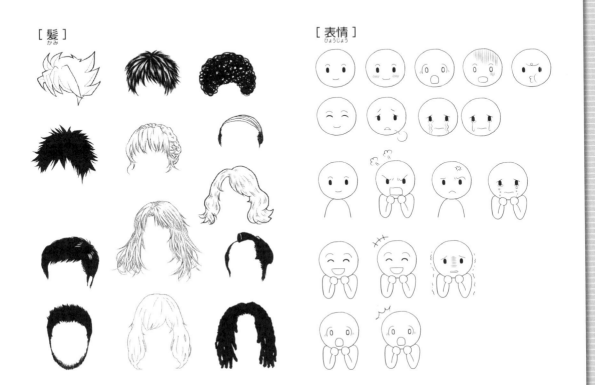

アクティビティ2　漫画のキャラクターを描いてみよう！（続き）

頭と体のバランス

次に、p.8で自分が描いたキャラクターに体をつけてみましょう。

［ポイント］

- 頭と体のバランスは、右のイラストのように考えることが出来ます。
（日本人は、6頭身から7.7頭身の人が多いと言われています。）
- 体は、下のイラストのサンプルのように、頭と胸骨と腰骨と関節を描くと上手に描けます。
- 体を描く時は、実際の人のポーズを見ながら描くのが一番いいです。友達に描きたいポーズをしてもらったり写真を見たりしながら描くといいでしょう。

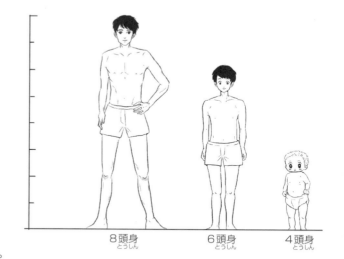

8頭身　　6頭身　　4頭身

［色々なポーズ］

漫画のルーツ 読み物 ⑥

漫画のルーツは、戯画だと言われています。戯画というのは、ユーモアや風刺を表現するために描かれた絵のことです。戯画は昔から世界中で描かれていますが、日本では7世紀に描かれた戯画が奈良の法隆寺というお寺で見つかっています。また、京都の高山寺というお寺の「鳥獣人物戯画」という戯画もとても有名です。

①

②

③

『鳥獣人物戯画』 所蔵：栂尾山高山寺

「鳥獣人物戯画」には、擬人化された動物が遊んでいる絵や空想の動物の絵が描かれていて、ストーリーがある最も古い戯画だと言われています。人が囲碁をしたり、踊ったり、楽器を演奏したりして楽しんでいる絵もあります。また、僧侶が子供のように遊んでいる風刺画もあります。「鳥獣人物戯画」は、12世紀頃に鳥羽僧正という僧侶によって描かれたと言われていて、鳥羽僧正を「日本で最初の漫画家だ」と言う学者もいます。しかし、「鳥獣人物戯画」が本当に全て鳥羽僧正によって描かれたかどうかは分かっていません。

Ⅵ 本文を読んだ後でしてみましょう。

1) 下の文が正しいか、間違っているか、クラスメートとチェックしましょう。 モデル会話3

1. (　) 漫画のルーツは新聞だと言われている。
2. (　) 戯画というのは、風刺をしたり色々なことを面白く表現するために描かれた絵のことだ。
3. (　) 戯画は、日本だけで描かれているユニークなスタイルの絵だ。
4. (　) 「鳥獣人物戯画」は奈良の法隆寺というお寺で見つかった。
5. (　) 「鳥獣人物戯画」には、人や動物が描かれている。
6. (　) 鳥羽僧正というのは「鳥獣人物戯画」の絵の中で漫画を描いている人だ。

9 〜によって：by 〜：through 〜

2) 考えましょう。
1. p.11の①～③の絵の中で、擬人化された動物が遊んでいる絵はどれですか。
2. あなたは、①～③の絵の中で、どれが一番好きですか。どうしてですか。
3. 現代でも「鳥獣人物戯画」の動物達は、色々な商品で使われています。どんな商品があるのか調べてみましょう。また、自分が商品を作るとしたら、どんな商品が作りたいか考えましょう。

「大津絵」「鳥羽絵」「漫画」　読み物⑦

①

②

①『鬼の寒念仏』所蔵：日本民芸館
② 竹原信繁『鳥羽絵三国志』所蔵：国立国会図書館

　江戸時代(1600-1868)の初期からは、「大津絵」という種類の絵が人気が出ました。「大津絵」の「大津」は場所の名前で、現在の滋賀県にある町の一つです。大津絵はもともとは仏画でしたが、後に、戯画やユーモラスな鬼、動物、美しい女性など、色々な絵が描かれるようになりました。①の「鬼の寒念仏」という絵は大津絵の有名なデザインの一つで、鬼が僧侶の真似をしている風刺画です。

　江戸時代の中期には、「鳥羽絵」という種類の絵も人気が出ました。「鳥羽絵」の「鳥羽」は「鳥羽僧正」の「鳥羽」だと考えられています。1720年には、四種類の鳥羽絵の本が大阪で出版されました。清水(2007：p.36)[10]は「日本の戯画本・漫画本の歴史はここから始まったと言える」と言っています。②の絵は、1720年に出版された鳥羽絵本『鳥羽絵三国志』の一つです。手や足が長く誇張されていて、動きがダイナミックに描かれています。このような「誇張」や「動き」の特徴は、現代の漫画にも見られます。

　「漫画」という言葉は江戸時代にも使われていましたが、現代の「漫画」と同じ意味では

---

[10] 清水勲（2007）『年表　日本漫画史』臨川書店

ありませんでした。例えば、1814年から1878年まで出版された『北斎漫画』という本では、「漫画」という言葉は、「見たものや聞いたことを自由に描いた絵」のような意味で使われていました。『北斎漫画』では、人や動物、魚や虫やお化けなど、色々なものが描かれていて、デッサンのような絵や戯画、ユーモラスな絵など、色々な種類の絵があります。

③「四編」

④「十編」

⑤「二編」

葛飾北斎『北斎漫画』所蔵：国立国会図書館

Ⅶ 本文を読んだ後でしてみましょう。

1) 考えましょう。
   1. ①の絵に描かれているキャラクターは鬼ですか、僧侶ですか。
   2. ②の絵には、どんな特徴がありますか。
   3. あなたは、③の絵の中で、どれが一番好きですか。どうしてですか。

2) ＿＿＿＿に言葉を入れて、本文の大切なポイントをまとめましょう (summarize)。
   1. 本文は、a.＿＿＿＿＿＿＿時代に人気が出た「大津絵」とb.「＿＿＿＿＿＿」とc.「＿＿＿＿＿＿」について説明している。
   2. 大津絵の「大津」というのは＿＿＿＿＿＿＿＿＿の名前だ。
   3. ＿＿＿＿＿＿＿＿はもともとは仏画だったが、後に色々な絵が描かれた。
   4. a.＿＿＿＿＿＿というのは江戸時代の中期に人気が出た絵で、1720年にはb.＿＿＿＿＿＿で本が出版された。
   5. 鳥羽絵の「誇張」などの特徴は、＿＿＿＿＿＿＿＿＿＿にも見られる。
   6. 江戸時代に使われた「漫画」という言葉の意味は、現代の「漫画」の意味と＿＿＿＿＿＿＿＿＿。

3) 本文の内容についてクラスメートと話し合いましょう。 モデル会話2
   1. 大津絵では、どんな絵が描かれますか。
   2. 清水(2007)は、日本の戯画本や漫画本の歴史は、どんな時に始まったと言っていますか。
   3. 『北斎漫画』では、「漫画」という言葉はどんな意味で使われましたか。
   4. 『北斎漫画』には、どのような絵がありますか。

時代背景：江戸時代 (1600-1868)

大津絵や鳥羽絵や『北斎漫画』のように、色々な種類の絵が描かれて、それを人々が大衆文化として楽しめるようになった時代は、江戸時代という時代です。この時代は、17世紀の始めに、「徳川家康」という大名が日本を統一した時に始まりました。16世紀の日本は戦国の時代でしたが、家康はその日本を統一して、江戸（今の東京）に幕府を作りました。この幕府は「江戸幕府」と呼ばれて、この時代は「江戸時代」として知られています。家康は、江戸幕府の最初の将軍になりました。

江戸時代は、日本の経済が大きく発展した時代です。お金持ちの町人（職人や商人）が多くなって、娯楽を楽しむようになりました。また、木版印刷によって絵が大量生産出来るようになったので、人々は戯画や風刺画のような絵を安く買って楽しめるようになりました。江戸時代は、大衆が戯画や風刺画を楽しむようになった時代なのです。

このように大衆文化が全国的に広まった理由の一つに、江戸幕府の「参勤交代」の制度がありました。この制度では、大名達は、一年おきに江戸に行かなければいけませんでした。大名が江戸に行くための道が全国に作られて、江戸と京都の間には「東海道」という道が作られました。大津絵の「大津」は東海道にあった町の一つで、大津絵はお土産として全国的に広まりました。このようにして、戯画や風刺画は全国に広まり、大衆文化として楽しまれるようになりました。

VIII 本文を読んだ後でしてみましょう。

1) 江戸時代について下の表を完成 (completion) して下さい。

年	① a. _____ 年から b. _____ 年
最初の将軍	②
幕府の場所	③
特徴・大切な出来事 (event)	④ (*[　　] の中は、a.とb.から正しい方を選んで下さい。) 1. 日本の経済が [a. よくなった ／ b. 悪くなった]。 2. お金持ちの [a. 将軍 ／ b. 町人] が多くなった。 3. _____ によって、戯画や風刺画などの絵が大量生産出来るようになった。

---

11 一年おきに：every other year

4. 大名は江戸に［a. 入ってはいけなかった ／ b. 一年おきに行かなければいけなかった］。
5. 大名が江戸に行くために、全国に［a. 道 ／ b. 東海道］が作られた。
6. 東海道はa.＿＿＿＿＿＿＿＿とb.＿＿＿＿＿＿＿＿の間に作られた。

2) **本文の内容についてクラスメートと話し合いましょう。** モデル会話2
　1. 江戸時代の前の時代はどんな時代でしたか。
　2. 江戸時代になって、大衆はどうして戯画や風刺画が楽しめるようになりましたか。
　3. 江戸時代に大津絵が全国的に広まった理由は何ですか。

3) **考えましょう。**
　あなたは、江戸幕府はどうして「参勤交代」の制度を作ったと思いますか。

第2課 浮世絵(うきよえ)

本文を読む前に(ほんぶんをよむまえに)

I
a.〜e.を表に入れて下さい。その後に、表の中の質問に答えて下さい。

a. 絵を描く b. 写真を撮る c. 絵やポスターを買う d. 旅行をする e. 部屋の中を飾る

よくする	時々する	あまり／全然しない
詳しく説明して下さい。	どんな時にしますか。	どうしてですか。

II
下の単語は、本文によく出てくる、または本文の理解に大切な単語です。意味を調べて下さい。

	単語	意味（自分の言葉で書いてもいいです。）
1	作品(さくひん)	
2	印象／印象的な(いんしょう／いんしょうてき)	
3	影響／影響を[与える／受ける](えいきょう／えいきょうを[あた／う])	
4	〜世紀(せいき)	
5	時代(じだい)	
6	画家(がか)	
7	芸術／芸術家／芸術的な(げいじゅつ／げいじゅつか／げいじゅつてきな)	
8	西洋(せいよう)	

III
a.〜d.の場所を調べて、右の地図の中に書きましょう。

a. 富士山(ふじさん) b. 東海道(道の名前)(とうかいどう みちのなまえ) c. 庄野(三重県)(しょうの みえけん) d. 東京スカイツリー(とうきょう)

IV
葛飾北斎と歌川広重という人について調べて、質問に答えて下さい。

この二人はどんなことをしたことで有名ですか。

葛飾北斎「冨嶽三十六景 神奈川沖浪裏」
所蔵：メトロポリタン美術館

アクティビティ
話しましょう！

クラスメートに、左の絵を見たことがあるかどうか聞きましょう。見たことがあるクラスメートには、下の例のような質問をして、なるべく詳しく聞きましょう。　モデル会話1

〈例〉いつ見ましたか。どこで見ましたか。どのぐらい大きかったですか。何に描かれていましたか。買いましたか。この絵が好きですか。この絵の中で、どの部分(part)が一番いいと思いますか。この絵は、いつ描かれたと思いますか。どこで描かれたと思いますか。誰に描かれたと思いますか。

1　浮世絵　読み物1

　日本の漫画は海外でも人気があるが、日本には、現代の漫画よりもっと早く海外で人気が出た大衆文化がある。それは「浮世絵」だ。浮世絵というのは、江戸時代に出来た絵の種類で、有名な浮世絵には、葛飾北斎の「神奈川沖浪裏」や歌川広重の「庄野・白雨」がある。浮
5 世絵は日本で作られた絵だが、19世紀にフランスの印象派の画家達[1]に影響を与えたことでも知られている。

I　本文を読んだ後でしてみましょう。　モデル会話2

1) 本文に出てくる「江戸時代」について、第1課の「読み物8」で勉強したことを復習しましょう。
   1. 江戸時代というのはどんな時代でしたか。
   2. 「参勤交代」というのは、どんな制度でしたか。
   3. 江戸時代には、どんな絵が大衆に楽しまれましたか。
   4. 3.の絵は、どうして大量生産出来るようになりましたか。
   5. 江戸と京都の間の道の名前は何ですか。

2) 下の文には間違いがあります。正しい文に直しましょう。（例：p.4 Ⅲ-1））
   1. 浮世絵は、現代の漫画の後で海外で人気が出た。
   2. 葛飾北斎の「神奈川沖浪裏」は有名な漫画だ。
   3. 浮世絵は、19世紀にフランスの印象派の画家達に影響を受けた。

---

[1] ～[Noun]＋達：～s (The suffix 達 is a plural marker.　例：画家達＝painters, 大名達＝feudal lords, 町人達＝townspeople, 芸術家達＝artists)

「神奈川沖浪裏」「庄野・白雨」

p.18の絵は、葛飾北斎の「冨嶽三十六景　神奈川沖浪裏」という浮世絵だ。「冨嶽三十六景」というのは、北斎が富士山を色々な場所から描いた浮世絵シリーズの名前で、「神奈川沖浪裏」では、富士山は波の後ろに小さく見える。この作品は、「冨嶽三十六景」の中で特に有名な作品の一つで、真ん中の大きい波の形は特に芸術的だと考えられている。また、波の中の三つの船は、自然の力の強さと人間の無力さを表していると言われている。

下の絵は、歌川広重の「東海道五拾三次　庄野・白雨」という浮世絵だ。「東海道五拾三次」というのは、広重が東海道の色々な場所で描いた浮世絵のシリーズだ。「庄野・白雨」では、旅をしていた人々が、庄野という町で急に雨に降られて、びっくりしている。雨がグレーのカーテンのように描かれていて、後ろの薄い竹のシルエットが雨の強さを表している。一番右の人の傘には「竹のうち」と「五十三次」という文字が書かれている。「竹のうち」というのは出版社の名前で、「五十三次」というのはこの浮世絵のシリーズの名前の一部だ。このような宣伝の仕方は浮世絵ではよく使われた方法だった。

歌川広重「東海道五拾三次　庄野・白雨」
所蔵：国立国会図書館

II 下の文が正しいか、間違っているか、クラスメートとチェックしましょう。

1. (　) 「冨嶽三十六景」というのは、北斎が色々な場所から波の絵を描いた浮世絵のシリーズだ。
2. (　) 「神奈川沖浪裏」では、大きい波は特に芸術的だと考えられている。
3. (　) 「神奈川沖浪裏」の波の中の三つの船は、人間の強さを表している。
4. (　) 「東海道五拾三次」というのは、東海道の色々な場所で描かれた浮世絵のシリーズだ。
5. (　) 「庄野・白雨」では、雨の強さが後ろの竹のシルエットで表されている。
6. (　) 「庄野・白雨」の傘に書かれている「竹のうち」というのは、この浮世絵を描いた人の名前だ。

---

[2] ~ [Noun] + 的な：~ -ic; ~ -ive; ~ -al (The suffix 的 makes nouns into *na*-adjectives.　例：芸術的な= artistic, 経済的な= economical　~的に is its adverbial usage.　例：経済的に= economically)

[3] ~ [Adjective stem] + さ：~ -ness; ~ -ty (The suffix さ makes adjectives into nouns.　例：強さ= strength, 無力さ= powerlessness; helplessness)

アクティビティ1　浮世絵を楽しもう！

1. 「冨嶽三十六景　神奈川沖浪裏」の浮世絵は、「静と動 (static and motion)」のコントラストを美しく表していることで有名です。「静」を表しているもの、「動」を表しているものを見つけて、下の□にその絵を描きましょう。

2. 「東海道五拾三次　庄野・白雨」では、人が6人描かれています。全員見つけて、下の絵の中で人々の輪郭をなぞって描いてみましょう。

3. 「庄野・白雨」の左上には、漢字で何と書かれていますか。下の□に漢字と読み方を書きましょう。（右から三行目は「之内」という漢字で、「～の中の」という意味です。）

1.「静」を表すもの	2.
「動」を表すもの	3. 漢字：＿＿＿＿＿＿＿之内＿＿＿＿＿ 読み方：＿＿＿＿＿＿＿のうち ＿＿＿＿＿＿＿

時代背景：江戸時代　読み物③

浮世絵は、江戸時代に出来た絵の種類だ。この時代には、幕府が江戸や他の主な都市を統治した。そして、その他の場所は大名が統治した。江戸幕府は、大名達を監視しながら、中央集権の政治を続けた。江戸幕府の政治の規則はとても厳しかったと言われている。し

かし、同時に、江戸時代は250年以上、比較的平和が続いた時代としても知られている。

江戸時代には、幕府は西洋のほとんどの国との交流や貿易を禁止した。中国、李氏朝鮮、オランダとの貿易はあったが、ほとんどの西洋の国との貿易は厳しく制限されていた。西洋の国の影響が少なかったおかげで江戸時代に日本の独自の大衆文化が発展したと考える学者もたくさんいる。

この時代には、都市に住む人口が増え、18世紀には、江戸は人口が100万人以上の世界の大都市の一つになった。京都や大阪も、ロンドンやパリと同じぐらい大きくなり、日本は世界の大都市社会の一つになった。経済は大きく発展して、都市の町人（職人や商人）は経済的に豊かになった。そして、歌舞伎や相撲、芸者などの娯楽が楽しめるようになった。このような都市に住む町人達の間で、浮世絵などの江戸時代の大衆文化は大きく発展した。

III 本文を読んだ後でしてみましょう。

1) [　　] の中で正しいものを a.～c. から選んで下さい。

1. 浮世絵というのは江戸時代 [a. (1600-1868) | b. (1814-1878) | c. (250)] に出来た絵の種類だ。
2. 江戸時代には [a. 幕府は大名に監視された | b. 幕府は大名を監視した | c. 江戸は大名に統治された]。
3. 江戸時代の政治の規則は [a. なかった | b. 厳しくなかった | c. 厳しかった]。
4. 江戸時代は [a. 比較的平和だった | b. 比較的平和ではなかった | c. 全然平和ではなかった]。
5. 江戸時代には、ほとんどの西洋の国々と [a. たくさん貿易や交流をした | b. 貿易や交流をしてはいけなかった | c. 貿易や交流をしなければいけなかった]。

2) 18世紀の江戸について、正しいものを全部選んで下さい。

1. (　) 江戸の人口は100万人以上になって、世界の大都市の一つになった。
2. (　) 江戸は京都や大阪と同じぐらい大きい都市だった。
3. (　) 経済が発展して、都市の町人は経済的に豊かになり、娯楽が楽しめるようになった。
4. (　) 町人達の間で、西洋の文化に影響を受けた大衆文化が大きく発展した。

---

4 A おかげで B: B thanks to A; B owning to A (おかげで is used to refer to a cause of a positive result in 'A.' The positive result is indicated in 'B.')
5 A と同じぐらい B: B around as much as A
6 京都と大阪の人口は、35万人ぐらいだったと考えられている。

「憂き世」「浮世」「浮世絵」 読み物 ④

　「浮世絵」の「浮世」という言葉は、もともとは「憂き世」という言葉で、「つらい世の中」「はかない世の中」という意味だった。しかし、その意味が漢語の「浮世」と似ていたので、「浮世」という漢字が使われるようになった。また、後に「はかないなら、楽しく浮かれて暮らそう」という考え方が生まれた。そして、比較的平和で、経済的に豊かで、茶屋や芸能などの娯楽が楽しめるようになった江戸時代には、「浮世」は「楽しいことが多い現代の世の中」という意味でも使われるようになった。また、「男女の恋愛」や「遊里」という意味でも使われた。

　浮世絵は、このような浮世の世界を描いた絵だ。よく、人気の歌舞伎役者や力士、美しい女性、有名な歴史上の物語や有名な場所、きれいな自然などが描かれた。浮世絵はよくポスターやチラシ、人気役者の役者絵として作られた。また、旅行の案内や色々な本のイラストとしても使われた。多くの浮世絵は木版画でたくさん作られて比較的安く売られたので、多くの人々が木版画で作られた複製を買うことが出来た。浮世絵は、この時代に家の中を飾る一番安い方法だった。このように、浮世絵は、江戸時代に、現代のポップカルチャーのような文化の一つだったと言うことが出来る。

① 喜多川歌麿「高名美人六歌撰　扇屋花扇」
所蔵：東京国立博物館

② 葛飾北斎「冨嶽三十六景　凱風快晴」所蔵：東京国立博物館

③ 東洲斎写楽「市川鰕蔵の竹村定之進」
所蔵：慶應義塾図書館

④ 歌川国芳「二十四孝童子鑑　大舜」所蔵：神戸市立博物館

7　多くの＋〜[Noun]: many 〜 (Although the word 多い (many) is an *i*-adjective, when it modifies a noun by itself (e.g., many *ukiyo-e*), the form must be changed to 多くの. 例：多くの浮世絵＝ many *ukiyo-e*)

本文を読んだ後でしてみましょう。

1) 「浮世」という言葉について、下の表を完成して下さい。

言葉	意味
a.「　　　」	b.
⬇	
「浮世」	c. 新しい意味：
	d. 江戸時代の意味：

2) 次の浮世絵の例を、p.22 の①～④の中から選んで下さい。

　　1. 人気の歌舞伎役者　　（　　）
　　2. 美しい女性　　　　　（　　）
　　3. 有名な歴史上の物語　（　　）
　　4. きれいな自然　　　　（　　）

3) 本文の内容についてクラスメートと話し合いましょう。 モデル会話2
　　1. 江戸時代に、どうして多くの人々が浮世絵を買うことが出来ましたか。
　　2. 江戸時代に、浮世絵は買った人々にどのように使われましたか。

4) 考えましょう。
　　あなたの家や部屋を浮世絵で飾るとしたら、あなたは①～④の浮世絵を、どこでどのように使いますか。

---

8 ～としたら：Suppose ～ ; If you were to ～

浮世絵の西洋の国々への影響 　読み物 ⑤

60　浮世絵は、19世紀にフランスの印象派の画家達に影響を与えたことでも知られている。江戸時代には、幕府が西洋の国々との交流や貿易を厳しく制限していたので、浮世絵は西洋の国々ではほとんど知られていなかった。しかし、19世紀に西洋の国々からの圧力が強くなって、幕府がアメリカやフランス、イギリス、ロシアとの貿易を始めたので、浮世絵も西洋の国々で知られるようになった。美しい色と大胆なデザインで庶民の生活を描く浮
65　世絵は、新しいスタイルとして1860年代からヨーロッパやアメリカで人気になった。浮世絵は、後に印象派の画家として有名になったエドゥアール・マネやクロード・モネ、エドガー・ドガにも影響を与えたと言われている。

　　1870年代には、フランスで「Japonisme」という新しい言葉が作られた。⁹ Japonisme は、フランスや他の西洋の国々で人気になっていた日本の芸術や文化（絵、装飾品、建築、音楽、
70　演劇、文学、グラフィックデザイン、ファッションなど）を意味した。このような言葉が作られたことからも、この時代に、日本の芸術が西洋の国々に強い影響を与えていたことが分かる。

Ⅴ　本文の内容についてクラスメートと話し合いましょう。　モデル会話2

1. 浮世絵は、19世紀より前に西洋の国々で知られていましたか。知られていませんでしたか。それはどうしてですか。
2. 浮世絵は、西洋の国々で、いつごろ知られるようになりましたか。
3. どうして知られるようになりましたか。
4. 浮世絵は、どんな人々に影響を与えたことで有名ですか。
5. 日本の芸術や文化を意味する言葉として、1870年代に、どこでどのような言葉が作られましたか。

9　英語圏の国では「Japonism」や「Japanism」という言葉が使われた。

第2課 浮世絵

浮世絵の影響を受けた作品　読み物 ⑥

「名所江戸百景　大はしあたけの夕立」
作：歌川広重　所蔵：国立国会図書館

a.「　　　　　　　」
作：Vincent van Gogh
所蔵：国立フィンセント・ファン・ゴッホ美術館

「　　　　　　　」
作：

フィンセント・ファン・ゴッホも、浮世絵に影響を受けたフランス印象派の画家の一人だ。ゴッホは歌川広重の「大はしあたけの夕立」という浮世絵を真似して「Bridge in the Rain (after Hiroshige)」という絵を描いた。この絵からも、ゴッホが浮世絵のファンだったことが分かる。この絵の他にも、ゴッホは、浮世絵の絵を真似して、「Courtesan (after Eisen)」と「Flowering Plum Orchard (after Hiroshige)」という2枚の絵を描いた。

① Henri de Toulouse-Lautrec
「Aristide Bruant in his Cabaret」
所蔵：三菱一号館美術館

② Henri-Gustave Jossot
「La vague」
所蔵：メトロポリタン美術館

①の絵は、アンリ・ド・トゥールーズ＝ロートレックが1892年に作ったポスターだ。広い部分に同じ色をシンプルに使ったり輪郭線を描いたりして、強そうなイメージを出している。このポスターでの色や輪郭線の使い方は、浮世絵に影響を受けていると考えられている。

②の絵は、アンリ＝ギュスターヴ・ジョソの「La vague（波）」という作品だ。ジョソは19世紀のフランスの人気風刺画家で、多くの作品を描いたことで知られている。この作品では、波は北斎の「神奈川沖浪裏」の波を真似しているが、船が転覆して、船に乗っている人の足しか見えない。この作品で、ジョソは、日本の芸術に影響を大きく受けたフランスの芸術家達を風刺していたと考えられている。この風刺画からも、日本の芸術が西洋の国々に強い影響を与えていたことが分かる。

VI 本文を読んだ後でしてみましょう。

1) 読み物6にあるゴッホの絵の下の a. に、正しいタイトルを入れましょう。

2) ゴッホの絵の横にある□□□に、ゴッホがしたように、広重の絵を真似して描いてみましょう。絵のタイトルも考えて書いて下さい。

3) 下の文が正しいか、間違っているか、クラスメートとチェックしましょう。　モデル会話3
　1. (　) ロートレックのポスターでは、広い部分に同じ色がシンプルに使われている。これは、浮世絵の影響を受けていると言われている。
　2. (　) ロートレックのポスターの絵には、輪郭線が描かれていない。
　3. (　) ジョソは、フランス印象派の画家だった。
　4. (　) ジョソの「La vague」の中の波は、北斎の波を真似して描かれている。
　5. (　) ジョソは「La vague」で、フランス印象派の画家達に影響を与えた北斎の作品を風刺していたと考えられている。

アクティビティ2　絵のシリーズを作ってみよう！

　葛飾北斎は、富士山を全部の絵の中に描いた「富嶽三十六景」という浮世絵のシリーズを作りました。また、歌川広重は、色々な場所を旅して、「東海道五拾三次」や「名所江戸百景」のようなシリーズを作りました。あなたも、北斎や広重のように、自分が好きなものや場所を描いた絵のシリーズを作ってみましょう。

[タスク]
● どんなテーマを持った絵のシリーズを作るか考えて下さい。
● そのテーマで、2枚以上の絵のシリーズを描いて下さい。それがない時やその場所に行けない時は、写真やインターネットを見ながら描きましょう。

● 描いた絵のシリーズについて日本語で詳しく説明して下さい。下のような情報を入れるようにしましょう。

・シリーズの名前。
・どうしてそのテーマを選んだか。
・それぞれの絵の説明。

例：「東京スカイツリー三景」

[日本語での説明]

　私は「東京スカイツリー三景」というシリーズを作りました。私は東京が大好きで、よく東京に遊びに行くからです。スカイツリーは東京のシンボルのようなものだと思うから、私はこのテーマを選びました。絵を3枚描いたので、「東京スカイツリー三景」という名前にしました。

　このシリーズでは、北斎の「富嶽三十六景」の富士山ように、全部の絵にスカイツリーを描きました。色々なスタイルでスカイツリーを描いたり、スカイツリーが見える面白い場所の風景を描いたりしました。1枚目の絵は、女の子がスカイツリーの前で写真を撮っているシーンです。背景を浮世絵のように広くシンプルに描きました。2枚目の絵は、スカイツリーを擬人化して、漫画のスタイルで描いた絵です。漫画のスタイルなので、スカイツリーがペンと紙を持っています。3枚目の絵は、私が一番よく見に行く夜にライトアップされているスカイツリーを描きました。疲れてベンチで寝ているサラリーマンを描いて、きれいなスカイツリーとかわいそうなサラリーマンのコントラストを強調しました。

[あなたの絵のシリーズ]

シリーズの名前『　　　　　　　　　』

[日本語での説明]

第3課

漫画-2

本文を読む前に

I 日本人について描かれた風刺画を見て、質問に答えて下さい。

この絵は、どんなことを風刺していると思いますか。

George Bigot『TÔBAÉ』より
所蔵：横浜開港資料館
①「Une deux balancez vos dames」（1887年 第2次 第1号）
②「Monsieur et madame vont dans le Monde」（1887年 第2次 第6号）

Ⅱ 下の単語は、本文によく出てくる、または本文の理解に大切な単語です。意味を調べて下さい。

	単語	意味（自分の言葉で書いてもいいです。）
1	広める／広まる	
2	当時	
3	社会／社会的な	
4	表す	
5	近代／近代化	
6	連載	
7	政府	
8	初めて	

Ⅲ 日本の「明治時代」という時代について調べて、質問に答えて下さい。

明治時代を江戸時代と比べると、どんなことが大きく違いますか。

Ⅳ あなたの国では、いつ近代化が始まったと言えますか。例を挙げながら説明して下さい。

樺島勝一・織田小星「正チャンの冒険」『アサヒグラフ(第1号)』(1923年1月25日)
所蔵：国立国会図書館

アクティビティ
考えましょう！

1. 上の漫画では、コマ (frame) は左から右に読むと思いますか。右から左に読むと思いますか。
2. 上の漫画では、コマの中の文はどのように読むと思いますか。

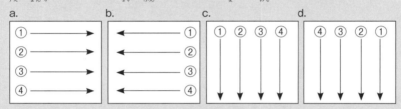

3. あなたの国にも、四コマで描かれる漫画がありますか。
4. この漫画が描かれた時代に、あなたの国ではどんなポップカルチャーが人気がありましたか。

---

1 『絵新聞日本地』と『団団珍聞』 読み物 1

日本で初めての漫画雑誌は、1874年から出版された『絵新聞日本地』という風刺漫画雑誌だったと言われている。この雑誌では、仮名垣魯文と河鍋暁斎という二人が、社会を風刺した漫画を発表した。また、1877年から1907年まで出版された『団団珍聞』という漫画雑誌も、とても人気があった。この雑誌は、当時の「自由民権運動」(言論の自由や集会の自由を求める政治的、社会的な動き)を支持して政府を風刺する漫画を多く発表した。

---

1 ～ [Noun] + 的な：～ -ic; ～ -ive; ～ -al (The suffix 的 makes nouns into *na*-adjectives. 例：政治的な＝political, 社会的な＝social)

第3課 | 漫画-2

① 『絵新聞日本地』表紙(1874年)
所蔵：京都精華大学国際マンガ研究センター／
京都国際マンガミュージアム

② 「権塀を築ゐて民犬を防ぐ」『団団珍聞』(1880年4月3日)
所蔵：国立国会図書館

　上の②の漫画では、鯰の服に「政」、犬の首輪に「民」という漢字が書かれていて、それぞれ「政府」と「民権」を表している。また、漫画のタイトルには「権塀(ケンヘイ)→剣の塀」「民犬(ミンケン)→民権」のように、「権」という漢字の言葉遊びが見られる。当時の社会を言葉遊びを使って上手に表したユーモラスな風刺漫画だと言えるだろう。

I 本文を読んだ後でしてみましょう。

1) 下の文が正しいか、間違っているか、クラスメートとチェックしましょう。　モデル会話3

　1.（　）仮名垣魯文と河鍋暁斎という二人は、社会を風刺する漫画を描いた。
　2.（　）『団団珍聞』という漫画雑誌は、日本で初めての漫画雑誌だ。
　3.（　）「自由民権運動」というのは、言論や集会の自由を求める人々を支持するための政府の運動のことだ。

2) ①と②の漫画について答えましょう。

　1. ①の漫画雑誌の名前は何ですか。
　2. ②の絵で、自由民権運動を支持しているのは鯰ですか。犬ですか。
　3. ②の絵で「ケン」が表す意味を、下のa.～g.の中から全部選んで下さい。

　　　a. right / 权利 / 권리 / quyền lợi
　　　b. citizen / 市民 / 시민 / người dân
　　　c. wall / 墙壁 / 벽 / bức tường
　　　d. sword / 剣 / 검 / thanh gươm
　　　e. catfish / 鲇鱼 / 메기 / cá trê
　　　f. dog / 狗 / 개 / con chó
　　　g. magazine / 杂志 / 잡지 / tạp chí

チャールズ・ワーグマンと『THE JAPAN PUNCH』 読み物②

『絵新聞日本地』や『団団珍聞』などの風刺漫画雑誌は、イギリス人のチャールズ・ワーグマンが出版した『THE JAPAN PUNCH』(1862年から1887年まで出版)という漫画雑誌に影響を受けて作られた。ワーグマンは1861年に Illustrated London News の通信員として日本に来て、すぐに日本が好きになった。そして、1862年に日本人の女性と結婚した。『THE JAPAN PUNCH』は、もともと横浜の外国人コミュニティーのために作られた。しかし、一枚の漫画で当時の社会をユーモラスに描くワーグマンのスタイルは、日本人にも楽しまれるようになり、日本人の間にワーグマンのスタイルの漫画を広めた。下の漫画は、1859年とその6年後の1865年の兵士の姿をユーモラスに表している。

①

②

Charles Wirgman『THE JAPAN PUNCH』より
所蔵：国立国会図書館
①表紙(1866年)
②「Retuls of our intercourse with Japan」(1865年9月)

II 下の文が正しいか、間違っているか、クラスメートとチェックしましょう。 モデル会話3

1)(　) 『THE JAPAN PUNCH』は『絵新聞日本地』の後で出版された。
2)(　) ワーグマンはもともとは横浜の外国人コミュニティーの人々のために『THE JAPAN PUNCH』を作った。
3)(　) 『THE JAPAN PUNCH』は外国人コミュニティーの間では人気が出たが、日本人の間では人気が出なかった。
4)(　) ②の絵では、左に西洋人、右に日本人が描かれている。

第3課 漫画-2

ジョルジュ・ビゴーと『TÔBAÉ』 読み物③

George Bigot『TÔBAÉ』より　所蔵：横浜開港資料館
①表紙（1887年）　②「Une partie de pêche（釣りの勝負）」（1887年第2次第1号）

　フランス人のジョルジュ・ビゴーも、日本の近代漫画に影響を与えた西洋人の一人だ。パリで画家をしていたビゴーは、1882年に日本美術を学ぶために日本に来た。1887年に『TÔBAÉ』という雑誌を出版し始めて、1894年に日本人の女性と結婚した。『TÔBAÉ』も、もともと外国人コミュニティーのために作られた。この雑誌も日本人の間で人気が出て、日本にビゴーのスタイルの風刺漫画を広めた。②の漫画は、1887年に描かれた「Une partie de pêche（釣りの勝負）」という漫画だ。左は日本人、右は中国人で、魚は朝鮮を表している。橋の上からはロシア人が二人を見ていて、当時の国際関係を表している。

III 本文を読んだ後でしてみましょう。

1) 下の文には間違いがあります。正しい文に直しましょう。（例：p.4 III-1））

1. ビゴーは日本の漫画を学ぶためにフランスから日本に来た。

2. 『TÔBAÉ』はもともとはパリの人々のために作られたが、日本人の間でも人気が出て、ビゴーのスタイルの風刺漫画を広めた。

3. 「Une partie de pêche（釣りの勝負）」の漫画では、釣りをしている三人は当時のフランスと日本と中国の関係を表している。

2　〜[Verb stem] + 始める：begin 〜ing

2) 読み物1〜3で勉強したことを使って、下の表を完成して下さい。

1. 1861年	a._____が b._____として日本に来た。そして、c._____年に d._____と結婚した。
2. 1862年	a._____が『b._____』という漫画雑誌を出版した。この雑誌は、もともとは c._____のために作られた。この雑誌は d._____年まで出版された。
3. 1874年	『a._____』という日本で初めての漫画雑誌が作られた。その中で仮名垣魯文と河鍋暁斎が社会を b._____した漫画をたくさん発表した。
4. 1877年	『a._____』という漫画雑誌が出版された。この雑誌は、b._____をサポートして政府を c._____する漫画を多く発表した。この雑誌は d._____年まで出版された。
5. 1882年	a._____が b._____ために日本に来た。そして、c._____年に d._____と結婚した。
6. 1887年	a._____が『b._____』という漫画雑誌を出版した。この雑誌は、もともとは c._____のために作られた。

34

第3課 | 漫画-2

アクティビティ 1 風刺漫画を描いてみよう！

ワーグマンやビゴーのように、今の社会を面白く表した漫画を描いてみましょう。また、漫画のタイトルと日本語での説明も書きましょう。

タイトル：＿＿＿＿＿＿＿＿＿＿＿＿＿＿

説明：＿＿＿＿＿＿＿＿＿＿＿＿＿＿＿＿
＿＿＿＿＿＿＿＿＿＿＿＿＿＿＿＿＿＿＿
＿＿＿＿＿＿＿＿＿＿＿＿＿＿＿＿＿＿＿
＿＿＿＿＿＿＿＿＿＿＿＿＿＿＿＿＿＿＿
＿＿＿＿＿＿＿＿＿＿＿＿＿＿＿＿＿＿＿
＿＿＿＿＿＿＿＿＿＿＿＿＿＿＿＿＿＿＿

時代背景：幕末〜明治時代 (1868-1912) 読み物 4

ワーグマンが日本に来た幕末は、日本と西洋の国々との貿易が始まった時代だ。1854年から、日本では、アメリカ、フランス、イギリス、ロシアなどの国々と貿易が始まった。このような西洋の国々の影響を受けて、日本では国の近代化が始まった。この日本の近代化が始まった時代は「明治時代」と呼ばれている。明治時代には、3000人以上の外国人が明治政府に雇われて日本に来た。また、多くの日本人が、西洋の国々（特にアメリカとドイツ）に、社会の制度や文化などを学ぶために留学した。

①「開化見立十八番面附」『団団珍聞』
(1885年7月11日)
所蔵：国立国会図書館

3　Aの〜 [Noun] 化：〜 -zation of A; 〜 -fication of A (例：国の近代化= modernization of the country)
4　多くの + 〜 [Noun]: many 〜 (Although the word 多い (many) is an i-adjective, when it modifies a noun by itself (e.g., many Japanese), the form must be changed to 多くの . 例：多くの日本人= many Japanese)

①の漫画には、西洋の影響を受けて、この時代に日本で広まったものが描かれている。郵便ポストやランプ、西洋の傘、牛肉や新聞などが見られる。この他に、電話や電車などもこの時代に作られた。

②の漫画は、「自由民権運動」で宗教の自由を求める人々と、宗教の自由を制限しようとする⁵政府が描かれている。この漫画は、1887年に明治政府が出した保安条例の厳しさ⁶を表している。③の漫画はダンスパーティーの休み時間のシーンで、日本人はきれいな西洋の服を着ているが、マナーがよくない。この漫画は、このように服は真似出来ても⁷マナーは真似出来ない日本人を風刺している。

②

③

② 「猿鬼遊び」『団団珍聞』より（1888年1月28日）　所蔵：国立国会図書館
③ George Bigot『TÔBAÉ』より　所蔵：横浜開港資料館
「Les lundis de Roku Mei Kwan – Entre deux contredanses（コントルダンスの合い間）」
（1887年第2次第1号）

IV　本文を読んだ後でしてみましょう。

1) 本文の内容についてクラスメートと話し合いましょう。　モデル会話2

1. 日本では、幕末から明治時代に、どのような国際関係の変化 (change) がありましたか。
2. 日本の近代化が始まった時代は、何時代と呼ばれていますか。
3. この時代に、外国人は日本で働いていましたか。
4. この時代に、日本人は外国に行ってもよかったですか。
5. ②の漫画の中で、左上の男の人は何をしようとしていますか。
6. ②の漫画の中で、右下の人々は何をしていますか。

---

⁵ 〜 [Verb volitional form] + とする : attempt to 〜 ; try to 〜
⁶ 〜 [Adjective stem] + さ : 〜 -ness; 〜 -ty (The suffix さ makes adjectives into nouns.　例：厳しさ= strictness; harshness; rigidity)
⁷ 〜 [te-form] + も : even if 〜

2) 考えましょう。

1. あなたは、②の漫画の人々のように、自由を求める運動に参加 (participation) したことがありますか。
2. ③の漫画の女性達のマナーは、どんなことがよくありませんか。女性達がしてはいけないことを説明して下さい。
3. あなたが「マナーがよくない」と思った経験 (experience) について話して下さい。

アクティビティ 2 描いてみよう！

①（p.35）の漫画に描かれているこの時代に日本で広まったものの中から二つ選んで、例のように、その絵を真似して描いてみて下さい。

例：新聞

1: _____

2: _____

---

8 〜[Noun] ＋ 達：〜s (The suffix 達 is a plural marker. 例：女性達＝ women, 女中達＝ maids)

北澤楽天 読み物⑤

　この時代に人気があった漫画家の一人に、北澤楽天（ペンネーム：楽天）という漫画家がいる。楽天は『時事新報』という新聞の日曜付録「時事漫画」の中で、日本で初めて連載コマ漫画を始めた。「田吾作」と「杢兵衛」というキャラクターが登場する連載コマ漫画では、田舎から東京に旅行に来た二人が、東京で色々な面白い経験をする。また、楽天は、1905年に、日本で初めてカラー漫画雑誌『東京パック』を作った。この漫画は、フランスの雑誌『Le Rire』やアメリカの雑誌『Puck』に影響を受けて作られた雑誌で、当時のベストセラーになった。楽天は、日本で初めての職業漫画家（漫画だけで生活出来る人）だと言われている。1933年に自分の家に「楽天漫画スタジオ」を作ったり、若い漫画家の指導をしたりして、楽天は近代漫画の発展に大きく貢献した。

①

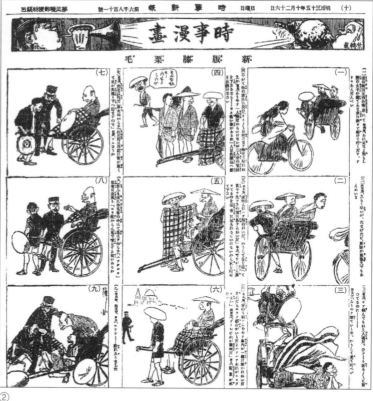

②

①表紙 『東京パック』第3巻第1号(1907年) 所蔵：国立国会図書館
②北澤楽天「時事漫画 新版膝栗毛」『時事新報』(1902年10月26日)
　所蔵：国立国会図書館

Ⅴ 本文を読んだ後でしてみましょう。

1) 本文の内容についてクラスメートと話し合いましょう。 モデル会話2

1. 楽天は、日本で初めてのことを三つしました。どんなことをしましたか。
2. 「田吾作」と「杢兵衛」というのは誰のことですか。
3. 田吾作と杢兵衛はどんなところに住んでいますか。
4. 『東京パック』に影響を与えた雑誌は、どんな雑誌ですか。

2) 下の文は、②の「新版膝栗毛」の田吾作や杢兵衛や車夫が話している言葉です。1.～4. が (一) ～ (九) のどこに入るか考えましょう。

例：車夫「ヤア、とんでもない人達だ。ひっくり返るひっくり返ると言っているのに…。」
　　田吾作「あれは楽でいいや。こうして見ていよう。」（　三　）

1. 杢兵衛と田吾作が相乗車で　杢兵衛「あれ見てよ。散らし髪の女子が変な車に乗って駆けて行くだア、あれは何だろう。」（　　　）

2. 杢兵衛、田吾作、車夫「ウワア…、すみませんでした。」（　　　）

3. 田吾作「とても速くてびっくりした。まさか、気違いじゃないだろうか。」（　　　）

4. 杢兵衛「車に別々に乗ったら案内が一緒に聞けないよ。これならとても都合がいいよ。ハアハア、あれがニコライ堂か。」　田吾作「どーれ、どれが猫来だ。」　車夫「巡査が来たっ。」（　　　）

---

[9] この文は原文 (original text) をやさしく書き直した文です (著者による)。原文は教科書のウェブサイトで見られます。
[10] ～ [ta-form] ＋ ら：if ～
[11] ニコライ堂：Holy Resurrection Cathedral in Tokyo

アクティビティ3　岡本一平のストーリー漫画を読んでみよう！

　　楽天と同じ頃に、岡本一平という漫画家もとても人気が出ました。岡本は、長いストーリー漫画を日本で初めて描いた漫画家だと言われています。岡本は、漫画のコマの下に文を書いて、ストーリーを続けました。このスタイルは「漫画漫文」と呼ばれました。次のページにある漫画は、岡本が1921年から『朝日新聞』に連載で描き始めた「人の一生」という漫画小説のエピソードの一つです。

　　【タスク】下の b.～h. の文は、漫画の中の二～八の原文をやさしく書き直した[12]文です。正しく選んで「子守難」のエピソードを完成して下さい。

「子守難」

[人の名前：人成（赤ちゃん）、つま子（母）、えそ（女中）、幹人（父）]

a. 人成は背中に背負って外へ遊びに出られるぐらい[13]に育った。母のつま子は女中のえそに人成を背負わせて[14]言った。『夕方は寒くなる前に帰らなければいけませんよ。』（一）

b. 医者『もちろんたいした事はありませんが、おかしいですね。着物も充分だし、気候も寒くないのに、こんなに冷えた訳は？おかしいですね。』（　　）

c. つま子は、一日後に、少し病気が回復した人成をえそに背負わせて[14]、外へ出した。自分は、後ろから気付かれないように、隠れて付いて行った。（　　）

d. 丘の日当りで、えそは友達の女中達と身軽になって、八木節を踊っている。『赤い顔して黄色い声でチャカボコチャカボコナ。ハア。ドッコイ。』（　　）

e. つま子は、夕方遅く帰ったえその背中から人成を抱き取っておどろいた。
『オヤ？どうしたんだろう。こんなに冷たくなっている！唇は紫になっちゃっている[15]！』
（　　）

f. 幹人『これは、どうもえそのせいのようだぞ。あいつは頭が悪いから、外へ出て人成に何をしているか分からない。』つま子『そっと付いて行ってみましょうか。』（　　）

g. えそは野に出た。そして背中の人成を石地蔵に背負わせて[14]、自分はしたいことがあったようで、急いで丘の向こうへ行ってしまった。つま子『マア、呆れた。』（　　）

h. 日は西に沈んだ。えそは、八木節を終えて、石地蔵のところへ人成を取りに行く。でも、人成はいなくて、地蔵の背中に奥様のメモが貼ってあった。
（コマの中：えそ。仕事は終わりです。家に帰って来なくてもいいです。）（　　）

---

[12] ～ [Verb stem] + 直す: re-～; do ～ again
[13] A ぐらい（に）B: B to the extent that A
[14] 背負わせる〈causative〉: to make someone (physically) hold someone/something on his/her back
[15] なっちゃって is a colloquial form of なってしまって. "～ [Verb te-form] + しまう" refers to "do ～ regrettably; ～ unfortunately occur; finish ～ ing."
[16] A せいで B: B due to A; B owning to A (せいで is used to refer to a cause of a negative result in 'A.' The negative result is indicated in 'B.')

第3課　漫画-2

岡本一平「子守難」『漫画小説：人の一生』大日本雄弁会（1927年）
所蔵：国立国会図書館

VI アクティビティ3を読んだ後でしてみましょう。

下の文には間違いがあります。正しい文に直しましょう。（例：p.4 Ⅲ-1）

※ _____ の部分は変えてはいけません。

1. 岡本は、日本で初めてカラーの漫画雑誌を作った。

2. 岡本は、漫画のコマの中に文を書いてストーリーを続けた。

3. 岡本の漫画小説「人の一生」は1921年から「漫画漫文」という雑誌に連載された。

アメリカのコマ漫画の影響　読み物⑥
子供のためのストーリー漫画

1920年代に、北澤楽天や岡本一平など、多くの漫画家が外国に旅行した。アメリカから帰った岡本は、日本に「Bringing up Father」や「Mutt and Jeff」というアメリカの人気コマ漫画を紹介した。「Bringing up Father」は、「親爺教育」というタイトルで日本語に翻訳されて、1923年から『アサヒグラフ』という雑誌で連載された。このようなアメリカのコマ漫画の影響を受けて、日本の多くの新聞では、コマ漫画の連載が始まった。そして、漫画は新聞で人々に毎日楽しまれるようになった。②の漫画は、『報知新聞』に連載された「ノンキナトゥサン」という漫画だ。

①ジョージ マクマナス「避暑の巻」『親爺教育 第二輯』東京朝日新聞発行所(1925年) 所蔵：国立国会図書館
②麻生豊「ノンキナトゥサン」『報知新聞』(1925年1月6日) 所蔵：国立国会図書館

また、この時代には、子供のための連載ストーリー漫画も始まった。この課のアクティビティ(p.30)にある漫画は、とても人気があった「正チャンの冒険」という漫画で、このシーンは、正ちゃんという少年が、泣いていたリスを助けてあげるというストーリーだ。リスは助けてもらったお礼に「面白い所に案内してあげます」と言って、正ちゃんを冒険の世界に連れて行ってあげる。この頃から、日本でもコマの中に「吹き出し」を使うスタイルが始まった。

VII 本文を読んだ後でしてみましょう。

1) 下の文が正しいか、間違っているか、クラスメートとチェックしましょう。　モデル会話 3

1. (　) 1920年代に、多くの漫画家が外国に旅行して、海外の漫画に影響を受けた。
2. (　) ①の「親爺教育」という四コマ漫画は、「Bringing up Father」という漫画を日本語に翻訳した漫画だ。
3. (　) アメリカのコマ漫画の影響を受けて、『アサヒグラフ』などの多くの雑誌で、コマ漫画の連載が始まった。
4. (　) 「ノンキナトゥサン」という四コマ漫画は、「Mutt and Jeff」という漫画を日本語に翻訳した漫画だ。
5. (　) 「正チャンの冒険」という漫画は、子供が描いた少年とリスの漫画だ。
6. (　) 「正チャンの冒険」で、正ちゃんはリスに冒険の世界に連れて行ってもらった。
7. (　) 「正チャンの冒険」では、「吹き出し」を使って、キャラクターが話すことをコマの中に書いている。

2) ①、②の四コマ漫画を読んで、下の質問に答えましょう。(キャラクターが話していることは、教科書のウェブサイトでも読むことが出来ます。) G 1-A-(3)

1. 「親爺教育　避暑の巻」の漫画で、男の人はどうして山に登りたいと思うようになりましたか。
2. 「ノンキナトゥサン」の漫画で、二人は、今年は何をしなければいけないと言っていますか。あなたは、この二人はそれが出来ると思いますか。

第4課

漫画-3

本文を読む前に

I a.～e.の言葉が表しているものは何ですか。
右の漫画の1.～5.の中に入れて下さい。

a. コマ
b. 吹き出し
c. オノマトペ
d. 主人公
e. 台詞

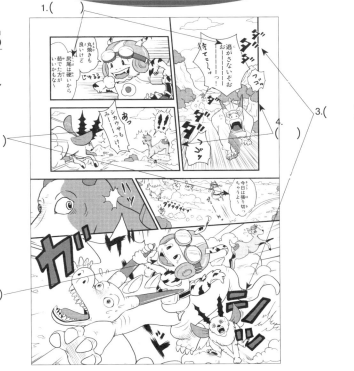

II 下の単語は、本文によく出てくる、または本文の理解に大切な単語です。意味を調べて下さい。

	単語	意味（自分の言葉で書いてもいいです。）
1	現代	
2	戦争／戦前／戦時中／戦後	
3	気持ち	
4	週刊／週刊誌	
5	出版／出版社	
6	表現／表現方法	
7	登場／登場人物	
8	効果	

III 1.～3.は、日本で有名な漫画や漫画家です。それぞれa.かb.かを選んだ後で、どんな漫画か、または、どんな漫画を描いた漫画家か調べてみましょう。

1. フクちゃん → a. 漫画のタイトル b. 漫画家のペンネーム
2. 長谷川町子 → a. 漫画のタイトル b. 漫画家の名前
3. 火の鳥 → a. 漫画のタイトル b. 漫画家のペンネーム

アクティビティ
考えましょう！

左の絵を見て、下の1.～7.のシーンを表現しているオノマトペを書いて下さい。

例：朝起きて、体を起こすシーン　→　ムクッ

1. 怒って人を見るシーン　→
2. 食べ物を一口食べるシーン　→
3. 何も分からないシーン　→
4. とても静かなシーン　→
5. 何かを真剣に見ているシーン　→
6. ドアを勢いよく開けるシーン　→
7. 好きな人の前で緊張しているシーン　→

---

1 戦時中の漫画と『サザエさん』　読み物①

　1937年に始まった日中戦争から第二次世界大戦が終わった1945年の間、漫画は国の言論統制の影響を強く受けました。政治漫画は政府に厳しくチェックされて、「笑い」が主な目的のナンセンス漫画も描けなくなりました。そして、当時の人気漫画キャラクター（「フクちゃん」など）が戦争のプロパガンダに使われるようになりました。1943年には国のために働くという目的で「日本漫画奉公会」という会が作られて、多くの有名な漫画家がメンバーになりました。国のこのような言論統制は戦争が終わるまで続きました。

© 横山隆一「フクちゃん」

『サザエさん』

　戦争が終わってからは、戦前のように、新聞の風刺的な政治漫画やコマ漫画が楽しまれるようになりました。戦後すぐに人気になった漫画の一つに、1946年に始まった『サザエさん』という漫画があります。『サザエさん』は新聞の四コマ漫画として始まりましたが、四コマ漫画より長いショートストーリーも描かれました。また、1969年からはテレビアニメとしての放送も始まって、今も放送が続いています。『サザエさん』は、現代の日本でと

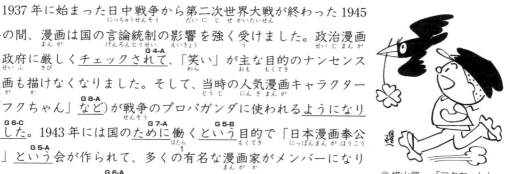

1　多くの + ～ [Noun]: many ～ (Although the word 多い (many) is an i-adjective, when it modifies a noun by itself (e.g., many manga artists), the form must be changed to 多くの．例：多くの漫画家 = many manga artists)

2　～ [Noun] + 的な：～ -ic; ～ -ive; ～ -al (The suffix 的 makes nouns into na-adjectives．例：風刺的な= satirical, 国際的な= international, 基本的な= basic　～的に is its adverbial usage．例：国際的に= internationally)

ても有名な漫画の一つです。『サザエさん』を描いた長谷川町子という漫画家は、日本で初めての女性職業漫画家（漫画だけで生活出来る人）だと言われています。

I 本文を読んだ後でしてみましょう。

1) 下の文が正しいか、間違っているか、クラスメートとチェックしましょう。　モデル会話3

1. (　　) 国が厳しい言論統制をしたために、戦時中に、漫画は厳しくチェックされた。
2. (　　) 人気漫画『フクちゃん』のキャラクターはかわいかったので、戦時中は描いてはいけなかった。
3. (　　) 戦時中に、国の言論統制のために、漫画家は漫画を描くことが出来なかった。
4. (　　) 国の言論統制は、「日本漫画奉公会」という会が作られるまで続いた。

2) 下の文には間違いがあります。正しい文に直しましょう。（例：p.4 Ⅲ-1)）

1. ナンセンス漫画や新聞の風刺的な政治漫画は、戦時中に、たくさん描かれるようになった。

2. 『サザエさん』は、1946年に長いストーリー漫画として始まった。

3. 『サザエさん』は、1969年からは映画としても見られるようになった。

4. 『サザエさん』を描いた長谷川町子という漫画家は、日本で初めての職業漫画家だと言われている。

3) 『サザエさん』について調べて、1.と2.をしましょう。
その後で3.～5.について考えましょう。

1. 『サザエさん』の主人公は誰ですか。右の□にその人の絵を描きましょう。
2. 『サザエさん』のメインテーマを下から一つ選んで下さい。

　　a. 政治　b. 戦争　c. 家族　d. 女性

3. サザエさんは誰と一緒に住んでいますか。
4. 『サザエさん』は日本でどうして人気があると思いますか。
5. もし『サザエさん』があなたの国で売られたら、人気が出ると思いますか。どうしてそう思いますか。

---

[3] ～[ta-form] ＋ら：if ～

週刊漫画雑誌 読み物 ②

　現代の日本では、一つの雑誌に多くの連載漫画が掲載されていて毎週出版される「週刊漫画雑誌」がとても人気があります。一冊の漫画雑誌で多くの漫画を楽しむことが出来るので、読者にとってとても嬉しい出版スタイルです。漫画雑誌で人気が出た漫画は、単行本としても出版されます。

　このような漫画雑誌のほとんどは、1950年代までは週刊誌ではありませんでした。しかし、1959年に「講談社」という出版社が『週刊少年マガジン』、「小学館」という出版社が『週刊少年サンデー』という週刊の漫画雑誌を出版してから、週刊漫画雑誌が人気になりました。そして、他にも多くの週刊漫画雑誌が出版されるようになりました。1960年代には少女漫画も人気が出て、『週刊少女フレンド』(講談社)や『週刊マーガレット』(集英社)など、少女漫画の週刊誌の出版も始まりました。『ドラゴンボール』や『スラムダンク』など、現代の多くのメガヒット漫画は、週刊漫画雑誌から始まった漫画です。毎週多くの漫画が掲載される週刊漫画雑誌は、1960年代からの漫画の発展のために、とても重要な役割を果たしたと言えます。

II　本文を読んだ後でしてみましょう。

1) 本文の内容についてクラスメートと話し合いましょう。　モデル会話2
   1. 「週刊漫画雑誌」というのは、一週間に何回出版される漫画ですか。
   2. 本文では、「週刊漫画雑誌」はどうして読者にとって嬉しい出版スタイルだと書かれていますか。

2) 下の中から、週刊漫画雑誌の名前を全部選んで下さい。
   a. 講談社　　　b. 少年マガジン　　c. 小学館　　　d. 少年サンデー
   e. 少女フレンド　f. マーガレット　　g. ドラゴンボール　h. スラムダンク

3) 考えましょう。
   1. あなたの国でも「週刊漫画雑誌」が出版されていますか。
   2. あなたの国では、どんな週刊雑誌が出版されていますか。

---

[4] 〜にとって : with regards to 〜 ; for 〜

手塚治虫　読み物 ③

　現代漫画のとても有名な漫画家の一人に、手塚治虫という漫画家がいます。1946年に『マアちゃんの日記帳』という四コマ漫画で漫画家デビューした手塚は、その後、人気漫画を次々に発表しました。動物が主人公の『ジャングル大帝』や少年ロボットが主人公の『鉄腕アトム』などの漫画は、テレビアニメとしても放送されて、国際的にも有名になりました。手塚治虫のレベルの高い漫画の表現方法とストーリーは、現代の漫画に強い影響を与えました。

　手塚が1954年から発表を始めた漫画『火の鳥』は、手塚のライフワークだったと言われています。この漫画のテーマは、「火の鳥」と人間達のドラマです。漫画の中の人間達は、「火の鳥」の血を飲むと永遠の命がもらえると信じています。『火の鳥』は多くのストーリーが描かれているとても長い漫画です。過去や未来の話、日本やエジプトや宇宙での話など、色々な時代や場所でのストーリーが描かれています。手塚は、亡くなる前には「次は日中戦争の時代の中国での『火の鳥』のストーリーを描きたい」と言っていたそうです。手塚が死ぬまで描き続けた『火の鳥』は、文字通り、手塚のライフワークでした。

III 本文を読んだ後でしてみましょう。

1) 1.〜6.の文が a.〜d. のどの漫画を説明しているか選んで下さい。

　　a. マアちゃんの日記帳　b. ジャングル大帝　c. 鉄腕アトム　d. 火の鳥

　1. (　　) 少年ロボットが主人公の漫画
　2. (　　) 永遠の命を求める人間のドラマ
　3. (　　) 動物が主人公の漫画
　4. (　　) 手塚のデビュー作品
　5. (　　) 1946年に発表された作品
　6. (　　) 1954年に発表された作品

2) 本文の内容についてクラスメートと話し合いましょう。　モデル会話 2

　1. 『火の鳥』の漫画の中で、人々はどんなことを信じていますか。
　2. 『火の鳥』はどうして手塚のライフワークだったと言えますか。

---

[5] 〜[Noun] + 達：〜s (The suffix 達 is a plural marker.　例：人間達 = humans)

[6] 〜[Verb stem] + 続ける：continue to 〜

アクティビティ1　『火の鳥(ひのとり)』を読んでみよう！

次の漫画は『火の鳥』の一番最初のシーンです。

[タスク] 漫画を読んでから、下の質問に答えて下さい。

1) これは、いつの時代の話だと思いますか。a.～c.から選んで下さい。

  a. 過去(かこ)　　b. 現在(げんざい)　　c. 未来(みらい)

2) 「火の鳥(ひのとり)」はどんな時に現(あらわ)れると言われていますか。

3) 火の鳥の血について説明されているコマはどのコマですか。

4) 下の言葉(ことば)を漫画(まんが)の中で見つけて○をして下さい。その後(あと)で、どんな意味で使われているか考えて、a.～d.から選(えら)びましょう。

1. とうとう
  a. farther / 更远 / 더 멀다 / xa hơn
  b. eloquently / 雄辩地 / 웅변적으로 / hùng hồn
  c. finally / 终于 / 드디어 / cuối cùng
  d. sometimes / 偶尔 / 가끔 / thỉnh thoảng

4. じんじょう
  a. shrine / 神社的 / 신사의 / đền thờ Đạo thần
  b. superhuman / 超人的 / 초인적인 / phi thường
  c. regular / 普通 / 보통의 / tầm thường
  d. proficient / 熟练的 / 숙련되다 / chuyên nghiệp

2. 手にいれる
  a. to obtain / 获得 / 획득하다 / có trong tay
  b. to touch / 触 / 닿다 / sờ, chạm
  c. to hold / 抓住 / 잡다 / nắm bắt
  d. to enter / 进入 / 들어가다 / đi vào

5. す手(で)
  a. vinegar & hand / 醋和手 / 식초와 손 / giấm và tay
  b. one hand / 单手 / 한손 / một tay
  c. both hands / 双手 / 양손 / hai tay
  d. bare hand / 徒手 / 맨손 / tay trần

3. しめた
  a. closed / 结束营业 / 닫다 / đóng
  b. lucky / 好极了 / 됐다 / đã xong
  c. wet / 潮湿 / 축축하다 / ẩm ướt
  d. dead / 死 / 죽다 / chết

6. アツツツツ
  a. thick / 厚厚的 / 두껍다 / dày
  b. painful / 痛 / 아프다 / đau
  c. hot / 热 / 뜨겁다 / nóng
  d. strong / 强 / 강하다 / mạnh

5) 漫画の中から、下の音を表しているオノマトペを見つけて書いて下さい。

  例 地面が揺れる音　→　ズズズン　ズンズンズンズン

   1. 何かが爆発(ばくはつ)する音　→
   2. 何かが他(ほか)の物にぶつかる音　→
   3. 何かが水に落(お)ちる音　→

第4課 漫画-3

『火の鳥　黎明編』（※台詞は教科書のウェブサイトでも読めます。）　　手塚治虫『火の鳥　黎明編』©手塚プロダクション

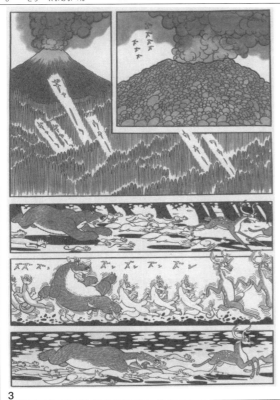

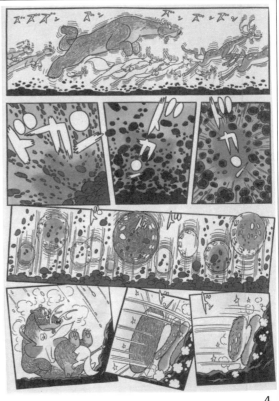

色々な漫画の表現　読み物 ④

　手塚の漫画を第3課で読んだ岡本一平の漫画と比べると分かるように、ストーリー漫画の「見せる」テクニックは近代から現代まで大きく発展し、今では色々なユニークな表現が使われるようになりました。ここでは、漫画でよく使われる表現の中から、最も基本的な表現方法を練習してみましょう。

1. 吹き出し

　漫画の登場人物の台詞は「吹き出し」の中に書かれますが、吹き出しは台詞を書くためだけに使われるわけではなく、その形も話している人の気持ちを表す大切な表現方法になっています。例えば、下の例では、人物の気持ちに合わせて色々な吹き出しの形が使われています。

[練習]

1) 吹き出しの形に注目しながら、下の台詞が a.～e. のどれに入るか考えてみましょう。

1. (　　) どうしてあの大切な漫画を捨ててしまったんだよ！
2. (　　) 今日はこれから大好きな漫画家のトークショーを見に行くんだ！
3. (　　) この漫画、人気が出るかなあ。
4. (　　) 私は大学の三年生です。専攻は漫画の研究です。
5. (　　) 私の大好きな漫画のキャラクターが死んじゃった…。

2) 手塚の『火の鳥』をもう一度読んで、登場人物の気持ちがよく表現されている吹き出しの形を見つけ、右の□にその吹き出しが使われているコマを真似して描きましょう。

---

7 ~ [Verb *te*-form] + しまう : do ~ regrettably; ~ unfortunately occur; finish ~ ing
8 ~かなあ : I wonder ~
9 死んじゃった is a colloquial form of 死んでしまった .

2. 効果線（1） 読み物 ⑤

漫画では、効果線という色々な形の線を使って、登場人物の動きやスピードなどを表現します。例えば、下の例の左右のコマを比べると、右のコマでは、机を強く叩いたことが、両手の横に加えた形で表現されています。

[練習] コマの右にある形をコマの中に加えて、コマの上に書かれている動きを表現して下さい。

例： 人が机を強く叩く動き

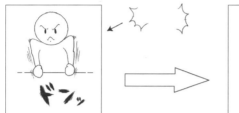

1. 人が振り向く動き

2. 人が投げたボールの動き

3. 人が左右を見る動き

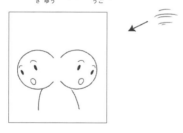

4. 人が走る動き1

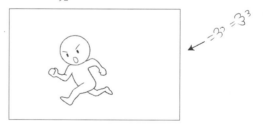

5. 人が走る動き2（ギャグ漫画）

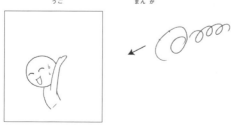

6. 狐が飛び跳ねる動き

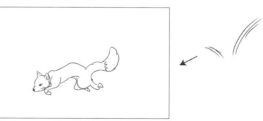

3. 効果線（2） 読み物 ⑥

効果線は、登場人物の気持ちを表したり、動きをダイナミックに見せたり、コマをドラマティックに演出したりするためにも使われます。下の例のように、色々な線をクリエイティブに使って、コマの中で色々な効果を演出します。

[練習]

1)「2. 効果線（1）」で使った 1.〜6. のコマに上の例のような効果線を加えて、動きや気持ちを表現してみましょう。

2) 効果線に注目しながら手塚の『火の鳥』を読んで、自分が好きなコマの演出の仕方を見つけ、右の □ にそのコマを真似して描きましょう。

4. コマ割り　読み物 ⑦

　ストーリー漫画では、ページの中にコマをどのように描くかを考えるのはとても大切なことです。ページの中でのコマの使い方は「コマ割り」と呼ばれます。コマ割りをする時に一番重要なことは、ページの中のコマの順番を分かりやすく描くことです。それと同時に、コマ割りには、ストーリーに「動き」を加える効果もあります。シンプルすぎるコマ割りをしてしまうと、漫画がつまらなくなってしまいます。色々なコマの形や大きさを使って、ストーリーを分かりやすく演出したり、登場人物の気持ちを表現したりします。

[コマ割りのポイント]

- コマは、右から左に、上から下に読みます。
- 読む順番が分かりにくいコマ割りはよくありません。
- 右のページと左のページのコマ割りは、似ていない方がいいです。
- 1ページに3段から4段、6コマから7コマ描くのが読みやすいと考えられています。しかし、いつもそのように描かれるわけではありません。

[練習]

1) 下のコマ割りの読む順番を考えて、○に数字を書きましょう。

例.　1.　2.　3.　4.

---

10 ~ [Verb stem] + やすい : easy to ~
11 ~ [Adjective stem] + さ : ~ -ness; ~ -ty (The suffix さ makes adjectives into nouns.　例：大きさ= size)
12 ~ [Verb stem] + にくい : hard to ~ ; difficult to ~

2) 下のコマ割りは、よくないコマ割りだと考えられます。どうしてですか。

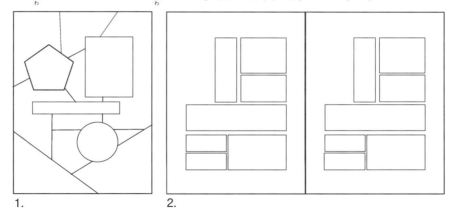

　このように、ストーリー漫画を描く時に、いいコマ割りをすることはとても重要ですが、ストーリー漫画を作る時は、まず「ストーリー」を考えて、その後に「コマ割り」を考えるようにして下さい。また、コマ割りをマスターするのは難しいので、まず「読む順番が分かるコマ割り」をマスターし、その後で、色々な形や大きさのコマを使って、効果を演出するようにしましょう。そして、最後にコマの中の台詞や絵の描き方を考えましょう。

IV　本文を読んだ後でしてみましょう。

1) 下の文が正しいか、間違っているか、クラスメートとチェックしましょう。　モデル会話3

1. (　　)「コマ割り」というのは、コマの中の登場人物の使い方のことだ。
2. (　　) コマ割りは、なるべくシンプルにした方がいい。
3. (　　) 漫画のコマは、右から左に、そして上から下に読む。
4. (　　) 右のページと左のページのコマ割りは、同じではない方がいい。
5. (　　) 1ページのコマは、3段から4段、そして6コマから7コマでなければいけない。

2) ストーリー漫画を描く時の順番として正しくなるように、a.～c.の(　)に1～3の数字を入れて下さい。

a. (　　) 台詞や絵の描き方を考える。
b. (　　) ストーリーを考える。
c. (　　) コマ割りを考える。

アクティビティ2　自分の漫画キャラクターを描いて ストーリーを作ってみよう！

最後に、第1課とこの課で勉強したことを使って、自分のストーリー漫画を描いてみましょう。

[タスク]

まずストーリーと登場人物を考えて、その人物がするのが好きなことを考えて下さい。

1. 登場人物を描いてみましょう。
2. 登場人物の性格や好きなことを説明して下さい。
3. ストーリーを説明して下さい。
4. ストーリーの一部を漫画で描いてみましょう。

例：

名前：ナツ

18歳、ヒロの彼女、性格は素朴。

好きなこと：ヒロと一緒に時間を過ごすこと。

名前：ヒロ

18歳、大学一年生、ナツの彼氏、捨て猫を拾って育てている、性格は素朴。

好きなこと：ナツと一緒に時間を過ごすこと。猫（ツナ）と遊ぶこと、昼寝をすること。

名前：ツナ（猫）

捨て猫だったがヒロに拾われる。

好きなこと：ヒロと一緒に遊ぶこと。

第4課 漫画-3

ストーリー

ナツとヒロは付き合い始めて3か月。今日初めて、ナツはヒロの部屋に遊びに来た。

ヒロには、捨て猫だったツナというペットがいる。ツナは自分を拾ってくれたヒロだけを信じているので、ナツのことが好きになれない。

ナツはヒロの部屋で初めてツナに会う。ツナはかわいい猫だ。しかし、ツナがヒロと遊んでいる時や、ヒロがいない時は、ナツにはツナが人間の女性に見える。ナツはヒロと仲良くしているツナにジェラシーを感じて、ヒロが見ていない所でツナとバトルを繰り返す。

[13] 〜[Verb stem] + 始める : begin 〜ing

ストーリー

第5課 アニメ

I a.～e. を表に入れて下さい。その後に、表の中の質問に答えて下さい。

a. テレビ　b. 映画　c. インターネットの動画　d. DVD　e. 日本のアニメ

よく見る	時々見る	あまり／全然見ない
よくどんなジャンルや番組を見ますか。	どんな時に見ますか。	どうしてですか。

II 下の単語は、本文によく出てくる、または本文の理解に大切な単語です。意味を調べて下さい。

	単語	意味		単語	意味
1	海外		5	発表	
2	人気		6	影響	
3	放送		7	貢献	
4	発展		8	監督	

III 下の漢字は、本文の二つ以上の単語で使われています。漢字と単語の意味を調べて下さい。

	漢字	単語						
1	国	国	国々	国内	外国	国産	国際	国際的な	中国
2	戦	戦争	戦前	戦時中	戦後	戦士	戦艦		
3	代	時代	現代	世代	代表	代表的な	1930年代		
4	作	作る	作家	作品	代表作				
5	動	動く	動かす	動き	動画				
6	受	受ける	受賞						

IV 「桃太郎」という日本の昔話について調べて、質問に答えて下さい。

この話では、誰が何のために、誰と一緒に何をしますか。

アクティビティ

話しましょう！

クラスメートに、下のアニメーション作品の中で、見たことがある作品があるかどうか聞きましょう。その後で、クラスメートが見たことがある作品について色々な質問をして、なるべく詳しく聞きましょう。 モデル会話1

ドラえもん、ドラゴンボール、美少女戦士セーラームーン、千と千尋の神隠し、芋川椋三 玄関番の巻、猿蟹合戦、塙凹内 名刀の巻(試し斬)、ミッキーマウス、ベティ・ブープ、ポパイ、くもとちゅうりっぷ、桃太郎の海鷲、桃太郎 海の神兵、ファンタジア(Fantasia)、西遊記 鉄扇公主の巻(鉄扇公主)、白蛇伝、鉄腕アトム、宇宙戦艦ヤマト、機動戦士ガンダム、銀河鉄道999、Akira、GHOST IN THE SHELL 攻殻機動隊、ガリバー旅行記(Gulliver's Travels)、白雪姫(Snow White and the Seven Dwarfs)、バンビ(Bambi)、ピノキオ(Pinocchio)、不思議の国のアリス(Alice in Wonderland)、Dr. スランプアラレちゃん、北斗の拳、SLAM DUNK、ジャングル大帝、あしたのジョー、となりのトトロ、魔女の宅急便、紅の豚、平成狸合戦ポンポコ、もののけ姫、ハウルの動く城、崖の上のポニョ、キン肉マン、キャプテン翼、聖闘士星矢

---

1 日本のアニメ 読み物 ①

アニメは、漫画と同じように、現代日本の代表的なポップカルチャーの一つだ。漫画のように、アニメにも色々なテーマの作品があり、幅広い世代の人々が楽しむことが出来る。また、日本のアニメは、日本国内だけでなく海外でも人気があり、『ドラえもん』や『ドラ
5 ゴンボール』や『美少女戦士セーラームーン』など、色々なテレビアニメが多くの国々で放送されている。長編アニメーションも国際的に評価が高く、スタジオジブリの『千と千尋の神隠し』は、2002年にベルリン国際映画祭の「金熊賞(Goldener Bär)」、2003年にアカデミー賞の「長編アニメ賞(Best Animated Feature)」を受賞した。「アニメ」という言葉は「アニメーション」の略語だが、海外ではよく「日本のアニメーション」という意味
10 で使われている。これは、日本のアニメが国際的にも高く評価されている証拠だと言えるだろう。

---

1 ～ [Noun] + 的な：～ -ic; ～ -ive; ～ -al (The suffix 的 makes nouns into *na*-adjectives. 例：代表的な= representative; typical, 国際的な= international, 原則的な= principle ～的に is its adverbial usage. 例：国際的に= internationally)

2 ～だけでなく: not only ～

3 多くの ＋ ～ [Noun]: many ～ (Although the word 多い (many) is an *i*-adjective, when it modifies a noun by itself (e.g., many countries), the form must be changed to 多くの. 例：多くの国々= many countries)

第5課 アニメ

I 下の文が正しいか、間違っているか、クラスメートとチェックしましょう。

モデル会話3

1. (　) アニメには、色々なテーマの作品があり、大人も子供も楽しめる。
2. (　) 『ドラえもん』は日本だけでしか見ることが出来ない。
3. (　) 『セーラームーン』はアカデミー賞の「長編アニメ賞」を受賞した。
4. (　) 「アニメ」という言葉は「アニメーション」の略語だが、海外では「日本のアニメーション」という意味も持つ。

日本でのアニメーションの発展とその背景（戦前・戦時中）

初期のアニメーション　読み物②

　日本では、明治40年代に、アメリカやフランス、イギリスで作られたアニメーションが輸入され始めて、映画館で上映されていた。その当時のアニメーションは、たいてい実写映画の前座として、または映画と映画の間の「休みの時間」に上映されていた。しかし、上映されたアニメーションの人気が高かったので、日本の映画会社は国産のアニメーションを作ることにした。そして、映画会社の依頼を受けて、下川凹天、北山清太郎、幸内純一という三人のクリエーターが、1917年に、それぞれ『芋川椋三 玄関番の巻』『猿蟹合戦』『塙凹内 名刀の巻（試し斬）』という作品を発表した。これらのクリエーターは日本の初期のアニメーション作家だったと考えられている。また、北山は1921年に日本で初めてのアニメーション専門スタジオ「北山映画製作所」を作った。

　この時代のほとんどのアニメーションは、5分か10分ぐらいの短編アニメーションだったが、娯楽のためだけでなく、政府の政策や企業の商品の宣伝、科学やニュースや教育など、色々な目的のために使われた。このようなアニメーションの使い方は現代でも続いている。例えば、NHK（日本放送協会）の教育番組ではよくアニメーションが使われていて、若いアニメーション作家がアニメーションを作るためのいい機会になっている。

---

4 明治40年は西暦1907年。
5 ～[Verb stem] + 始める：begin ～ing
6 下川は「天然色活動写真」、北山は「日活」、幸内は「小林商会」という映画会社から依頼を受けた。

II 本文を読んだ後でしてみましょう。

1) 下の文には間違いがあります。正しい文に直しましょう。（例：p.4 III-1))
   ※　　　　　の部分は変えてはいけません。

   1. 日本の明治40年代の映画館では、国産のアニメーションが実写映画の前座や休みの時間に上映されていた。

   2. 下川凹天、北山清太郎、幸内純一という三人のクリエーターは、映画会社に依頼されて、一緒に『芋川椋三 玄関番の巻』『猿蟹合戦』『塙凹内 名刀の巻（試し斬）』という三つの作品を作った。

   3. 北山清太郎は1921年に日本で初めての漫画スタジオを作った。

2) 本文の内容についてクラスメートと話し合いましょう。 モデル会話2

   1. 日本のアニメーションの初期の時代には、何分ぐらいの作品が作られましたか。
   2. この時代に、アニメーションはどんな目的で使われましたか。
   3. NHKでは、よくどんな番組でアニメーションが使われますか。

セルアニメーション[7]とトーキーアニメーション[8] 読み物 ③

　　1930年代には、アメリカから輸入されたウォルト・ディズニーの「ミッキーマウス」やフライシャー兄弟の「ベティ・ブープ」「ポパイ」などのキャラクターが日本でも人気になった。このようなキャラクターのアニメーションは「セルアニメーション」という技術を使って作られた「トーキーアニメーション」だった。この二つの技術はアニメーションの発展にとても重要な役割を果たしたと言われていて、西洋の国々では1910年から1920年代に、日本では1930年代に広く使われるようになった。

　　日本でセルアニメーションとトーキーアニメーションを広めたアニメーション作家は政岡憲三という作家だったと言われている。政岡は、これらの技術を広めたことによって日本アニメーションの近代化[10]に大きく貢献したので、「日本アニメーションの父」と呼ばれることもある。特に、代表作の『くもとちゅうりっぷ』(1943)は当時のアニメーションとして非常に完成度が

『くもとちゅうりっぷ』監督／政岡憲三（1943年）
写真提供／松竹

---

[7] 「セル」という透明なシートに絵を描いて作られたアニメーション。
[8] 音が一緒に録音されているアニメーション。
[9] ～によって：by ～ ; through ～
[10] Aの～[Noun]化：～-zation of A; ～-fication of A（例：日本の近代化＝modernization of Japan）　Aを～[Noun]化＋する：make A into ～（例：漫画をアニメ化する＝make manga into anime　アニメを映画化する＝make anime into a movie）

高い作品だと評価されている。津堅(2005：p.74)[11]はこの作品について、後半の嵐のシーンの雨や風のアニメーションは奇跡的な完成度だと言っている。

III 本文を読んだ後でしてみましょう。

1) 下の文が正しいか、間違っているか、クラスメートとチェックしましょう。 モデル会話3

1. (　) 日本では、1930年代に「フライシャー」というアニメーションのキャラクターの人気が出た。
2. (　)「セルアニメーション」と「トーキーアニメーション」という技術は、アニメーションの発展のためにとても大切だった。
3. (　) 政岡憲三は、日本のアニメーションの近代化に大きく貢献したので「日本アニメーションの父」と呼ばれることがある。
4. (　) 政岡は『くもとちゅうりっぷ』という作品の完成度は奇跡的だと言った。

2) 調べましょう。

1. あなたの国には、外国から輸入されて人気が出たアニメーションキャラクターがありますか。
2. セルアニメーションは、当時どうして広く使われるようになったと思いますか。セルを使わないで紙に全て描くアニメーションとの違いを調べてみましょう。

長編アニメーション　読み物 ④

現代の日本では毎年多くの長編アニメが作られるが、日本で最初に作られた長編アニメーション作品は1945年に発表された『桃太郎 海の神兵』(74分)だと考えられている。[12] この作品は戦争のプロパガンダのために作られた作品で、日本の有名な昔話のヒーロー「桃太郎」が日本海軍の一員として南の島で占領された人々を助けるというストーリーだ。当時の海軍省がスポンサーだったので、作品を作るために多くのお金とたくさんの人を使うことが出来た。また、このような国産長編アニメーションが作られた背景には、ディズニーの『Fantasia(ファンタジア)』(1940)や中国で作られた万氏兄弟の『鉄扇公主(西遊記 鉄扇公主の巻)』(1941)のような完成度の高い海外の長編アニメーションの影響があったとも言われている。

『桃太郎 海の神兵』監督／瀬尾光世(1945年)
写真提供／松竹

---

[11] 津堅信之(2005)『アニメーション学入門』平凡社
[12] 1943年に37分の『桃太郎の海鷲』という作品も発表されている。

本文を読んだ後でしてみましょう。

1) 本文の内容についてクラスメートと話し合いましょう。 モデル会話２
    1. 『桃太郎 海の神兵』が作られた背景には、どのようなことが挙げられますか。二つ考えて下さい。
    2. 戦時中に、どうしてお金がかかる長編アニメーションを作ることが出来ましたか。

2) 考えましょう。
    1. 『桃太郎 海の神兵』では、主人公にどうして「桃太郎」が使われたと思いますか。
    2. あなたの国には、何かのプロパガンダのために作られた有名なアニメーションや映画がありますか。

戦後の日本アニメ 読み物 ⑤

戦後の日本アニメの発展は、日本で初めての長編カラーアニメ映画『白蛇伝』の発表(1958)、『鉄腕アトム』のテレビアニメ化(1963)、人気テレビアニメの映画化(『宇宙戦艦ヤマト』『ガンダム』『銀河鉄道999』など)、スタジオジブリの設立(1985)など、色々な出来事に見ることが出来る。下は、その代表的な出来事の一部だ。

年	出来事
1958年	日本で初めてのカラー長編アニメ映画『白蛇伝』が発表される。
1963年	漫画『鉄腕アトム』がテレビアニメ化される。その後、多くの人気漫画がテレビアニメ化されるようになって、日本でのアニメブームが始まる。後に映画化もされる。
1974年	テレビアニメ『宇宙戦艦ヤマト』の放送が始まる。これは大人も楽しめるようなアニメで、日本で２回目のアニメブームが始まる。アニメと同時に漫画も発表される。後に映画化もされる。
1985年	スタジオジブリが作られる。
1988年	漫画『Akira』がアニメ映画化される。国内だけでなく、海外でも上映される。
1996年	漫画『攻殻機動隊』のアニメ映画『GHOST IN THE SHELL 攻殻機動隊』がアメリカの雑誌『ビルボード』(8月26日)のホームビデオ部門で1位になる。
2002年	長編アニメーション映画『千と千尋の神隠し』がベルリン国際映画祭の「金熊賞」を受賞する。2003年にはアカデミー賞の「長編アニメ賞」も受賞する。

V 本文を読んだ後でしてみましょう。

1) 1.〜3.のキーワードに合うものを a.〜e. から全て選んで下さい。

1. 漫画	2. 漫画のテレビアニメ化	3. アニメ映画

a. 白蛇伝　　b. 鉄腕アトム　　c. Akira
d. 攻殻機動隊　　e. 千と千尋の神隠し

2) 考えましょう。
1. あなたの国では、漫画やコミックからアニメーション作品が作られることがありますか。
2. あなたはスタジオジブリの作品を見たことがありますか。好きな作品がありますか。

東映動画、虫プロダクション、スタジオジブリ　読み物 ⑥

　戦後のアニメブームの影響で、日本では、「エイケン」「竜の子プロダクション」「トムスエンタテイメント」「サンライズ」「日本アニメーション」などのように、多くのアニメスタジオが作られるようになった。その中でも、「東映動画」「虫プロダクション」「スタジオジブリ」という三つのスタジオは、日本の戦後アニメの発展に特に大きく貢献したスタジオだと言うことが出来る。

東映動画株式会社（現在の「東映アニメーション」）

　戦後10年間ぐらい、日本では長編アニメーションは作られなかった。しかし、1948年にフライシャー・スタジオの『Gulliver's Travels（ガリバー旅行記）』(1939)、1950年にディズニーの『Snow White and the Seven Dwarfs（白雪姫）』(1937)などが上映されて、輸入された海外の長編アニメーションが日本のアニメーション作家に強い影響を与えた。特にディズニーの作品は人気があって、『Bambi（バンビ）』『Pinocchio（ピノキオ）』『Alice in Wonderland（不思議の国のアリス）』など、多くの作品が上映された。このようなディズ

ニーの作品に強い影響を受けて、「東映動画」（1956年設立、現在は「東映アニメーション」）が1958年に日本で最初のカラー長編アニメ映画を発表した。このアニメ映画は『白蛇伝』というタイトルで、中国の有名な話を使って作られたアニメ映画だった。この作品を見て、アニメ作家になることを目指していた多くの若者が東映動画への入社を目指したと言われている。スタジオジブリの宮崎駿監督と高畑勲監督も、若い時に東映動画に入社し、社員として働いた。

『白蛇伝』の後も東映動画は、多くの長編アニメ映画やテレビアニメを発表した。1980年代には、『Dr.スランプアラレちゃん』『北斗の拳』『ドラゴンボール』など、週刊漫画雑誌『少年ジャンプ』の人気漫画を多くアニメ化して、大ヒットした。『美少女戦士セーラームーン』をアニメ化したスタジオも東映動画だ。東映動画は1998年に「東映アニメーション」という名前になって、「プリキュアシリーズ」や『ONE PIECE』など、現在でも多くの作品を発表している。そして、その作品は、世界100カ国以上の国で放送されている。

『ワンピース』 DVD 発売中
価格：4,500円（税抜）
発売元：東映ビデオ

VI 下の文には間違いがあります。正しい文に直しましょう。（例：p.4 III-1））
※ _____ の部分は変えてはいけません。

1. 「東映動画」「虫プロダクション」「スタジオジブリ」という三つのスタジオは、戦前のアニメの発展に特に大きく貢献したと言える。

2. 「東映動画」は、アメリカのフライシャー・スタジオの作品に強い影響を受けて設立された。

3. <u>日本では戦後10年ぐらいの間、国産の長編アニメーションは</u>、映画館で上映された。

4. 『白蛇伝』は日本で初めての長編アニメーションだと言われている。

5. 『白蛇伝』は<u>日本の有名な「桃太郎」という話を使って作られた</u>。

6. 宮崎駿監督と高畑勲監督は、現在東映動画の社員として働いている。

7. 「東映アニメーション」<u>というのは</u>「東映動画」の海外での名前の<u>ことだ</u>。

アクティビティ 1　調べてみよう！

東映動画の『白蛇伝』のように、アニメーションの発展に重要な役割を果たした作品を一つ選んで、下の表を完成して下さい。日本の作品でも海外の作品でもいいです。

作品の名前	作った人、またはスタジオの名前
	発表された年
主人公の名前	どんな重要な役割を果たしたか。
イラスト	

虫プロダクション　読み物 ⑦

「虫プロダクション」は漫画家の「手塚治虫」によって作られたアニメスタジオだ。手塚は、『バンビ』を80回以上、『白雪姫』を50回以上見るほどディズニーアニメの大ファンで、自分の漫画をディズニーアニメのようにアニメ化したいと思っていた。そして、1961年に虫プロダクションを作り、『鉄腕アトム』をアニメ化して、1963年1月1日にテレビ放送を始めた。虫プロダクションは1973年に一度倒産してしまったが、1977年に新しい虫プロダクションとしてスタートした。手塚の虫プロダクションは、日本のアニメ界に次のような強い影響を与えたと言われている。

---

13 A ほど B : B to the extent that A
14 手塚は、ディズニーの作品だけでなく、国産の長編アニメーション『桃太郎 海の神兵』の完成度の高さにも影響を受けて、自分のアニメを作りたいと思うようになったと言われている。
15 ～ [Verb te-form] + しまう : do ～ regrettably; ～ unfortunately occur; finish ～ ing

● 「毎週一回、30分放送」というテレビアニメシリーズのスタンダードを作った：

　『鉄腕アトム』のアニメ化で、「毎週一回、30分放送する」というテレビアニメシリーズの放送の仕方が始まった。この後、多くのアニメスタジオが同じようにテレビアニメシリーズを作るようになって、日本のアニメブームが始まった。東映動画にテレビアニメ化された『少年ジャンプ』の人気漫画『ドラゴンボール』なども、毎週一回、30分放送された。この「毎週一回30分」という放送の仕方はテレビアニメのスタンダードになって、現在でも続いている。

● 多くの技術を使って、面白いアニメを速く安く作った：

　アニメーションでは、1秒のアニメーションを作るために、たいてい12枚以上の絵が使われる。しかし、「毎週一回、30分」という放送を続けるために、虫プロダクションは1秒に8枚以下の絵で『鉄腕アトム』を作った。そのために、下のような色々な技術を使った。
- リミテッドアニメーション（人が話すシーンは口だけを動かす、歩くシーンは手と足だけを動かす、など）の技術を使う。
- 顔などをズームイン、ズームアウトする。
- 1枚の絵を動かす。
- 同じ動きのシーンでは、背景だけを変えて、一度使ったアニメーションをもう一度使う。

少ない絵で作られたアニメーションは動きがスムーズではなくなるが、このような技術を使うことによって、虫プロダクションは少ない絵で面白いテレビアニメを作ることに成功した。そして、『鉄腕アトム』や『ジャングル大帝』などの虫プロダクションの作品は、テレビアニメでも大人気になった。

● 多くの若いアニメーターが育った：

　東映動画のように、虫プロダクションからも多くの有名なアニメ作家が育った。『機動戦士ガンダム』『あしたのジョー』、映画『銀河鉄道999』などの人気アニメを監督した監督は、全員虫プロダクションから育った監督達だ。

---

[16] 〜 [Noun] ＋ 達：〜s (The suffix 達 is a plural marker. 例：監督達 = directors)

VII 本文を読んだ後でしてみましょう。

1) 下の a.～j. は、1）から 10）のどこに入りますか。2回以上使うものもあります。

> a. 1　b. 8　c. 12　d. 30　e. 50　f. 80　g. 999　h. 1961　i. 1963　j. 1973

1. 虫プロダクションというのは手塚が 1)＿＿＿年に作ったアニメスタジオだ。手塚はディズニーの大ファンで、『バンビ』を 2)＿＿＿回以上見たと言われている。

2. 『鉄腕アトム』は 3)＿＿＿年に放送が始まったテレビアニメシリーズで、4)＿＿＿週間に 5)＿＿＿回放送され、1回の放送時間は 6)＿＿＿分だった。

3. たいていアニメーションは1秒に 7)＿＿＿枚以上の絵が使われるが、『鉄腕アトム』のテレビアニメは 8)＿＿＿秒に 9)＿＿＿枚以下の絵で作られた。

4. 虫プロダクションからは『銀河鉄道 10)＿＿＿』や『機動戦士ガンダム』の監督など、多くの有名な監督が育った。

2) 調べましょう。

インターネットで虫プロダクションのアニメを見て、本文に書かれている「少ない絵でアニメを作る技術」が使われていることがよく分かるシーンを見つけましょう。

3) 考えましょう。

1. 手塚が自分の漫画をアニメ化したいと考えた背景には、どのような影響が考えられますか。
2. 子供の時にあなたに大きな影響を与えたポップカルチャーについて話して下さい。
3. あなたの国では、毎週一回、30分放送されるテレビアニメがありますか。
4. あなたは会社が若い社員を育てるためには、どんなことが大切だと思いますか。

スタジオジブリ 読み物 ⑧

　「スタジオジブリ」は1985年に設立されたアニメスタジオだ。スタジオジブリで特に有名な監督は宮崎駿と高畑勲という二人の監督で、『となりのトトロ』『魔女の宅急便』『紅の豚』『平成狸合戦ポンポコ』『もののけ姫』『千と千尋の神隠し』『ハウルの動く城』『崖の上のポニョ』など、多くの代表作品を発表している。1997年に発表された『もののけ姫』は日本国内で大ヒットして、当時アメリカのSF映画『E.T.』が持っていた映画の興行収入の記録を塗り替えた。また、2001年には、この『もののけ姫』が作った記録を『千と千尋の神隠し』が全て塗り替えて、空前の大ヒットになった。

　日本の多くのアニメスタジオでは、まずテレビアニメを作り、人気が出たテレビアニメを映画化するというパターンが多い。しかし、スタジオジブリは、原則的にこのような方法で長編アニメ映画を作らない。これは、宮崎と高畑が、人の深い気持ちや人生の喜び、悲しみを表現するリアルでハイクオリティなアニメーションは、テレビアニメでは作ることが出来ないと考えたからだ。例えば、『もののけ姫』のエボシという登場人物は、神を殺そうとする[17]キャラクターだが、タタラ場という村の村人にとって[18]は病気の人々を助けるやさしいリーダーだ。スタジオジブリのこのような背景が複雑なストーリーを持つ作品は、大人のアニメファンを増やすことに貢献したと言われている。

Ⅷ 本文を読んだ後でしてみましょう。

1) 下の文が正しいか、間違っているか、クラスメートとチェックしましょう。 モデル会話3

　1.（　）「スタジオジブリ」で、宮崎駿監督と高畑勲監督は特に有名だ。

　2.（　）『千と千尋の神隠し』の興行収入の記録は『もののけ姫』に塗り替えられた。

　3.（　）スタジオジブリはリアルでハイクオリティなテレビアニメを作ることを目指している。

2) 本文の内容についてクラスメートと話し合いましょう。 モデル会話2

　1. 本文では、スタジオジブリはアニメーション作品を作る時に、どんな作り方をしないと書かれていますか。

　2. どうしてスタジオジブリでは1.のような作品の作り方をしないことにしましたか。

---

[17] ～ [Verb volitional form] + とする : attempt to ～ ; try to ～
[18] ～にとって : with regards to ～ ; for ～

第5課 アニメ

アクティビティ2　調べてみよう！

あなたが、人の深い気持ちや人生の喜び、悲しみをリアルに表現していると思う作品を一つ選んで、下の表を完成して下さい。アニメ作品でも実写のドラマや映画でもいいです。

作品の名前	この作品を選んだ理由
	いつ、どこで見たか、初めて見た時どう思ったか、どんなシーンが好きかなどについて書きましょう。
作ったスタジオの名前	
発表された年	
主な登場人物の名前と役割	

アニメと漫画　読み物 9

　日本でアニメが人気になった理由の一つに、漫画の影響があると考えられている。例えば、1963年にテレビアニメ化された『鉄腕アトム』は、もともとは手塚治虫のストーリー漫画だった。日本ではこのようなストーリー漫画がたくさん描かれていて、テレビアニメ化が出来る漫画がたくさんあった。またファンが多い人気漫画のテレビアニメ化はリスクが低いビジネスだった。1980年代には、一週間に50ぐらいのテレビアニメが放送されていたが、その多くが人気漫画をアニメ化した作品だった。特に、『キン肉マン』『キャプテン翼』『北斗の拳』『ドラゴンボール』『聖闘士星矢』など、週刊漫画雑誌『少年ジャンプ』の中で発表された人気漫画はたくさんアニメ化された。このように、日本のアニメ人気には、ストーリー漫画の発展が大きく貢献している。

IX 本文を読んだ後でしてみましょう。

1) 本文の内容についてクラスメートと話し合いましょう。 モデル会話2

   日本では、どうして多くの漫画がテレビアニメ化されるようになりましたか。理由を2つ挙げて下さい。

2) 下のa.～k.の中で週刊漫画雑誌『少年ジャンプ』の中で発表されたと考えられない作品が8つあります。全部選んで、それぞれについて、どうしてそう考えられないか説明して下さい。

   a. ドラゴンボール　　　b. 美少女戦士セーラームーン　　　c. 千と千尋の神隠し
   d. 芋川椋三 玄関番の巻　e. ミッキーマウス　　　　　　　f. 桃太郎 海の神兵
   g. 西遊記 鉄扇公主の巻　h. 白蛇伝　　　　　　　　　　　i. 北斗の拳
   j. 平成狸合戦ポンポコ　　k. キャプテン翼

	作品	そう考えられない理由
1 (例)	e	ミッキーマウスはアメリカのディズニーのキャラクターで、日本のキャラクターではないからです。
2		
3		
4		
5		
6		
7		
8		

第6課

歌-1

本文を読む前に

I
あなたの子供時代について考えて、a.～e.を表に入れて、質問に答えて下さい。

a. 歌を歌う b. 楽器を弾く c. アルバイトをする d. 勉強する e. スポーツをする

よくした	時々した	あまり／全然しなかった
詳しく説明して下さい。	どんな時にしましたか。	どうしてですか。

II
下の単語は、本文によく出てくる、または本文の理解に大切な単語です。意味を調べて下さい。

	単語	意味（自分の言葉で書いてもいいです。）
1	曲	
2	兄／兄弟	
3	番組	
4	経済	
5	成長	
6	芸能／芸能界	
7	変える	
8	向く	

III
戦後の日本について、質問に答えて下さい。

1. 「玉音放送」というのは、何のことですか。

2. 日本の経済は、いつ頃に特に大きく成長しましたか。

IV
下のタイトルの曲を探して聴いて下さい。色々な動画を見て、好きな動画を見つけましょう。

1.「上を向いて歩こう」 2.「SUKIYAKI」 3.「見上げてごらん夜の星を」

アクティビティ 話しましょう！

クラスメートに、下の質問をして下さい。モデル会話のように色々な追加の質問もして、なるべく詳しく聞きましょう。 モデル会話1

[質問]
1. あなたは、どんな時に空を見上げますか。
2. あなたは、どんな気持ちの時に、下を向きたくなりますか。
3. あなたは、寂しい時に、よくどんなことをしますか。
4. あなたは、寂しい時に、よくどんなことを思い出しますか。

「上を向いて歩こう」 読み物 ①

この曲は「上を向いて歩こう」という曲です。坂本九という歌手が1961年に歌って大ヒットしました。昭和の時代の代表的な曲の一つで、幅広い世代の日本人に親しまれています。現在でも、日本人に「次の世代に残したい昭和の歌は何ですか？」と聞くと、たくさんの人が「坂本九の『上を向いて歩こう』です。」と答えます。この曲は国際的にも有名で、1963年には、アメリカの『ビルボード誌』や『キャッシュボックス誌』で1位になりました。実は、1963年以前にも、それ以降にも、『ビルボード誌』で外国語の曲が1位になったことはほとんどありません。しかし、「上を向いて歩こう」は、6月15日から三週間連続で1位になりました。全英チャートでも6位になって、フランス、

上を向いて歩こう
永 六輔 作詞
中村八大 作曲

うえを むーいて あるこうー なみだが こぼれ
うえを むーいて あるこうー にじんだ ほし
(口笛)
れ ないよーうに おもいだす はるの ひ
を かぞえーて おもいだす なつの ひ
おもいだす あきの ひ
ひとりぼっちの よる ー よる ー
ひとりぼっちの
しあわせは くものうえに しあわせは そらに
かなしみは ほしのかげに かなしみは つきの
のうえに うえを むーいて あるこうー
のかげに うえを むーいて あるこうー
なみだが こぼれ ないように なきながら
あるーく ひとりぼっちの よる ー D.S.

JASRAC 出 1614784-601

---

[1] ～[Noun] + 的な：～-ic；～-ive；～-al (The suffix 的 makes nouns into na-adjectives. 例：代表的な＝ representative; typical, 国際的な＝ international, 本格的な＝ full-fledged; serious, 爆発的な＝ explosive, 特徴的な＝ characteristic; signature, 一般的な＝ general; common ～的に is its adverbial usage. 例：国際的に＝ internationally)

20　イタリア、オランダ、スペイン、ドイツ、メキシコ、ブラジル、香港、インド、南アフリカなど、世界約70カ国で発売されました。そして、1300万枚以上の大ヒットになりました。

I 曲の歌詞 (lyrics) と本文を読んだ後でしてみましょう。

1)「上を向いて歩こう」の曲について考えましょう。
    1. この曲を聞いたことがありますか。
    2. この曲で、上を向いて歩いている人は、どんな気持ちで歩いていると思いますか。

2) 下の文が正しいか、間違っているか、クラスメートとチェックしましょう。 **モデル会話3**
    1. (　　)「上を向いて歩こう」という曲は、1961年に坂本九という歌手によって作られた。
    2. (　　) この曲は、日本では色々な世代の人に人気がある。
    3. (　　) この曲は、アメリカの『ビルボード誌』のランキングで1位になったことがある。
    4. (　　) 1960年代に『ビルボード誌』で1位になる曲は、ほとんど外国語の曲だった。
    5. (　　)「上を向いて歩こう」は、イギリスやフランスなど、色々な国で発売されて、1300万枚以上の大ヒットになった。

3)「上を向いて歩こう」を歌ってみましょう。

坂本九の子供時代と歌手デビュー　**読み物2**

　　坂本九は1941年12月10日に神奈川県川崎市で生まれました。9人兄弟の一番下の子供だったので、両親は「九(ひさし)」という名前をつけました。「九」の漢字は、普通「ひさ
25　し」とは読みません。しかし、「九」の漢字の音が、「永久」の「久(きゅう／ひさ・しい)」の漢字の音と同じなので、両親は、「九」の漢字を「ひさし」と読むことにしました。
　　坂本は、小学生の時、元気で、わんぱくで、とても目立つ子供だったそうです。野球が得意で、ポジションはピッチャー、そして四番バッターでした。坂本の家は、昼には三味線の音が聞こえて来る歓楽街にありました。母親のいくは「九は昔、子供のときから三味
30　線で育てました。」と言っています。末っ子だった坂本は、兄弟達と仲良く育ち、三女の千代子と歌舞伎座に通ったり、兄の影響でジャズを聞いたりして、子供の時から色々な芸能を楽しみました。

² ～によって：by ～ ; through ～
³ ～ [Noun] + 達：～ s (The suffix 達 is a plural marker. 例：兄弟達 = siblings; brothers)

坂本は、高校生だった1958年に「日劇ウェスタン・カーニバル」[4]というイベントでリトル・リチャードの「Send me Some Lovin'」という歌を歌って、歌手としてデビューしました。そして、この時に、名前を「九（ひさし）」から「九（きゅう）」に変えました。このデビューの後に、少しの間、芸能活動を止めて学校生活に戻りましたが、同じ年の11月に「パラダイス・キング」というバンドのメンバーとして芸能界に戻り、本格的に歌手デビューをしました。初めてのヒットは、1960年にリリースした「悲しき60歳」という曲で、10万枚のヒットになりました。この曲で人気が出た坂本は、テレビのドラマやバラエティー番組、そして映画で活躍するようになりました。

II 本文を読んだ後でしてみましょう。

1) 下の表を完成して下さい。

1. 誕生日　＿＿＿年＿＿＿月＿＿＿日	2. 名前の漢字「九」の読み方　a.＿＿＿＿＿ → b.＿＿＿＿＿
3. 子供時代・芸能界デビュー　a. 性格：＿＿＿＿＿＿＿＿＿＿＿＿　b. 得意なスポーツ：＿＿＿＿＿＿＿＿＿＿＿＿　c. 芸能界にデビューした年：＿＿＿＿＿年	

坂本九（さかもときゅう）

2) 本文の内容についてクラスメートと話し合いましょう。　モデル会話2

1. 坂本の親は、坂本の名前にどうして「九」の数字(number)を使いましたか。
2. 坂本の家は、どんなところにありましたか。
3. 坂本は、子供の時に、兄弟とどんなことをしましたか。
4. 坂本は、いつ名前の読み方を変えましたか。
5. 坂本の初めてのヒット曲は、何という曲でしたか。
6. 坂本は、歌手として人気が出た後で、歌手の他に、どんなことをするようになりましたか。

---

[4] 1958年に始まったイベントで、当時、このイベントから、色々なスター歌手が生まれた。日本のロカビリーブームは、このイベントから始まったと言われている。

アクティビティ1 調べてみよう！

あなたが好きな歌手を一人選んで、その歌手の性格や子供時代、芸能界でのエピソードなどについて調べ、下の表を完成して下さい。

（イラスト）	誕生日 ＿＿＿＿年＿＿月＿＿日
名前：	性格、子供時代や芸能界でのエピソードなど

時代背景　読み物 ③

1945年8月15日にラジオから「玉音放送」が流れて、人々は日本が太平洋戦争に負けたことを知りました。この年から1952年までの間、日本はアメリカに主導された連合国軍に占領されました。そして、非軍事化と民主化に向けて、日本の社会は大きく変化しました。人々は、敗戦の悲しみや占領への不安、食べ物の不足や急激な社会変化などの中で、苦しい生活を送りました。

しかし、1950年代に入るまでに日本の経済は大きく回復して、1950年から1973年の間、日本のGNPは毎年平均10パーセント以上の成長を続けました。特に、1955年から1973年の急激な経済成長は「高度経済成長」と呼ばれました。1950年代後半には、「白黒テレビ・電気洗濯機・電気冷蔵庫」が「三種の神器」と呼ばれて、消費ブームが起きました。

このような急激な社会変化の中で、日本では、西洋文化、特にアメリカ文化の影響が強く見られるようになりました。ディズニーアニメやハリウッド映画の作品、プロレス、ボー

リングなど、西洋からの色々な文化が大衆に楽しまれました。同時に、日本のポップカルチャーの分野も急速に回復して、映画やラジオ番組が作られるようになりました。1953年にはテレビ放送も始まって、相撲や野球などのスポーツやクイズ番組、ドラマなど、多くのテレビ番組が見られるようになりました。

III 本文を読んだ後でしてみましょう。

1) 下の表を完成して下さい。

玉音放送	1. _____年_____月_____日
	2. この放送で、人々は_____を知った。
占領	3. _____年～_____年
	4. 日本は_____に占領されていた。
高度経済成長	5. _____年～_____年
	6. 消費ブームが起きて、a._____年代後半にはb._____とc._____とd._____が「三種の神器」と呼ばれた。

2) 下の文には間違いがあります。正しい文に直しましょう。(例：p.4 III-1))

1. 日本の社会は、戦後、占領されている間に、軍事化と民主化に向けて大きく変化した。

2. 1950年代に入るまでに、日本のGNPは毎年平均10パーセント以上の成長を続けた。

3. 戦後の急激な社会の変化の中で、日本は、アジアの国々から文化の影響を強く受けた。

4. 日本では、1953年にラジオの放送が始まって、ラジオでスポーツなどが聞けるようになった。

3) 考えましょう。

日本が西洋文化の影響を強く受けたのは、戦後が初めてではありません。戦前に日本が西洋文化の影響を受けたものにはどんな例がありますか。

---

[5] 多くの + ～ [Noun]: many ～ (Although the word 多い (many) is an *i*-adjective, when it modifies a noun by itself (e.g., many TV programs), the form must be changed to 多くの. 例：多くの番組 = many TV programs)

ロカビリーブームと坂本九　読み物 ④

　高度経済成長の時代に、ポピュラー音楽の分野も、アメリカ音楽に強い影響を受けました。それは、若者の間で起きたロカビリーの大ブームでした。日本では、60年代後半にGS（グループ・サウンズ）ブーム、70年代にアイドル・ポップスブーム、そして90年代にJ-POPブームが起きますが、これらの流行はロカビリーブームから始まったと言われることもあります。

　兄弟の影響でアメリカ音楽を聞いていた坂本もロカビリーが大好きで、特にエルヴィス・プレスリーの大ファンになりました。教室でほうきをギターのように使ってプレスリーの真似をしたり、高校の学園祭でプレスリーの真似をして歌ったりしたそうです。また、高校生の時にプロのバンドのバンドボーイとして働き始めた時のエピソードが、下のように書かれています。

　　　初めて、ボクがひとまえでうたったのは、立川の将校クラブでだった。4月の夜だというのに汗びっしょり。エルヴィス・プレスリーの『ハウンド・ドッグ』をうたい終わると、拍手といっしょに、
「エルビス！またこいよ」
という英語が耳にとびこんできた。うれしくて涙が出た。その日からボクの、学生、バンドボーイ、1日1回だけうたえる歌手、という生活がはじまった。

（坂本九『上を向いて歩こう』2001／pp. 26-27／日本図書センター より）

IV　下の文が正しいか、間違っているか、クラスメートとチェックしましょう。　モデル会話 3

1. （　）日本のポピュラー音楽の分野は、アメリカのGSブームやアイドル・ポップスブームに強い影響を受けた。
2. （　）坂本はJ-POPの大ファンで、教室でほうきを持って真似をしていた。
3. （　）坂本は、高校生の時、バンドボーイのアルバイトをしていた。
4. （　）坂本は立川の将校クラブで「ハウンド・ドッグ」を歌った。
5. （　）坂本は、将校クラブで「エルビス！またこいよ」と言われた時、悲しくて泣いた。

6　付き人（assistant）としてミュージシャンをサポートする仕事。
7　～[Verb stem] + 始める：begin ～ing
8　4月の夜だというのに：although it was a night in April
9　～[Verb stem] + 終わる：finish ～ing

「上を向いて歩こう」の大ヒット　読み物⑤

　「上を向いて歩こう」は、日本の高度経済成長期の1961年に生まれました。この年の8月19日に、坂本がNHK（日本放送協会）のテレビ番組でこの歌を歌うと、その翌日から、テレビ局には「もう一度聞きたい」というリクエストがたくさん来るようになりました。ロカビリーの影響が感じられる「ウヘホムフイテ、アールコゥオゥオゥオゥ」というユニークな歌い方にも人気が出て、この曲は爆発的なヒットになりました。そして、同じ年の10月に、レコードが東芝レコードから発売されました。

　「上を向いて歩こう」は、その後、海外でもヒットすることになります。海外のレコード会社で最初に興味を持ったのは東芝レコードと提携していたイギリスのレコード会社EMIでした。まず、1962年にEMIはヨーロッパのレコード会社にこの曲を紹介しました。そして、フランスの「パテ・マルコーニ」というレコード会社から「上を向いて歩こう」のレコードが発売されました。この年に坂本は、プロモーションのために、デンマーク、ノルウェー、フランス、イタリア、そしてスイスを回りました。

V 本文を読んだ後でしてみましょう。

1) 本文の内容についてクラスメートと話し合いましょう。　モデル会話2

　1. 「上を向いて歩こう」は、日本国内でいつヒットしましたか。
　2. 「上を向いて歩こう」は、海外では、いつ、どのレコード会社が初めてレコードを発売しましたか。
　3. 1962年に、坂本は自分の曲のために、どんなことをしましたか。

2) 考えましょう。

　あなたの国のポップカルチャーの分野で、海外で成功して国内で大きなニュースになった例を探して話しましょう。

---

10 ～ことになる : turn out ～ ; lead to ～

第6課 歌-1

アクティビティ2 歌ってみよう！

下の曲も、坂本のヒット曲の一つです。歌詞の意味を考えながら歌ってみましょう。

JASRAC 出 1614784-802

「SUKIYAKI」 読み物 ⑥

　1962年10月に、プロモーションのために日本に来ていたイギリスのパイ・レコードのルイス・ベンジャミンという社長が、お土産にもらったシングル・レコードの1枚「上を向いて歩こう」が気に入り、イギリスでジャズの曲としてリリースすることにしました。この時に、曲の名前を、意味が分からなかった日本語の「上を向いて歩こう」から、自分が好きだった日本の食べ物「すき焼き(SUKIYAKI)」に変えたと言われています。ケニー・ボール＆ヒズ・ジャズメンの「SUKIYAKI」としてリリースされた曲は、楽器だけで演奏するインストゥルメンタルバージョンでしたが、1963年1月に全英チャートの10位にランクインされました。また、同じ年の8月に、坂本はプロモーションのためにアメリカにも行って、人気番組の「スティーブ・アレン・ショー」に出ました。その後、「SUKIYAKI」はアメリカで100万枚以上売れて、1964年にはゴールド・ディスクになりました。このような「上を向いて歩こう」の海外での成功は、日本国内では大きなニュースになって、国際社会で成長を続ける日本のシンボルのように見られました。

Ⅵ 本文を読んだ後でしてみましょう。

1) 本文の内容についてクラスメートと話し合いましょう。 モデル会話 2
   1. 「上を向いて歩こう」は、どうして「SUKIYAKI」という名前に変えられましたか。
   2. 全英チャートの10位にランクインした「SUKIYAKI」は、誰の曲としてリリースされましたか。
   3. 「SUKIYAKI」は、アメリカでどのぐらい売れましたか。

2) 考えましょう。
   1. 右の絵の「？」は誰ですか。a.～c.から選んで下さい。
      a. ルイス・ベンジャミン
      b. ケニー・ボール＆ヒズ・ジャズメン
      c. スティーブ・アレン

   2. もしあなたがルイス・ベンジャミンだったとしたら、自分の国でこの曲をリリースする時に、タイトルを「SUKIYAKI」に変えたと思いますか。それはどうしてですか。[11]

---

[11] ～としたら：Suppose ～; If you were to ～

アクティビティ3　アメリカでの「SUKIYAKI」のエピソードを読んでみよう！

「上を向いて歩こう」が「SUKIYAKI」という名前になった由来については、アメリカにも、デイヴ・デクスター・ジュニアというプロデューサーが書いた別のエピソードが残っています。[12]

[タスク] 下のエピソードを読みながら、右の絵を見て、それぞれのシーンを最も正しく表すものをa～cの中から選びましょう。

1960年代の最も大きなヒットの一つは、カリフォルニアの小さい町からの電話で始まった。それがどうやって起こったか説明しよう。フレズノエリアのラジオDJが、彼の番組のリスナーに日系アメリカ人がたくさんいることを知っていて、時々日本の曲を流していた。ある[13]日、彼が東芝レコードの曲を流すと、突然、第二のパールハーバーのような出来事が起こった。すぐに電話が鳴り始めて、翌日から多くの手紙が送られてきた。モンスターヒットだった。

私はそのDJの名前を覚えていないが、彼は日本語が読めなくて、オリジナルの「上を向いて歩こう」というタイトルを訳すのに二日かかったそうだ。英語ではそのタイトルは「I Look Up When I Walk So the Tears Won't Fall」のようになる。

彼は曲のタイトルを覚えて、私に電話して来た。そして、このレコードが人々に与えている衝撃について熱心に説明し始めた。

「それは少女のかわいいボーカルです。そして、モダンなオーケストラが彼女の後ろで演奏しています。ビブラフォンが特徴的です。」

私は彼に深く礼を言って、私の日本のサンプルレコードのリストをチェックした。しかし、当時の東芝レコードには、女性ボーカルの曲はなかった。私は、東京にいた東芝レコードの担当のK.

2. ボーカルは…　ラジオDJ

---

[12] これはデイヴ・デクスター・ジュニアの『Playback』という本の中の話の一部を著者が日本語に意訳したものです。
[13] ある＋〜[Noun]: a certain 〜 (ある is used to refer to a specific noun in an unspecified manner.　例:ある日＝a (certain) day; one day，ある人＝a (certain) person，ある場所＝a (certain) place)

Ueno さんに電報を送った。彼の返事に私は驚いた。彼の返事はこうだった。「このバラードの歌手は、映画俳優と歌手をしている22歳の若い男性で、名前は坂本九です。」

140　私はレコードを探して聞いてみた。それはいい曲で、歌いやすくて、イージー・リスニングのタイプの曲だった。[中略]

私はそのサンプルレコードを下の階のレコーディングの担当に持って行った。彼らは2時間で
145　マスターテープを作った。

しかし、実は、私はこの理解出来ない日本語の曲が成功するかどうか分かっていたわけではなかった。フレズノのように、この曲を好きになる日系アメリカ人が何人いると考えられるだろう？

150　曲のタイトルはすぐに「SUKIYAKI」に変えられた。それは、一般的なアメリカ人が知っている少ない日本語の単語の一つだったからだ。

でも、タイトルは関係なかった。坂本のキャッチーで切ないサウンドだけが大切だったのだ。特別なプロモーションはしなかったが、
155　「SUKIYAKI」はすぐにヒットチャートを上がっていった。2か月ぐらいで、レコードはゴールド・ディスクになった。

しかし、それが終わりではなかった。坂本九の歌はイギリス、ドイツ、スウェーデン、オラン
160　ダに広まった。そして、世界中でベストセラーになった。

しかし、私は今でも「SUKIYAKI」にあって他の曲になかったものが何だったのかよく分からない。[後略]

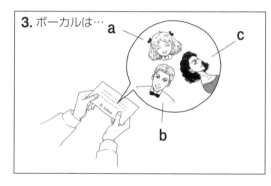

3. ボーカルは…

4. タイトルは…

(Dexter Jr., Dave『Play Back』1976／pp. 168-169／Billbord Publication より（日本語意訳は著者による）)

---

14 ～ [Verb stem] + やすい : easy to ～

第6課 歌-1

VII 下の文が正しいか、間違っているか、クラスメートとチェックしましょう。 モデル会話3

1. (　) フレズノエリアのラジオDJは、フレズノに住んでいる日本人のために、時々日本の曲を流していた。
2. (　) フレズノエリアのラジオDJは、日本語が分からなかった。
3. (　) フレズノエリアのラジオDJは、坂本を知っていた。
4. (　) デイヴ・デクスター・ジュニアは、坂本の曲が売れると思っていた。
5. (　) デイヴ・デクスター・ジュニアは、「上を向いて歩こう」の英語の意味は「SUKIYAKI」だと思ったので、タイトルをこのように変えた。
6. (　) デイヴ・デクスター・ジュニアは、「SUKIYAKI」がゴールド・ディスクになった後で、どうして坂本の曲が売れたか分かった。

坂本九が残した言葉　読み物⑦

坂本は、1985年8月12日の日本航空機の墜落事故で、43歳の時に亡くなってしまいました。[15] しかし、「上を向いて歩こう」は今でも日本人が大好きな曲の一つで、色々な国で色々な歌手にカバーされて歌われています。「九ちゃん」として人々に愛され続けた坂本は、[16] 30歳になる少し前に、以下の言葉を残しています。

　　僕は幸せを売る男になりたい。淋しがっている人には幸せを、泣いている人には喜びを与えたい。

(坂本九『上を向いて歩こう』2001／p.2／日本図書センター より)

VIII 本文を読んだ後でしてみましょう。

1) 下の文が正しいか、間違っているか、クラスメートとチェックしましょう。 モデル会話3

1. (　) 坂本は、43歳の時に飛行機の事故で亡くなってしまった。
2. (　) 「上を向いて歩こう」は、今でも「九ちゃん」というタイトルの曲としてカバーされることがある。

2) 調べましょう。

「上を向いて歩こう」は、色々な国で色々な歌手にカバーされています。どんなカバーバージョンがあるか調べてみましょう。

---

[15] ~ [Verb te-form] + しまう : do ~ regrettably; ~ unfortunately occur; finish ~ ing
[16] ~ [Verb stem] + 続ける : continue to ~

アクティビティ4 どんな人になりたいか考えてみよう！

170

あなたは、将来どんな人になりたいと思いますか。読み物7にある坂本の言葉をモデルにして[17]、どんな人になりたいか日本語で書いてみましょう。また、それを表すイラストも描いてみましょう。

言葉

イラスト

[17] ～をモデルにする：model after ～

第7課 歌-2

本文を読む前に

I
a.〜 e. を表に入れて下さい。その後に、表の中の質問に答えて下さい。

a. ポップソング b. ロック c. クラシック音楽 d. ラップ e. ダンスミュージック

よく聴く	時々聴く	あまり／全然聴かない
いつ頃その音楽を聴くようになりましたか。	どんな時に聴きますか。	どうしてですか。

II
下の単語は、本文によく出てくる、または本文の理解に大切な単語です。意味を調べて下さい。

	単語	意味		単語	意味
1	邦楽		5	代表／代表的な	
2	洋楽		6	流行／流行る	
3	部分		7	〜年代	
4	表現		8	〜以上	

III
下の単語は「歌」という漢字を使う単語です。単語の読み方と意味を調べて下さい。

	単語	読み方	意味		単語	読み方	意味
1	歌			6	演歌		
2	歌う			7	主題歌		
3	歌手			8	歌謡曲		
4	歌詞			9	歌唱力		
5	歌声			10	流行歌		

IV
下のタイトルの曲を探してなるべくたくさん聴いて下さい。その後で、聴けた曲に「a. 大好き」「b. 好き」「c. 好きでも嫌いでもない」「d. あまり好きではない」「e. 嫌い」のどれかを書いて下さい。

「リンゴの唄」（　）　「恋するフォーチュンクッキー」（　）　「いとしのエリー」（　）

「東京ブギウギ」（　）　「First Love」（　）　「完全感覚 Dreamer」（　）

「リンゴ追分」（　）　「ダンデライオン〜遅咲きのたんぽぽ」（　）

「氷の世界」（　）

アクティビティ

話しましょう！

クラスメートに、下の歌手や音楽のジャンルを知っているかどうか聞きましょう。色々な質問をして、知っていることについてなるべく詳しく聞きましょう。

モデル会話 1

歌手：

松井須磨子、並木路子、笠置シズ子、美空ひばり、井上陽水、AKB48、嵐、宇多田ひかる、松任谷由美、サザンオールスターズ、ONE OK ROCK

ジャンル：

演歌、流行歌、歌謡曲、ジャズ、シャンソン、タンゴ、ブギ（boogie）、ロカビリー、GS（グループ・サウンズ）、ポップス、フォーク、スイング、ロック、ニューミュージック、アイドル歌謡、J-POP、ダンスソング、ラップ、テクノポップ、アニメソング、リズム&ブルース（R&B）

---

1 ポピュラー音楽のルーツ 　読み物 ①

　　日本のポピュラー音楽のルーツは、明治時代に人気が出た「演歌」にあると言われている。日本の近代化が始まった明治時代の前半に、言論や集会の自由を求める「自由民権運動」が起こり、自由を求める歌が歌われた。これは「演説」のような「歌」だったので、
5　「演歌」と呼ばれて、大衆に人気が出た。下の歌詞は、1888年に人気になった「オッペケペー節」という演歌の歌詞の一部だ。明治政府に不満を持つ大衆の声がよく表現されている。

　　　貴女に紳士の扮装で　うわべの飾りはよけれども（よけれども＝いいけれど）
　　　政治の思想が　欠乏だ
　　　天地の真理が分からない　心に自由の種をまけ
10　　オッペケペッポーペッポッポー

1　現代でも「演歌」という言葉は使われるが、現代の「演歌」の意味は、明治時代の「演歌」と同じではない。
2　Aの～ [Noun] 化：～ -zation of A; ～ -fication of A（例：日本の近代化＝ modernization of Japan）

I 本文を読んだ後でしてみましょう。

1) 下の文が正しいか、間違っているか、クラスメートとチェックしましょう。 モデル会話3

1. (　) 日本のポピュラー音楽のルーツは江戸時代にあるそうだ。
2. (　) 明治時代に自由を求めて歌われた演説のような歌は「演歌」と呼ばれた。
3. (　) 「オッペケペー節」は、明治政府を支持する大衆が歌った歌だ。

2) 考えましょう。

1. あなたの国で、明治時代の日本の演歌のように、主に大衆の不満を表現する曲が多い音楽のジャンルがありますか。
2. あなたは、不満や怒り (anger) の気持ちを表現する音楽をよく聴きますか。どうしてですか。

戦前のポピュラー音楽　読み物 ②

　日本の初期のポピュラー音楽は「流行歌」と呼ばれた。大ヒットした流行歌には、1914年に松井須磨子という女優に歌われた「カチューシャの唄」という歌があり、この歌を「日本で最初の流行歌」だと考える人もいる。「カチューシャかわいや (=かわいいや) 別れのつらさ³」で始まる歌詞とメロディは印象的⁴で、当時レコードが2万枚以上売れ、その後も、色々な歌手に歌われている。

　昭和時代 (1926～1989) の初期に、「流行歌」は「歌謡曲」と呼ばれるようになった。この時代に外国から電気録音の技術が輸入され、輸入税の制度も変わり、日本に「日本ポリドール」「日本コロムビア」「日本ビクター」という外国資本のレコード会社が三つ作られた。また、ジャズやシャンソンやタンゴ、アメリカやフランスやドイツの映画の主題歌が流行するなど、欧米文化の影響が音楽にも強く見られた。1929年にヒットした日本ビクターの「東京行進曲」という歌謡曲には、「ジャズで踊ってリキュルで更けて」や「シネマ見ましょか　お茶飲みましょか」のように、カタカナ語が多く使われ、歌詞にも当時流行っていた西洋文化の影響が見られる。また、太平洋戦争が始まる直前にリリースされた「歌えば天国」という曲は、ジャズのリズムで歌われたモダンな曲だった。

---

³ ~ [Adjective stem] + さ : ~ -ness; ~ -ty (The suffix さ makes adjectives into nouns. 例 : つらさ= pain; agony, かわいさ= cuteness)

⁴ ~ [Noun] + 的な : ~ -ic; ~ -ive; ~ -al (The suffix 的 makes nouns into na-adjectives. 例 : 印象的な= impressive; memorable, 伝統的な= traditional, 一般的な= general; common, 代表的な= representative; typical, 効果的な= effective　~的に is its adverbial usage. 例 : 一般的に= generally)

II 本文を読んだ後でしてみましょう。

1) 本文の内容についてクラスメートと話し合いましょう。 モデル会話2
   1. 「流行歌」というのは、どんな歌のことですか。
   2. 「カチューシャの唄」というのは、どんな歌ですか。
   3. 1929年の「東京行進曲」の歌詞から、当時の日本の流行についてどんなことが分かりますか。

2) 考えましょう。
   昭和時代の初期に、日本の音楽界は外国からどんな影響を受けましたか。「技術」「会社」「音楽の流行」という三点について説明して下さい。

1. 技術	
2. 会社	
3. 音楽の流行	

戦後の歌謡曲 読み物③

太平洋戦争に負けて人々が苦しい生活を送っていた時代に、歌謡曲は大衆を元気づけるエンターテイメントとして重要な役割を果たした。戦後にヒットした最初の歌謡曲は、並木路子という歌手の「リンゴの唄」(1946)だったと言われている。この曲は戦後初めてGHQの検閲に通った映画『そよかぜ』の主題歌で、明るいメロディーと並木のきれいな歌声に人々は勇気づけられた。また、この時代には「ブギ(boogie)」のエネルギッシュなリズムとパワフルなサウンドが流行した。1947年にヒットした「東京ブギウギ」(歌手：笠置シズ子)は、そのポジティブなメッセージで、「リンゴの唄」のように戦後の日本に大きな希望を与えたと言われている。

---

[5] GHQは連合国軍のGeneral Headquartersの意味。

Ⅲ 本文を読んだ後でしてみましょう。

1) 下の文には間違いがあります。正しい文に直しましょう。(例：p.4 Ⅲ-1))

　※＿＿＿の部分は変えてはいけません。

1. 歌謡曲は、明治政府に不満を持つ大衆を元気づける<u>ために</u>、重要な役割を果たした。

2. 「リンゴの唄」という曲は、戦前にヒットした最初の歌謡曲だった。

3. 『そよかぜ』は、戦後初めてGHQの検閲に通った映画の主題歌だった。

4. 「東京ブギウギ」という曲は、エネルギッシュなリズムとパワフルなサウンドが特徴の演歌の曲だ。

5. 「リンゴの唄」と「東京ブギウギ」が伝える強い不満を表現したメッセージは、戦後の日本に大きな希望を与えた。

2) 考えましょう。

あなたは、苦しい時にどんな歌や音楽が聴きたくなりますか。

35　美空ひばり　読み物 ④

　1950年代から、日本では、ジャズブーム、ロカビリーブーム、GS（グループ・サウンズ）ブーム、ポップスブーム、フォークブームのように、洋楽の影響を受けた色々なジャンルの音楽の流行が次々に起こった。同時に、洋楽の影響が少ない昔からある歌謡曲も楽しまれた。このような日本の伝統的な歌謡曲を洋楽の影響を受けたジャンルの歌と区別するために、1960年代
40 後半から、明治時代に使われていた「演歌」という言葉が使われるようになった。

　戦後の時代に、日本の歌謡曲・演歌の世界に強い影響を与えた歌手の一人に、12歳でレコードデビューした戦後のスーパースター、美空ひばりがいる。美空はデビューした1949年から亡くなった1989年までの間に、150以上の映画に出て、1500曲ぐらいの歌をレコーディングしたと言われている。美空の高い歌唱力は子供の時からよく知られていて、ブギ
45 やスイングやジャズなどを大人のように歌う美空は「天才少女」と呼ばれた。また、美空

---

6 明治時代の「演歌」は政治的なメッセージを持つ「演説の歌」だったが、この時代の「演歌」にはそのような意味はない。現在では、一般的に「演歌」は中高年や高齢者に人気がある。

の多くのヒット曲は演歌の曲で、美空は「演歌の女王」とも呼ばれている。下の曲は、美空の代表曲の中の一つ「リンゴ追分」(1952)だ。曲の中の「えーーー」という部分は、美空の表現力と歌唱力の高さが歌詞なしで表されている人気の部分だ。

リンゴ追分

作詞：小沢不二夫　作曲：米山正夫
オリジナル歌唱：美空ひばり

リンゴの花びらが　風に散ったよな
月夜に月夜に　そっと　えーーー
つがる娘は　ないたとさ　つらい別れを　ないたとさ
リンゴの花びらが　風に散ったよなー　ああーーー

(C) 1952 by Columbia Songs, Inc.
JASRAC 出 1614784-802

IV 本文を読んだ後でしてみましょう。

1) 戦後の日本のポピュラー音楽の発展について正しく説明している文を、下の a. 〜 c. から一つ選んで下さい。

   a. 日本では、戦後、洋楽に影響を受けた音楽が楽しまれたが、洋楽の影響が少ない音楽はあまり楽しまれなかった。
   b. 日本では、戦後、洋楽に影響を受けた音楽はあまり楽しまれなかったが、洋楽の影響が少ない音楽は楽しまれた。
   c. 日本では、戦後、洋楽に影響を受けた音楽も洋楽の影響が少ない音楽も楽しまれた。

2) 下の文が正しいか、間違っているか、クラスメートとチェックしましょう。

   1. (　) 1960年代後半から、「演説のような歌」という意味で「演歌」という言葉が使われるようになった。
   2. (　) 美空ひばりという歌手は、12歳でレコードデビューした戦後のスーパースターだ。
   3. (　) 美空ひばりは、歌唱力が高いことで知られていて、子供の時から「天才少女」と呼ばれていた。
   4. (　) 美空ひばりは、演歌しか歌わなかったので「演歌の女王」と呼ばれている。

3) 「リンゴ追分」を歌ってみましょう。

---

[7] 多くの + 〜 [Noun]: many 〜 (Although the word 多い (many) is an *i*-adjective, when it modifies a noun by itself (e.g., many songs), the form must be changed to 多くの. 例：多くの曲 = many songs)

[8] 〜 [Noun] なしで：without 〜

アクティビティ 1　「リンゴ追分」のメロディーで表現してみよう！

「リンゴ追分」の歌詞は、「月夜の下でリンゴの花びらが風に散る」という印象的な風景や「津軽の娘が辛い別れを思い出して泣いている」という悲しいシーンを表現しています。あなたも、印象的な風景やシーンを考えて、「リンゴ追分」のメロディーを使って表現してみましょう。

[タスク]

- 「リンゴ追分」の歌詞をよく読んで、表現されているシーンを考えてみて下さい。
- 今までにきれいだと思った風景や印象に残っているシーンなどを思い出しましょう。
- 「リンゴ追分」のメロディーに合うように言葉を選びながら、その風景やシーンを表す歌詞を作り、□に書いてみましょう。
- 「リンゴ追分」のメロディーに合わせて歌ってみましょう。

テレビの普及とアイドルブーム　読み物 ⑤

　1955年から続いた日本の長期高度経済成長は、一般大衆の生活を大きく変えた。「三種の神器」と呼ばれた「白黒テレビ・電気洗濯機・電気冷蔵庫」が一般的に普及して、1960年代には「カラーテレビ・車・クーラー」が「新・三種の神器」と呼ばれるようになった。音楽の分野では、ステレオ、そしてシステムコンポが買える家が増えて、井上陽水の『氷の世界』(1973)というアルバムが邦楽で初めてのミリオンセラーアルバムになった。

　1970年代、80年代は、フォーク、ロック、演歌、ニューミュージック[9]など、色々なジャンルの曲が楽しまれた。その中で、テレビの普及の影響を大きく受けたジャンルが「アイドル歌謡」だった。アイドルというのは、「かわいさ[3]」や「かっこよさ[3]」のようなルックスを売りにして[10]主にテレビなどのメディアで活躍するパフォーマー達[11]のことだ。日本のアイドルブームは、カラーテレビの普及が一般的になった70年代に始まり、バブル経済の80

---

[9] フォークをルーツにロックサウンドをベースにしたような新しいサウンドで、曲はシンガーソングライターに作られた。あまりテレビ番組に出なかったという特徴もある。

[10] 〜を売りにする：feature 〜 for sales; feature 〜 at the forefront

[11] 〜 [Noun] ＋ 達：〜s (The suffix 達 is a plural marker. 例：パフォーマー達 = performers)

年代に「黄金時代」を迎えた。現在でも、アイドルはテレビや音楽、広告など、多くの分野で活躍していて、特に「AKB 48」や「嵐」などに代表されるグループアイドルは若者の間で人気が高い。下の曲はAKB 48の「恋するフォーチュンクッキー」(2013) という曲だ。この曲は、プロモーションビデオのダンスも人気があって、一般の人々がそのダンスを踊る動画が、インターネットの動画サイトでたくさん公開されている。

恋するフォーチュンクッキー

作詞：秋元康　作曲：伊藤心太郎　歌：AKB48

あなたのことが好きなのに　私にまるで興味ない

何度目かの失恋の準備　Yeah! Yeah! Yeah!

まわりを見れば大勢の　可愛いコたちがいるんだもん

地味な花は気づいてくれない　Yeah! Yeah! Yeah!

カフェテリア流れるMusic　ぼんやり聴いていたら

知らぬ間にリズムに合わせ　つま先から動き出す

止められない今の気持ち　カモン カモン カモン カモン ベイビー　占ってよ

恋するフォーチュンクッキー！　未来はそんな悪くないよ　Hey! Hey! Hey!

ツキを呼ぶには　笑顔を見せること

ハートのフォーチュンクッキー　運勢　今日よりもよくしよう

Hey! Hey! Hey! (x2)

人生捨てたもんじゃないよね　あっと驚く奇跡が起きる

あなたとどこかで愛し合える予感

(C) 2013 by AKS Co.,Ltd.
JASRAC 出 1614784-802

本文を読んだ後でしてみましょう。

1) 日本で長期高度経済成長の間に普及して、ポピュラー音楽の発展に特に大きな影響を与えたと考えられるものを、下のa.～h.の中から三つ選んで下さい。

    a. テレビ　　b. 電気洗濯機　　c. 電気冷蔵庫　　d. 車　　e. クーラー
    f. ステレオ　g. システムコンポ　h. インターネットの動画

2) 日本の1970年代の説明として正しい文を、下のa.～g.の中から全て選んで下さい。

    a. 高度経済成長が始まった。　　　　b.「三種の神器」が普及した。
    c. アイドルブームが始まった。　　　d. 初めてのミリオンセラーアルバムが生まれた。
    e. カラーテレビが一般的に普及した。f.「新・三種の神器」という言葉が作られた。
    g. アイドル黄金時代を迎えた。

3) 考えましょう。

    1. あなたはアイドル歌謡が好きですか。
    2. あなたは、アイドルになりたいと思ったことがありますか。　　G 1-A-(4)

4)「恋するフォーチュンクッキー」を歌ってみましょう。

J-POP　読み物 ⑥

　1990年代からの日本のポピュラー音楽は、「J-POP」の時代だと言われている。「J-POP」という言葉は、最初は「洋楽の何に影響を受けたかはっきり分かるセンスのいい邦楽」のような意味で作られたが、今では演歌のような伝統的な歌謡曲以外のポピュラー音楽は、
105　ほとんど全てJ-POPに入るようになった。フォークソングやダンスソング、ロック、ラップ、テクノポップ、アイドルポップス、アニメソングなど、現在では色々なスタイルの曲がJ-POPと呼ばれている。

　次の曲は、宇多田ヒカルの「First Love」(1999)という曲だ。宇多田はJ-POPを代表する歌手の一人で、この曲が入った宇多田のファーストアルバム「First Love」は、日本の
110　アルバム最高セールス(750万枚以上)を記録している。ニューヨークで生まれた帰国子女の宇多田が表現するリズム＆ブルース(R&B)に影響を受けたパフォーマンスは、高く評

価され、宇多田は15歳でのデビューと同時にスターミュージシャンになった。

First Love

作詞・作曲・歌：宇多田ヒカル

115　最後のキスは　タバコの flavor がした　ニガくてせつない香り

明日の今頃には　あなたはどこにいるんだろう　誰を想ってるんだろう

You are always gonna be my love　いつか誰かとまた恋に落ちても

I'll remember to love　You taught me how

You are always gonna be the one　今はまだ悲しい　love song

120　新しい歌　うたえるまで

JASRAC 出 1614784-802

VI 本文を読んだ後で、してみましょう。

1) 現在の音楽のジャンルの分け方で J-POP だと考えられる曲を、下の a.～d. から全て選んで下さい。

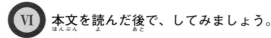

　　a. オッペケペー節　　b. リンゴ追分　　c. 恋するフォーチュンクッキー　　d. First Love

2) 下の文には間違いがあります。正しい文に直しましょう。（例：p.4　Ⅲ-1)）

　※⎯⎯⎯の部分は変えてはいけません。

1. 「J-POP」という言葉は、最初は「邦楽の何に影響を受けたかはっきり分かるセンスのいい洋楽」のような意味で作られた。

2. 現在ではアイドル歌謡のような伝統的な歌謡曲以外のポピュラー音楽を、ほとんど全て J-POP と呼ぶ。

3. 宇多田ヒカルという歌手は、日本を代表する演歌歌手の一人だ。

4. 宇多田のファーストアルバム『First Love』は、ニューヨークで日本人のアルバム最高セールス（750万枚以上）を記録している。

3) 「First Love」を歌ってみましょう。

英語の歌詞 読み物⑦

　「恋するフォーチュンクッキー」や「First Love」からも分かるように、J-POPでは、歌詞の中に英語が使われることが珍しくない。短いフレーズに英語が使われることも長い部分が英語で歌われることもあるが、たいてい曲の中でアクセントや変化をつけたり、その部分を印象的にしたりするために使われる。例えば、ニューミュージックの代表的アーティスト、松任谷由美が作った「ダンデライオン～遅咲きのたんぽぽ」という曲では「ダンデライオン(dandelion)」という英語の単語(日本語は「たんぽぽ」)が使われているが、松任谷はその理由を、西洋文化の香りを少し加えてエレガントにしたかったと説明している。(Stanlaw、1992：p.66)

　下の曲は「サザンオールスターズ」の「いとしのエリー」(1979)という曲で、「Ellie My Love」というタイトルで、英語でもカバーされている。曲の歌詞を見ると、英語の単語やフレーズが効果的に使われていることが分かるだろう。サザンオールスターズは1978年にデビューしたロックバンドで、初期のJ-POP代表的アーティストとしても知られている。幅広い世代に人気があって、現在でもヒット曲を作り続けている。

いとしのエリー

作詞・作曲：桑田佳祐　歌：サザンオールスターズ

泣かした事もある　冷たくしてもなお　よりそう気持ちがあればいいのさ
俺にしてみりゃ　これで最後のLady　エリー my love so sweet

二人がもしもさめて　目を見りゃつれなくて　人に言えず思い出だけがつのれば
言葉につまるようじゃ恋は終わりね　エリー My love so sweet
笑ってもっとbaby　むじゃきに on my mind
映ってもっとbaby　すてきに in your sight
誘い涙の日が落ちる　エリー my love so sweet　エリー my love so sweet

JASRAC 出 1614784-802

---

¹²～[Verb stem] + 続ける：continue to ～

Ⅶ 本文を読んだ後でしてみましょう。

1) 本文の内容についてクラスメートと話し合いましょう。 モデル会話2
    1. 日本のポピュラー音楽で、英語の歌詞が使われることが珍しくないジャンルはどんなジャンルですか。
    2. 英語の歌詞は、日本語の曲の中で、何のために使われることが多いですか。
    3. 「ダンデライオン～遅咲きのたんぽぽ」という曲の中で、松任谷由美はどうして「ダンデライオン (dandelion)」という単語を使ったと言っていますか。
    4. サザンオールスターズは、どんな世代に人気があるバンドだと言われていますか。

2) 考えましょう。
    1. あなたの国のポピュラー音楽にも、よく外国語の歌詞が使われていますか。どんな効果を出すために使われていると思いますか。
    2. あなたが曲を作るとしたら[13]、どんな外国語を入れてみたいですか。どうしてですか。

3) 「いとしのエリー」を歌ってみましょう。

英語の歌詞（続き） 読み物 8

145　J-POP アーティストの中には、歌詞の多くの部分を英語で歌うことを売りにしているアーティスト達もいる。下の曲は 2007 年にデビューした「ONE OK ROCK」という J-POP バンドの「完全感覚 Dreamer」(2010) という曲だ。このシングルで、ONE OK ROCK は初めて「オリコン[14]」のトップ 10 に入った。この曲から分かるように、ONE OK ROCK は特に英語の歌詞が多いことで知られていて、日本語より英語の歌詞の部分の方が多い曲も少な
150　くない。日本語と英語の歌詞を楽しみながら歌ってみよう。

　　　完全感覚 Dreamer

　　　　　　　　　　　　　　　作詞・作曲：TAKA　歌：ONE OK ROCK

　　　So now my time is up

　　　Your game starts, my heart moving?

155　Part time has no meaning for us, it's not enough!

---

[13] ～としたら：Suppose ～; If you were to ～
[14] 日本で有名な音楽ヒットチャートの一つ。

Will we make it better or just stand here longer

Say it "we can't end here till we can get it enough!!"

絶対的根拠はウソだらけ　いつだってあるのは僕の
自信や不安をかき混ぜた　弱いようで強い僕 !!

160　This is my own judgment!! Got nothing to say!!

もしも他に何か思いつきゃ速攻言うさ !!

「完全感覚 Dreamer」がボクの名さ

Well, say it? well, say it!!

あればあるで聞くが今は Hold on!

JASRAC 出 1614784-802

　下の文が正しいか、間違っているか、クラスメートとチェックしましょう。

モデル会話 3

1. (　) J-POP アーティストの中には、日本語の歌を全然歌わないことを売りにしているアーティストもいる。

2. (　) ONE OK ROCK は、2007 年にデビューしたが、2010 年までオリコンのトップ 10 に入らなかった。

3. (　) ONE OK ROCK は、日本語より英語の歌詞の方が多い曲が少ないことで知られている。

アクティビティ2 好きな歌詞を日本語に訳してみよう！

あなたの母語や母国語で歌われている曲の中から、好きな歌詞を選んで、日本語に訳してみましょう。

[タスク]
- ●あなたの母語や母国語で歌われている曲の中で、特に好きな曲を選んで下さい。
- ●その曲の歌詞の中で、あなたが特に好きな部分を選びましょう。
- ●その曲のタイトルと歌詞を日本語に訳して、下の表を完成して下さい。
- ●どうしてその曲や歌詞が好きか、日本語で説明しましょう。

あなたの母語・母国語
曲のタイトル：
好きな歌詞：

日本語の訳
曲のタイトル：
好きな歌詞：

日本語での説明

_____

_____

_____

_____

第8課

踊りと芸能

本文を読む前に

I a.～d. を表に入れて下さい。その後に、表の中の質問に答えて下さい。

a. 伝統的な踊り　b. 伝統芸能　c. 伝統的な踊り以外の踊り　d. 伝統芸能以外の芸能

よくする／見る	時々する／見る	あまり／全然 しない／見ない
よくどんな踊り、または芸能をしますか／見ますか。	どんな時にしますか／見ますか。	どうしてですか。

II 下の単語は、本文によく出てくる、または本文の理解に大切な単語です。意味を調べて下さい。

	単語	意味（自分の言葉で書いてもいいです。）
1	祭り	
2	行う	
3	特徴	
4	地域	
5	動く／動かす／動き	
6	表現	
7	伝統／伝統的な	
8	役者	

III a.～g. の場所を調べて、右の地図の中に書きましょう。

a. 徳島　b. 東京　c. 大阪　d. 高知　e. 札幌
f. 京都　g. 埼玉

IV 「盆踊り」について調べて、下の質問に答えて下さい。

盆踊りというのは、何のために踊られる踊りですか。

アクティビティ

話しましょう！

クラスメートに、下に書かれている踊りや芸能や祭りについてどんなことを知っているか聞きましょう。また、どの楽器の演奏を聞いたことがあるか聞きましょう。色々な質問をして、なるべく詳しく聞きましょう。 モデル会話 1

踊り・芸能・祭り：

阿波踊り、よさこい祭り、文楽、歌舞伎、舞楽、能、狂言、和太鼓、秩父夜祭

楽器：

鳴子、三味線、太鼓、篠笛

---

1 # 阿波踊り 読み物 ①

「踊る阿呆に 見る阿呆 同じ阿呆なら 踊らにゃ損々！」

　これは、日本で有名な「阿波踊り」という踊りでよく使われる表現だ。「踊らにゃ」は「踊らなければ」という意味だから、この表現の意味は「踊りを踊っても阿呆、踊りを見る
5 だけでも阿呆。踊っても見るだけでも同じ阿呆なら、踊らなければ損だ！」という意味だ。「見ているだけでなく¹、一緒に踊りを踊りましょう」というメッセージは、大衆が一緒に楽しめる阿波踊りの特徴をよく表している。

　阿波踊りは徳島県で始まった踊りで、毎年8月に、阿波踊りを踊る祭りが徳島県の色々な地域で行われる。一番大きい祭りは徳島市の「阿波おどり」で、8月12日から15日の4
10 日間に、多くの³観客が、日本全国、そして海外から阿波踊りを見に徳島市を訪れる。阿波踊りを踊るために作られたグループは「連」と呼ばれて、地域の人々が集まって作る連や

---

¹ 〜だけでなく：not only 〜
² 「阿波」というのは現在の徳島県の昔の名前。
³ 多くの ＋ [Noun]: many 〜 (Although the word 多い (many) is an *i*-adjective, when it modifies a noun by itself (e.g., many audiences), the form must be changed to 多くの． 例：多くの観客 ＝ many audiences)

第8課 | 踊りと芸能

大学の学生や教師が作る連、会社が作る連など、色々な種類の連がある。連によって踊りのスタイルや構成、使う楽器、衣装などが違い、阿波踊りの祭りの間には、多くの連が町の色々な所で自分達の阿波踊りを披露する。

I 本文を読んだ後でしてみましょう。

1) 下の文が正しいか、間違っているか、クラスメートとチェックしましょう。 モデル会話3

1. (　)「踊る阿呆に　見る阿呆」の意味は、阿呆な人は踊ったり踊りを見たりするのが好きだという意味だ。

2. (　)「踊る阿呆に　見る阿呆　同じ阿呆なら　踊らにゃ損々！」という表現は、阿波踊りの特徴をよく表していると言える。

3. (　)一番大きい阿波踊りの祭りは徳島市で行われるが、阿波踊りの祭りが行われる場所は徳島市だけではない。

4. (　)阿波踊りを踊るために作られたグループは「連」と呼ばれて、阿波踊りの祭りの間には、色々な連の阿波踊りが見られる。

5. (　)連は大学か会社のサポートがないと作れない。

2) 考えましょう。

1. あなたの国には、全国、そして海外から多くの観客が訪れる祭りやイベントがありますか。

2. あなたの国には、多くの人々が一緒に踊れるようなスタイルの踊りがありますか。

---

[4] 〜によって：depending on 〜

[5] 〜[Noun] ＋ 達：〜s (The suffix 達 is a plural marker.　例：自分達＝ ourselves, themselves)

アクティビティ 1　阿波踊りを踊ってみよう！

阿波踊りには「手を上げて、足を運べば阿波踊り」という有名な俳句がありますが、これは阿波踊りの基本的な踊り方をよく表しています。ここでは下の説明を見ながら、阿波踊りを一緒に踊ってみましょう。

阿波踊りの踊り方：男踊り

1. 男踊りをする時は、腰を低くして立ち、体を少し前に倒す。
2. 両手を上に上げる。
3. 右足を前に出す。その時に、右手も自然に前に出す。
4. 次に左足を前に出す。その時に、左手も自然に前に出す。
5. 「イチ、ニ、イチ、ニ」のリズムで、この動きを続ける。

上の動きが出来るようになったら、個性的に、ダイナミックに踊ってみましょう。

阿波踊りの踊り方：女踊り

1. 女踊りをする時は、自然にまっすぐ立ち、体を少し前に倒す。
2. 両手を上に上げて、少し前に上げるようにする。
3. 右足を上に上げてから前に出す。その時に、膝が開かないようにする。右肩も自然に動かして、右手も自然に前に出す。
4. 次に左足を上げて前に出す。その時に、左肩も自然に動かして、左手も自然に前に出す。
5. 「イチ、ニ、イチ、ニ」のリズムで、この動きを続ける。

上の動きが出来るようになったら、指先をきれいに動かしながら踊ってみましょう。男踊りも女踊りも、リズムに乗って楽しく踊ることが一番大切です。

II　アクティビティ１を読んだ後でしてみましょう。

1) 次のページにある漫画は阿波踊りの基本的な踊り方を表しています。それぞれのコマの説明として正しい文を①～⑦から選んで、例のように、漫画の中のa.～f.に書きましょう。

① 両手を上に上げて下さい。

② 両手を少し前に向けて、上げるようにして下さい。

③ 男踊りをする時は、体を少し前に倒し、腰を低くして立って下さい。

④ 右足を上に上げてから前に出して下さい。その時に、膝が開かないようにして下さい。

⑤ 女踊りをする時は、自然にまっすぐ立って下さい。

⑥ 次に左足を上げて前に出して下さい。その時に、左肩も自然に動かして下さい。

⑦ その時に、右手も自然に前に出して下さい。

6　～ [Noun] + 的：～ -ic; ～ -ive; ～ -al (The suffix 的 makes nouns into *na*-adjectives. 例：基本的な= basic, 個性的な= unique; individual, 特徴的な= characteristic; signature, 社会的な= social, 創造的な= creative ～的に is its adverbial usage. 例：個性的に= in one's own style, 一般的に= generally)

7　～ [*ta*-form] + ら：if ～

2) 話しましょう。
　1. あなたは、男踊りと女踊りとどちらの方が好きですか。どうしてですか。
　2. どの動きが難しいと思いましたか。

■男踊り

■女踊り

阿波踊りの歴史 読み物②

　阿波踊りは四国の徳島で始まった踊りで、400年以上の歴史があると考えられている。踊りのルーツについては色々な説があるが、徳島城下で踊られていた盆踊りが他の踊りや大衆芸能の影響を受けて現在の形になったという説が有力だ。

　江戸時代には、大衆の踊りの力が一揆を起こすことを心配した徳島藩が、この踊りを禁止したことがあるという記録が残っている。「阿波踊り」という名前は、大正時代(1912-1926)にも使われたことがあるが、昭和時代の初期に、徳島市が観光客を呼ぶために阿波踊りを積極的に宣伝し始めてから一般的に使われるようになった。1931年には、芸妓のお鯉さん(本名：多田小餘綾)が、阿波踊りでよく歌われる「阿波よしこの」をコロムビアレコードで録音して、レコードやラジオを通してこの歌や踊りを全国に紹介した。

　戦時中、阿波踊りは行われないことが多かった。しかし、戦争が終わった翌年の1946年に復活し、その後、急速に発展した。連の数が増え、観客に見せるための芸能として、踊りのスキルやオリジナリティーが洗練されていった。全国的に知られるようになった徳島の阿波踊りは、徳島以外で行われる大きいイベントにも招待されるようになり、1964年には東京オリンピックの選手村、1970年には大阪万博のような国際的なイベントで阿波踊りを披露した。現在では、阿波踊りは日本の代表的な伝統芸能の一つだと考えられている。

III　本文を読んだ後でしてみましょう。

1) 下の文が正しいか、間違っているか、クラスメートとチェックしましょう。 モデル会話3

1. (　) 阿波踊りの歴史的な発展については色々な説があるが、そのルーツは阿波の盆踊りにあるという説が有力だ。
2. (　) 江戸時代には、徳島藩が一揆を禁止するために阿波踊りをしたという記録が残っている。
3. (　) 大正時代に「阿波踊り」という名前が一般的に使われるようになった。
4. (　) 芸妓のお鯉さんは、阿波踊りを紹介するために、全国で阿波踊りを踊った。
5. (　) 戦時中は、阿波踊りはあまり行われなかったが、戦争が終わった翌年に復活した。
6. (　) 戦後、阿波踊りは伝統芸能として洗練されたために、オリジナリティーのある踊り方が禁止された。
7. (　) 全国的に有名になった阿波踊りは、国際的に大きいイベントにも招待されるようになった。

---

8 「風流踊り」「精霊踊り」「神踊り(伊勢踊り)」「組踊り」「ぞめき踊り」「俄」などからの影響を受けたと考えられている。
9 大正時代(1912年～1926年)に徳島に住んでいたモラエスというポルトガル人は、母国に送った『徳島の盆踊』の中で、この踊りを「死者を敬う踊り」だと説明している。
10 ～[Verb stem] + 始める : begin ～ing
11 ～を通して : through ～

第8課 踊りと芸能

2) 考えましょう。
　1. あなたの国には、政府に禁止されたことがある踊りや芸能、イベントがありますか。
　2. あなたの国には、国際的なイベントで踊られるような、国を代表する踊りがありますか。
　3. あなたが国際的なイベントをするとしたら、エンターテイメントとしてどんな踊りや芸能を紹介したいですか。

アクティビティ2　「阿波よしこの」を歌ってみよう！

芸妓のお鯉さんが歌った「阿波よしこの」を聞いて、一緒に歌ってみましょう。教科書のウェブサイトには、お鯉さんが、阿波踊りの代表的な連の一つ「娯茶平」と一緒に録音した「阿波よしこの」があります。お鯉さんの歌と一緒に、娯茶平の楽器の演奏や掛け声も楽しんで下さい。

55　　**阿波よしこの**

　　　ハアラ　エライヤッチャ　エライヤッチャ　ヨイ　ヨイ　ヨイ　ヨイ

　　　阿波の殿様　蜂須賀さまが　今に残せし　阿波踊り

　　　ハアラ　エライヤッチャ　エライヤッチャ　ヨイ　ヨイ　ヨイ　ヨイ

　　　笛や太鼓の　よしこのばやし　踊りつきせぬ　阿波の夜

60　　ハアラ　エライヤッチャ　エライヤッチャ　ヨイ　ヨイ　ヨイ　ヨイ

　　　ハア　ヤットサー　（ア　ヤット　ヤット）
　　　　・・・
　　　（6:45〜）

　　　ハアラ　エライヤッチャ　エライヤッチャ　ヨイ　ヨイ　ヨイ　ヨイ

65　　阿波に花咲く　よしこのばやし　お鯉命の　踊り唄

　　　ハアラ　エライヤッチャ　エライヤッチャ　ヨイ　ヨイ　ヨイ　ヨイ

　　　踊る阿呆に見る阿呆　同じ阿呆なら　踊らにゃ損々

---

[12] 〜としたら：Suppose 〜 ; If you were to 〜

全国に広まる祭りと芸能

読み物 ③

　阿波踊りが始まったのは徳島だが、現在では、阿波踊りの祭りは、北海道から九州まで、色々な地域で開催されている。例えば、徳島以外の場所で行われる阿波踊りの祭りの中で代表的なものの一つに、東京の高円寺という地域で行われる「高円寺阿波おどり」がある。高円寺阿波おどりは、1957年に地域の振興のために始まった祭りで、最初は「高円寺ばか踊り」という名前だった。しかし、その後、徳島県出身者から踊りの指導を受けて、1963年から「高円寺阿波おどり」という名前を使うようになった。現在、高円寺阿波おどりは、徳島市の「阿波おどり」と同じぐらい[13]有名な阿波踊りの祭りだと考えられている。

　また、阿波踊りの祭りのように全国に広まった祭りとして有名な祭りに、「よさこい祭り」という祭りがある。よさこい祭りは、1954年に徳島県の隣にある高知県で「よさこい鳴子踊り」という踊りを踊る祭りとして始まったが、現在では、それぞれのチームが音楽も踊りも自由にアレンジし、オリジナリティーのあるパフォーマンスを見せるようになった。[14]「阿波踊り」と「よさこい祭り」には、多くの人々が踊りに参加するという共通点がある。また、よさこい祭りも、戦後の阿波踊りと同じように、地域の振興のために始められ、後に全国の色々な地域で開催されるようになった。高知以外の場所で行われる代表的なよさこい祭りは、北海道の札幌で行われる「YOSAKOI ソーラン祭り」という祭りだ。1992年に始まったこのお祭りは、高知のよさこい祭りを見て感動した学生が始めたと言われている。

IV 本文を読んだ後で、してみましょう。

1) 下の文の説明に合う祭りを、a.～d. から全て選んで下さい。

a. 徳島市の阿波おどり　　b. 高円寺ばか踊り・高円寺阿波おどり
c. 高知のよさこい祭り　　d. YOSAKOI ソーラン祭り

例：阿波踊りを踊る祭り	ⓐ	ⓑ	c	d
1. 四国で行われる祭り	a	b	c	d
2. 東京で行われる祭り	a	b	c	d
3. 1950年代に地域の振興のために始まった祭り	a	b	c	d
4.「よさこい鳴子踊り」を踊る祭りとして始まった祭り	a	b	c	d
5. 多くの人が踊りに参加する祭り	a	b	c	d

[13] A と同じぐらい B: B around as much as A
[14] よさこい祭りは、「鳴子」という楽器を手に持って踊らなければならないというルールがある。

2) 下の文には間違いがあります。正しい文に直しましょう。(例：p.4 Ⅲ-1))
   ※＿＿＿＿の部分は変えてはいけません。

   1. 高円寺阿波おどりは、「高円寺阿呆踊り」という名前で始まった祭りだ。

   2. 高円寺阿波おどりは、徳島市の「阿波おどり」より有名だ。

   3. よさこい祭りは徳島県で始まって、全国に広まった。

3) 考えましょう。

   1. あなたの国には、地域の振興のために始まって他の地域でも開催されるようになった祭りやイベントがありますか。それはどんなイベントですか。

   2. あなたが地域の振興のためにイベントを始めるとしたら、どんなイベントをしたいですか。そのイベントについてなるべく詳しく説明して下さい。

江戸時代の庶民の芸能：文楽、歌舞伎　読み物 ④

日本の代表的な古典芸能に「文楽」と「歌舞伎」という芸能がある。これらの芸能は、現代では代表的な伝統芸能だと考えられているが、江戸時代には庶民の芸能として、主に町人（商人や職人）に楽しまれていた。文楽と歌舞伎の多くの人気作品を書いた近松門左衛門は「日本のシェークスピア」と呼ばれることがある。

文楽

文楽は人形を使う舞台芸能で、三人の「人形遣い」が一つの人形を動かしながら話を進める。舞台の横には「太夫」という人が座っていて、独特な話し方でストーリーの説明をしたり台詞を言ったりする。また、太夫の横で三味線がそれぞれのシーンを音で表現する。「太夫」「三味線」「人形遣い」は、文楽を構成する三大要素だと言われている。

歌舞伎

歌舞伎はカラフルな舞台や衣装、迫力のある役者の動き、そして三味線や笛、鼓や太鼓などの音が特徴的な舞台芸能だ。江戸時代の歌舞伎役者はとても人気があり、役者を描いた浮世絵が当時とてもよく売れた。歌舞伎のルーツは「出雲の阿国」という巫女が演じ

た歌や踊りの芸能にあり、その後、遊女達が演じた「遊女歌舞伎」にも人気が出た。しかし、このような芸能は、風紀の乱れを心配した江戸幕府によって1629年に禁止されて、歌舞伎は男性しか演じることが出来なくなった。現代でも、歌舞伎は男性しか演じられない芸能で、女性の役も男性によって演じられている。

V 本文を読んだ後でしてみましょう。

1) 下の文の説明に合う芸能を、a. b. から全て選んで下さい。

　　a. 文楽　　b. 歌舞伎

	a	b
例：日本の代表的な古典芸能	ⓐ	ⓑ
1. 人形を使う。	a	b
2. 三味線を使う。	a	b
3. 近松門左衛門が多くの作品を作った。	a	b
4. 男性が女性の役を演じる。	a	b
5. 江戸時代に、主に町人が楽しんだ。	a	b
6. 江戸時代に、役者の浮世絵がよく売れた。	a	b

2) 本文の内容についてクラスメートと話し合いましょう。　**モデル会話2**

1. 文楽では、一つの人形を何人で動かしますか。
2. 文楽の三大要素というのは何のことですか。
3. 歌舞伎のルーツは何だと言われていますか。
4. 歌舞伎は、どうして男性しか演じることが出来なくなりましたか。

---

15 1603年に出雲の阿国が京都で行った歌や踊りの芸能に「かぶき踊り」という名前がつけられたと言われている。
16 〜によって：by 〜 ; through 〜

第8課 踊りと芸能

アクティビティ3 歌舞伎役者の絵を描いてみよう！

歌舞伎の中の好きなシーンを選んで、下の浮世絵のように絵を描いてみましょう。構成やアングルを考えて、オリジナリティーのある絵を描いてみて下さい。

[タスク]

- 歌舞伎の動画や写真を見て、好きなシーンを見つけて下さい。
- 歌舞伎役者の化粧や衣装や動きをよく見て、特徴を見つけましょう。
- 例の浮世絵のように、その特徴がよく分かるような絵を描いて下さい。

例：

歌舞伎堂艶鏡
「二代目中村仲蔵の松王丸」
所蔵：ミネアポリス美術館

時代背景　読み物 5

日本には「歌舞伎」と「文楽」が作られる前から、「舞楽」や「能」や「狂言」という舞台芸能があって、庶民にも楽しまれていた。しかし、舞楽は主に皇族や貴族階級、能や狂言は将軍や武士階級のための芸能になって、江戸時代には庶民が楽しむことが出来なくなっていた。[17] 歌舞伎や文楽は、そのような時代に、庶民のための娯楽として発展した芸能だと言われている。

江戸時代は、貨幣経済が発展した時代だ。貨幣経済の発展で、町人が経済的に豊かになり、

---

[17] 舞楽、能、狂言は現代では伝統芸能だと考えられている。

社会的に強い影響力を持つようになった。歌舞伎や文楽の発展には、このようなお金持ちの町人達の活発な文化への参加が強い影響を与えたと言われている。これは、能と歌舞伎を比べてみるとよく分かる。例えば、能の舞台はとてもシンプルだが、歌舞伎の舞台はカラフルで、舞台セットが回ったり役者が舞台の下から出てきたりする色々な舞台装置が使われている。また、能と歌舞伎の役者の動き方を比べると、歌舞伎役者は動きが大きくて派手だということが分かる。気持ちの表現の仕方も大きく違う。例えば、能では、少し下を向くことで悲しい感情を表現するが、歌舞伎では、悲しい時には、大きい泣き声を出す。今では伝統芸能として有名な文楽や歌舞伎だが、当時は庶民の娯楽として始まったことを考えると、現代のポップカルチャーとも色々な共通点が見つけられるかもしれない。

VI 本文を読んだ後でしてみましょう。

1) 下の文の説明に合う芸能を、a.～e.から全て選んで下さい。

   a. 舞楽　　b. 能　　c. 狂言　　d. 文楽　　e. 歌舞伎

1. 江戸時代に、主に将軍や武士階級に楽しまれた。	a	b	c	d	e
2. 江戸時代に、主に庶民に楽しまれた。	a	b	c	d	e
3. 江戸時代に、主に皇族や貴族階級に楽しまれた。	a	b	c	d	e
4. その発展には町人の文化の影響が大きかったと考えられている。	a	b	c	d	e
5. 舞台で、色々な舞台装置が使われる。	a	b	c	d	e
6. 役者の動きが大きくて派手だ。	a	b	c	d	e
7. 現代では、伝統芸能だと考えられている。	a	b	c	d	e

2) 下の文には間違いがあります。正しい文に直しましょう。（例：p.4 III-1)）

   1. 舞楽と能と狂言は、歌舞伎と文楽の後に作られた。

   2. 貨幣経済が発展したために、江戸時代には、将軍や武士階級が経済的に豊かになった。

   3. 歌舞伎と文楽は、現代社会ではポップカルチャーだと考えられている。

3) 考えましょう。
   インターネットで能と歌舞伎の舞台パフォーマンスを探して、見てみましょう。その後で、クラスメートに質問をしましょう。

   1. 能と歌舞伎と、どちらの方が好きですか。
   2. どうしてですか。

和太鼓　読み物 ⑥

　　現代の日本で人気になっbest舞台芸能の一つに、和太鼓のパフォーマンスがある。和太鼓のパフォーマンスというのは、色々な大きさの和太鼓を中心にして構成されたパフォーマンスで、迫力のある太鼓の音と、踊るように太鼓を叩くパフォーマーの動きが特徴的だ。近年では、国際的にも有名になって、日本国内だけでなく、海外でツアーを行う太鼓グループも出てきた。

　　太鼓は、雅楽（宮廷音楽）や能、歌舞伎、地方の伝統的な芸能、仏教や神道の宗教儀式など、昔から色々な芸能や行事で使われる楽器だ。これらの芸能や行事では、太鼓は主に、リズムを保ったり効果音を出したりするサポート役として使われている。また、太鼓は地域の祭りでもよく使われる楽器で、埼玉県の「秩父夜祭」のように、動く山車の上で太鼓が叩かれる祭りもある。更に、全国で行われる盆踊りでは、踊りの伴奏をするために、踊りの円の真ん中で太鼓が叩かれることも多い。

　　このように昔から色々な目的でサポート役として使われていた太鼓を舞台の主役として構成した芸能が和太鼓のパフォーマンスだ。よく太鼓と一緒に篠笛や三味線のような日本の伝統的な楽器も使われる。1970年代に発展し始めた比較的新しい芸能なので、日本の伝統的な要素に新しいスタイルが合わさった創造的なステージパフォーマンスが見られることが多い。例えば、代表的な和太鼓グループの一つ「鼓童」のパフォーマンスでは、300年以上の歴史を持つ秩父夜祭で演奏される「秩父屋台囃子」をアレンジした曲が見られたり、地方の伝統的な踊りを取り入れたパフォーマンスが見られたり、和太鼓とドラムセットが一緒に演奏される新しいパフォーマンスが見られたりする。伝統的な楽器を中心にして自由な発展を続ける和太鼓のパフォーマンスは、日本の伝統を現代風に表現することが出来る古くて新しい芸能だと言えるだろう。

---

[18] ~ [Adjective stem] + さ : ~ -ness; ~ -ty (The suffix さ makes adjectives into nouns.)　例：大きさ＝size

[19] ~を中心にして : centering around ~ ; focusing around ~

[20] ~ [Noun] + 風 : ~ -style

VII 本文を読んだ後でしてみましょう。

1) **本文の内容についてクラスメートと話し合いましょう。** モデル会話2

  1. 和太鼓のパフォーマンスというのは、どんなパフォーマンスですか。どんな特徴がありますか。
  2. 日本で太鼓がサポート役として使われる例には、どんな例がありますか。三つ考えて下さい。
  3. 和太鼓のパフォーマンスの発展は、いつ始まりましたか。
  4. 和太鼓のパフォーマンスは、どうして「古くて新しい芸能だ」と言えますか。

2) 下の文が正しいか、間違っているか、クラスメートとチェックしましょう。 モデル会話3

  1. (　) 埼玉県の「秩父夜祭」では、動く太鼓を山車として使う。
  2. (　) 盆踊りでは、よく踊りの円の真ん中で太鼓を叩く。
  3. (　) 太鼓は伝統的な楽器なので、和太鼓のステージパフォーマンスでは創造的なパフォーマンスはあまり見られない。
  4. (　) 「鼓童」は地方の伝統的な踊りを300年以上踊っているグループだ。
  5. (　) 「鼓童」のパフォーマンスは伝統的なスタイルなので、創造的だとは言えない。

3) 考えましょう。

  1. あなたの国には、伝統芸能や宗教の儀式や地域のイベントなど、色々な芸能や行事で使われる楽器がありますか。
  2. あなたの国では、どんな宗教の儀式でどんな楽器が使われますか。
  3. あなたの国では、太鼓／ドラムはどんな時に使われていますか。
  4. あなたの国で、伝統的な楽器や踊りを創造的に使った比較的新しい芸能がありますか。

プロジェクト

クリエイティブコンテンツを作りましょう！

ポップカルチャーは、人々の日常の生活の中で楽しまれる文化です。誰でも、漫画を読んだり、アニメを見たり、好きな歌手の歌を歌ったりして、ポップカルチャーを楽しむことが出来ます。また、現代の日本のポップカルチャーはとてもクリエイティブだということで知られていて、クリエイティブ産業は日本で大切な産業の一つだと考えられています。ここでは、自分のクリエイティブコンテンツ（オリジナルの絵や漫画、歌や踊りなど）を作って、そのコンテンツについて日本語で発表してみましょう。下の例を参考にして、発表して下さい。（ウェブサイトでは、他の例も見られます。）

例1：漫画のキャラクターを描いて、そのキャラクターについて説明する。

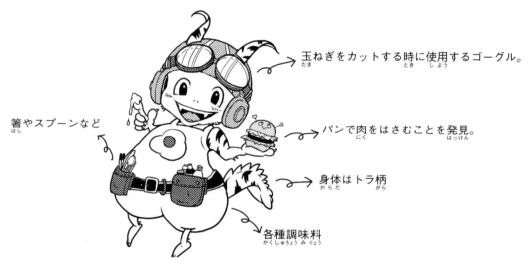

[発表]

　私は、私が描いた漫画のキャラクターについて説明します。このキャラクターの名前はモグーです。モグーは子供のモンスターで、人間よりIQが高く、人間の言葉が理解出来ます。また、モグーは食べるのが大好きです。

　ある日、モグーは人間のパンを食べて感動します。モンスターの友達には人間の世界に行くことを反対されますが、モグーは他の色々な食べ物を食べるために隠れて人間の世界に行きます。そして、自分で人間の料理の研究をして、色々な料理が作れるようになり、他のモンスターの友達に作ってあげます。モグーはモンスターの世界で初めて人間の料理のレストランを始めます。

---

[1] 〜[Question word] + でも: any 〜 (例：誰でも=anyone)

[2] ある + 〜[Noun]: a certain 〜 (ある is used to refer to a specific noun in an unspecified manner. 例：ある日=a (certain) day; one day)

例２：漫画の１シーンを描いて、そのシーンについて説明する。

20　[発表]

　　私は、私が描いた漫画のシーンについて説明します。この漫画の主人公は、モグーという子供のモンスターです。モグーは人間よりIQが高くて、すぐに人間の言葉が理解出来るようになります。また、食べるのが大好きで、自分で料理の勉強をして、モンスターの世界で初めて人間の料理のレストランを始めます。特に肉のスモークとパンが人気です。

25　　このシーンは、モグーが肉のスモークを作るために使う材料を探しているシーンです。モグーはまだ子供ですが、走ったり飛んだりするのがとても速くて、力もとても強いです。このシーンでは、自分より大きいドラゴンのモンスターを捕まえました。

練習問題をする時の モデル会話
Model Dialogues for Activities and Practice Problems

本文の練習問題をする時は、下の会話文を参考にして下さい。
Use the sample dialogues below when you proceed through activities and practice problems with classmates.

モデル会話 1：クラスメートの経験や意見を聞く、自分の経験や意見を話す

[例] 第1課「漫画-1」の最初にある「アクティビティ：話しましょう！」の活動 (p.2)

A：この漫画を読んだことがありますか。 G 1-A-(4)

B：はい、読んだことがあります。『ONE PIECE』は私が大好きな漫画です。今でもよく読みます。

A：そうですか。どうしてこの漫画が好きですか。

B：私は冒険の漫画が好きだからです。子供の時に、よく色々な冒険の漫画を読みました。将来、私も冒険王になりたいと思っていました。

A：そうですか。どこでよく『ONE PIECE』を読みますか。

B：日本人の友達の家で読みます。それから、インターネットでダウンロードして読むこともあります。 G 1-A-(4)

A：そうですか。いいですね。

[追加の質問の例]

● 何	『ONE PIECE』のキャラクター達[1]は、よく一緒に何をしますか。	
● 誰	『ONE PIECE』のキャラクターの中で誰が一番好きですか。	
● いつ	いつ『ONE PIECE』を知りましたか。	
● どこ	その日本人の友達と、どこで会いましたか。	
● どんな	その日本人の友達は、どんな人ですか。	
● どう	Aさんはどうですか。／Aさんはどう思いますか。	
● どうして	どうして冒険王になりたいと思っていましたか。	
● どうやって	『ONE PIECE』の漫画をどうやって買いますか。	
● いくら	インターネットで『ONE PIECE』はいくらでダウンロード出来ますか。	

---

[1] 〜[Noun]＋達：〜s (The suffix 達 is a plural marker. 例：キャラクター達＝characters)

モデル会話2：本文の内容をチェックする（「本文の内容についてクラスメートと話し合いましょう。」の問題）

[例] 第1課「漫画-1」練習問題Ⅰ (p.2)

1) 漫画とアニメとゲームの中で、どうして漫画は特に多くの人々に楽しまれていますか。

A：Bさんは、漫画とアニメとゲームの中で、どうして漫画は特に多くの人々に楽しまれていると思いますか。

B：この質問は難しいですね。私はちょっと分かりません。

A：そうですか。じゃあ、Cさんはどう思いますか。

C：私は、漫画は、アニメやゲームに比べて、簡単に買えるからだと思います。

A：そうですか。それは、本文のどこに書かれていますか。

C：3行目に「漫画はアニメやゲームより簡単に買ったり読んだり出来る」と書かれています。Aさんはどう思いますか。

A：私もCさんと同じ意見です。

モデル会話3：文が正しいか、間違っているか話し合う
（「下の文が正しいか、間違っているか、クラスメートとチェックしましょう。」の問題）

[例] 第1課「漫画-1」練習問題Ⅱ (p.3)

2) 1. 漫画は子供のためだけに描かれている。

A：Bさんは、この文は正しいと思いますか。間違っていると思いますか。

B：私は正しいと思います。

A：そうですか。

B：Aさんはどう思いますか。

A：私は間違っていると思います。

B：そうですか。どうしてそう思いますか。

A：日本の漫画には、政治やビジネスについての漫画など、大人のための漫画もあると思うからです。

B：そうですか。それは、本文のどこに書かれていますか。

A：9行目と10行目に、子供のための漫画だけでなく、色々な漫画があると書かれています。例えば『課長 島耕作』という漫画は、サラリーマンについての漫画で、大人に人気がある漫画だそうです。

B：あー、そうですね。じゃあ、この文は正しくありませんね。

---

2 多くの + 〜 [Noun]: many 〜 (Although the word 多い (many) is an i-adjective, when it modifies a noun by itself (e.g., many people), the form must be changed to 多くの. 例：多くの人々= many people)

3 The suffix 目 is used when you count things/people in a sense of "first, second, third, ..." This use of 目 is always preceded by a number and counter. (例：3行目= the third line (cf. 3行= three lines)　一枚目の絵= the first painting (cf. 一枚の絵= one painting)　二回目= the second time (cf. 二回= two times))

文法・表現
Grammar & Expressions

下の文法や表現は、この教科書の読み物でよく使われる大切な文法や表現です。教科書の読み物に出てきた時に、チェックするようにして下さい。

The items below are important grammar points and expressions that often appear in this textbook. Please make sure to review each item when it appears in the texts.

1 Noun Modification（名詞修飾） — 126
- **A こと** — 127
  - (1) こと：(intangible) things
  - (2) 〜こと〈nominalizer〉：〜ing; to 〜；(the fact) that 〜
  - (3) 〜ことが出来る：can 〜；be able to 〜
  - (4) 〜ことがある：there are times when 〜
  - (5) 〜ことにする：decide to 〜
- **B** 〜の〈nominalizer〉：〜ing; to 〜 — 129
- **C** 〜わけではない：it doesn't mean 〜；it's not that 〜 — 129

2 Embedded Question — 130

3 Connecting sentences with verb stems and the equivalent form of *i*-adjectives — 131

4 Passive Sentences（受身文） — 132
- **A** Passive — 132
- **B** Affective Passive — 133

5 〜という — 134
- **A** A という B: B called A; B titled A — 134
- **B** A という B: B that says A; B that A — 134
- **C** 〜というのは…（こと）だ：What 〜 means is …; What 〜 refers to is … — 135

文法・表現

6 〜よう — 135

- **A** A ような B; A ように B: B like A; B such as A; B such that A — 135
- **B** A ように B: B so that A — 137
- **C** 〜 [Verb] ようになる : to reach the point where 〜 ; to come to 〜 — 137
- **D** 〜 [Verb] ようにする : be sure to 〜 ; make sure to 〜 — 138

7 〜ため — 138

- **A** A ために B; A ための B: B for the sake of A; B for A — 138
- **B** A ために B: B because A — 139

8 〜など — 139

- **A** A など : A and others; A etc. — 139
- **B** A などの B: B such as A — 140

9 A と B: When(ever) A, B; if A, B — 140

10 〜方(かた) : a way of doing 〜 ; how to do 〜 — 141

11 〜として : as 〜 — 141

12 A が B 〈Conjunction〉 — 141

1 Noun Modification（名詞修飾）

Modifiers of nouns always precede modified nouns in Japanese. In the following sentences, the modifying elements are underlined and the modified nouns are shaded.

- A noun modifying a noun: 子供の 漫画 (children's *manga*)
- An *i*-adjective modifying a noun: 面白い アニメ (interesting *anime*)
- A *na*-adjective modifying a noun: 有名な 歌手 (famous *singers*)

This order remains the same when longer elements such as clauses or sentences modify nouns.

- 小さい子供の 漫画 (young children's *manga*)
- ストーリーが面白い アニメ (*anime* in which the story is interesting)
- 日本で有名な 歌手 (*singers* who are famous in Japan)

When sentences modify nouns, the modifying sentences must end in the short forms.

- ストーリーが一番面白かった アニメ (the *anime* with the most interesting story)
- 私の子供が今読んでいる 漫画 (the *manga* that my child is currently reading)
- 私が日本で買えなかった アニメ (the *anime* that I wasn't able to buy in Japan)
- 海外でよくコンサートをする 歌手 (the *singer* who often does concerts overseas)

Exception

Although the short non-past affirmative forms of *na*-adjectives and "[Noun] です" end in だ (e.g., 有名だ, 好きだ, 子供だ, 日本語だ), the original prenominal forms ([*na*-adjective]+な, [Noun]+の) are used when non-past affirmative *na*-adjective- or "[Noun] です"-ending sentences modify nouns. Note that 子供が好きだ漫画 and 専攻が日本研究だ学生 are both grammatically incorrect and should be rendered as in following examples.

- 子供が好きな 漫画 (*manga* that children like)
- 専攻が日本語の 学生 (*students* whose major is Japanese)

It is also important to know that, in modifying sentences, the topic marker particle は is not used. This restriction can be a useful tip in understanding complex noun-modified sentences.

- 私は今面白い アニメ を見ています。(I am currently watching an interesting *anime*.)
- 私が今見ている アニメ は面白いです。(The *anime* that I am currently watching is interesting.)

Now, read the example sentences below. Pay attention to the sentence structure as it tends to be more complex when longer elements such as clauses and sentences modify nouns.

- これは、私が子供の時によく踊った 踊り です。(This is a *dance* that I often did when I was a child.)
- このアニメを作った 人 は、今、私が卒業した 学校 で教えています。(The *person* who created this *anime* is currently teaching at the *school* from which I graduated.)

- 私の子供が今読んでいる漫画は、私が子供の時に友達にもらった漫画です。(The *manga* my child is currently reading is the *manga* I received from my friend when I was a child.)
- 私はきのうの誕生日に、最近日本に旅行した友達に、私が日本に行った時に買えなかった漫画をもらいました。(On my birthday yesterday, I received the *manga* I couldn't buy when I went to Japan from my friend who recently traveled there.)
- 江戸時代は250年以上平和が続いた時代です。(The Edo period is a period in which peace lasted for more than 250 years.)
- 日本には、現代のストーリー漫画よりもっと早く海外で人気が出た大衆文化があります。(There is mass Japanese culture which gained overseas popularity before Japan's contemporary story *manga*.)
- 西洋の国の影響が少なかったおかげで、江戸時代に日本の独自の大衆文化が発展したと考える学者がたくさんいます。(There are many scholars who think Japan's unique popular culture during the Edo period developed due to little influence from Western countries.)
- 『東京パック』は、フランスの雑誌『Le Rire』やアメリカの雑誌『Puck』に影響を受けて作られた雑誌で、当時ベストセラーになりました。(*Tokyo Puck* was a magazine which was created under the influence of the French magazine *Le Rire* and the U.S. magazine *Puck*, becoming a bestseller at the time.)

In the following examples, noun phrases (shaded) are modified by sentences (underlined).

- 「鳥獣人物戯画」は、ストーリーがある最も古い戯画だと言われています。(*Choju Jinbutsu Giga* is said to be the oldest caricature with a story.)
- 戦後すぐに人気になった漫画の一つは、1946年に始まった『サザエさん』です。(One of the *manga* that became popular immediately after World War II was *Sazae-san*, which started in 1946.)
- 1950年代の後半に、日本では、若者の間でアメリカの音楽に影響を受けたロカビリーの大ブームがありました。(Among young people in Japan during the late 1950's, there was a huge rockabilly boom influenced by American music.)

1-A こと

The noun こと is used in accordance with the above noun modification rules to form a number of different expressions.

1-A-(1) こと: (intangible) things

The noun こと literally means "(intangible) things."

- 先生が今話したことはとても大切です。(The things that the teacher just said are very important.)
- 昨日の授業で勉強したことを私に教えて下さい。(Please let me know what you studied in class yesterday.)
- 第一課で勉強したことを使って、漫画のキャラクターを描いてみましょう。その後で、そのキャラクターがするのが好きなことを考えて、ストーリーを作ってみ

ましょう。(Let's try drawing a *manga* character using what you studied in Chapter 1. After that, think about what that character likes to do and try to create a story.)

1-A-(2) ～こと ⟨nominalizer⟩: ～ ing; to ～ ; (the fact) that ～

こと makes preceding sentences into noun phrases.

- あの漫画家は面白いストーリーを作る<u>こと</u>で有名です。(That *manga* artist is famous for creating interesting stories.)
- 私の夢はプロの歌手になる<u>こと</u>です。(My dream is to become a professional singer.)
- 浮世絵は、19世紀にフランスの画家達に影響を与えた<u>こと</u>で知られています。(*Ukiyo-e* is known for the fact that it had an impact on the painters in France during the 19th century.)
- ラジオ DJ は、彼の番組のリスナーに日系アメリカ人がたくさんいる<u>こと</u>を知っていました。(The radio DJ knew that there were many Japanese-Americans among his program's listeners.)
- フランスで「Japonisme」という言葉が作られた<u>こと</u>から、日本の芸術が西洋の国々に強い影響を与えていた<u>こと</u>が分かります。(One can understand the strong influence of Japan's arts on Western countries from the fact that the word 'Japonisme' was created in France.)

1-A-(3) ～ことが出来る : can ～ ; be able to ～

This expression means that one is capable of doing something described in the sentence preceding こと.

- この本屋で日本の漫画を買う<u>こと</u>が出来ますか。(Can we buy Japanese *manga* at this bookstore?)
- 私の友達は難しい歌を上手に歌う<u>こと</u>が出来ます。(My friend can sing difficult songs well.)
- 女性は歌舞伎を演じる<u>こと</u>が出来ない。(Women cannot perform *kabuki*.)
- 比較的安かったので、多くの人々が木版画の複製を買う<u>こと</u>が出来た。(Because they were relatively cheap, many people were able to buy woodblock print copies.)

1-A-(4) ～ことがある : there are times when ～

The expression expresses the idea that the event or state described in the sentence preceding こと occurs from time to time.

- 私は漫画喫茶に行く<u>こと</u>があります。(There are times when I go to a *manga* cafe.)
- 日本では、漫画からアニメが作られる<u>こと</u>がある。(There are times in Japan when *anime* is created based off a *manga*.)

When the sentence preceding こと is in the past tense, this expression refers to a past experience or event.

- 私は漫画喫茶に行った<u>こと</u>があります。(I have been to a *manga* cafe. (lit. There is a time when I went to a *manga* cafe.))

文法・表現

- ビルボードで外国語の曲が一位になったことはほとんどありません。(Songs in foreign languages have almost never made number one on the *Billboard*. (lit. There is almost never a time when songs in foreign languages have become number one on the *Billboard*.))

1-A-(5)　～ことにする：decide to ～

This expression expresses one's decision to do something that is described in the sentence preceding こと．

- 私は授業で日本のポップカルチャーについて発表することにしました。(I have decided to give a presentation in class about Japanese popular culture.)
- 私は毎日この踊りを練習することにします。(I decide to practice this dance every day.)
- ルイス・ベンジャミンは「上を向いて歩こう」をイギリスでジャズの曲としてリリースすることにしました。(Louis Benjamin decided to release "I Look up When I Walk" in England as a jazz piece.)

1-B　～の〈nominalizer〉：～ ing; to ～

Like the nominalizer こと, の is also used in accordance with the above noun modification rules to nominalize sentences.

- アニメを作るのはとても難しいです。(Making *anime* is very difficult.)
- この漫画のキャラクターはカラオケで歌を歌うのが好きです。(This *manga* character likes to sing songs at *karaoke*.)
- 彼は日本語が読めなくて、オリジナルの「上を向いて歩こう」というタイトルを訳すのに二日かかった。(Unable to read Japanese, it took two days for him to translate the original title "上を向いて歩こう.")

There are times when the nominalizer こと and の are mutually interchangeable. In general, however, こと is used for something rather abstract or imperceptible, while の is used for something rather concrete or perceptible.

- 私は友達のお姉さんがピアノを弾くのを見ました。(I saw my friend's older sister play piano.)
- 私は友達のお姉さんがピアノを弾くことを知っています。(I know that my friend's older sister plays piano.)

Note that の can only replace こと when it is used as a nominalizer and not in its other uses such as those in 1-A-(3) ～ (5).

1-C　～わけではない：it doesn't mean ～; it's not that ～

The expression, ～わけではない, is used to deny what is implied in the previous or following sentences. The word わけ (originally meaning "reason") is a noun and so sentences preceding わけ follow the noun modification rules described above.

- 私は日本の歌を聞いたことがない。でも、聞きたくないわけではない。(I have never listened to Japanese songs. But it doesn't mean I don't want to listen to them.)
- 私は、踊れないわけではありませんが、あまり好きではありません。(It's not that I

- 私は漫画を 1000 冊ぐらい持っています。でも、全部読んだわけではありません。(I have about 1,000 *manga* books. But that doesn't mean I have read all of them.)

2 Embedded Question

When two sentences are connected in a sense of "and," *te*-forms are most commonly used.

- 田中さんは浮世絵が好きです。田中さんはよく浮世絵を見に行きます。(Tanaka-*san* likes *ukiyo-e*. Tanaka-*san* often goes to see *ukiyo-e*.)

↓

田中さんは浮世絵が好きで、よく浮世絵を見に行きます。(Tanaka-*san* likes *ukiyo-e* and often goes to see *ukiyo-e*.)

However, when a question sentence is connected to another sentence, it is not possible to use the *te*-form because there is no interrogative *te*-form. In this case, the question sentence must be embedded into another sentence like the following examples. Here, the embedded sentences are underlined.

- どんな浮世絵が好きですか。田中さんに聞きました。(What kind of *ukiyo-e* do you like? I asked Tanaka-*san*.)

↓

どんな浮世絵が好きか田中さんに聞きました。(I asked Tanaka-*san* what kind of *ukiyo-e* she likes.)

- 浮世絵が好きですか。山川さんに聞きました。(Do you like *ukiyo-e*? I asked Yamakawa-*san*.)

↓

浮世絵が好きかどうか山川さんに聞きました。(I asked Yamakawa-*san* if he likes *ukiyo-e* or not.)

In order to embed a question sentence:

1. The predicate of the question sentence must be in the short form, and
2. If the embedded sentence is originally a yes-no question (like the second example above), どうか should be added after the embedded sentence.

Read the additional example sentences below:

- 私はどんな歌手がこの歌を歌ったか知りません。(I don't know what kind of singer sang this song.)
- 誰がこの踊りを作ったか教えて下さい。(Please tell me who created this dance.)
- このアニメがインターネットで見られるかどうか知っていますか。(Do you know if you can watch this *anime* on the internet or not?)
- この映画が面白いかどうか知りたいので、私は映画を見た人を探しています。(I am looking for someone who has seen this movie because I want to know if it is interesting or not.)
- コンサートホールがどのぐらい大きいか分からないから、何人ぐらいお客さんが呼べるか分かりません。(I don't know how many guests I can invite because I don't know

how large the concert hall is.)

- 下の台詞がどの吹き出しの中に入るか考えてみましょう。(Let's try to think which speech bubble the lines below go into.)

Exception

だ after *na*-adjectives and nouns is often omitted in embedded questions. For example, although the short non-past affirmative form of the *na*-adjective "有名な" (famous) is 有名だ, だ is often dropped when embedded, like below.

- この歌は有名ですか。私は知りませんでした。(Is this song famous? I didn't know.)

  ↓

  私はこの歌が有名だかどうか知りませんでした。(I didn't know if this song was famous or not.)

- 誰の歌が一番上手だか決めるのはとても難しいです。(Deciding whose song is the best is very difficult.)
- これが誰が作った映画だか知っている人がいますか。(Is there anyone who knows who made this movie?)
- あの歌手が何歳だか調べてみましょう。(Let's try to find out how old that singer is.)

3 Connecting sentences with verb stems and the equivalent form of *i*-adjectives

Although the *te*-forms are most commonly used when connecting sentences in the sense of "and," verb stem forms (drop ます from the *masu*-form) can be also used in place of the *te*-forms.

- ギターを弾いて歌を歌う。(I play the guitar and sing songs.)
- ギターを弾き歌を歌う。(I play the guitar and sing songs.)

This use of verb stems primarily appears in more formal writing and more frequently in text that is written in short form. This form is also used when a writer wants to avoid repeating *te*-forms.

- ギターを弾いてドラムを叩いて歌を歌って踊りを踊る。(I play the guitar, play the drums, sing songs, and dance.)
- ギターを弾いてドラムを叩き、歌を歌って踊りを踊る。(I play the guitar, play the drums, sing songs, and dance.)

For *i*-adjectives, you can simply drop the last て in their *te*-forms to achieve the same function as a sentence connector.

- この歌手は歌が上手で話も面白く、大人にも子供にも人気があります。(This singer is great at singing, makes interesting conversation, and is popular with children as well as adults.)
- これは子供のモンスターで、人間よりIQが高く、食べ物が大好きです。(This is a child monster, has a higher IQ than humans, and loves food.)

4　Passive Sentences (受身文)

4-A　Passive

Suppose that you are giving a presentation or writing a paper.

- 宮崎駿は「もののけ姫」を作りました。1997年に公開しました。(Hayao Miyazaki created *Princess Mononoke*. He released it in 1997.)

When the topic of your presentation or writing is Hayao Miyazaki, one of the greatest *anime* film producers in Japan, the above sentences are correct. (Note that the topic marker particle は marks the producer.) When the topic of your presentation or writing is the film もののけ姫 and not the producer 宮崎駿, however, もののけ姫 (not 宮崎駿) must be presented as the topic. Thus, the above sentences must be rephrased like below:

- 「もののけ姫」は宮崎駿に作られました。1997年に公開されました。(*Princess Mononoke* was created by Hayao Miyazaki. It was released in 1997.)

These sentences are called "passive sentences" or 受身文 in Japanese. The major differences of passive sentences from the equivalent active sentences are,

1. the performer of the action is marked by the particle に (宮崎駿 is the performer of the action "making (the film)" in the above sentence.), and
2. the verbs are conjugated into their passive forms.

The conjugation rules of passive forms are provided below:

Ru-verbs and U-verbs: Drop the final *-u* and add *-a-reru*.

- 教える (oshier**u**): to teach → 教えられる (oshier**areru**)
- 作る (tsukur**u**): to make → 作られる (tsukur**areru**)
- 楽しむ (tanoshim**u**): to enjoy → 楽しまれる (tanoshim**areru**)

[Exception: If the verb ends with う, drop the final *-u* and add *-wa-reru*.]

- 歌う (uta**u**): to sing → 歌われる (uta**wareru**)

Irregular verbs:

- する (suru): to do → される (sareru)
- 来る (kuru): to come → 来られる (korareru)

Note that the passive conjugation rule of a *ru*-verb is the same as its potential form. Therefore, 教えられる can also mean "to be able to teach."

- この漢字は日本では小学校三年生の時に教えられます。(This *kanji* is taught during 3rd grade in Japan.)
- 私は日本語が教えられます。(I can teach Japanese.)

Once conjugated into the passive forms, the passive verbs conjugate as regular *ru*-verbs. Below are some conjugation examples of the passive form of 歌う (to sing).

- 歌われる <short affirmative non-past>　　歌われない <short negative non-past>
  歌われた <short affirmative past>　　歌われなかった <short negative past>
- 歌われます <long affirmative non-past>
- 歌われて <*te*-form>

Now, read the example sentences below:

- この歌はよくカラオケで歌われます。(This song is often sung at *karaoke*.)
- この曲は色々な有名な歌手に歌われています。(This song has been sung by various famous singers.)
- 漫画は多くの人々に楽しまれています。(*Manga* is enjoyed by many people.)
- 江戸時代に全国に多くの道が作られました。(During the Edo period, many roads were made throughout the whole country.)
- 坂本九の「上を向いて歩こう」は、世界69カ国で発売されました。(Kyu Sakamoto's "SUKIYAKI" was released in 69 countries around the world.)
- 「上を向いて歩こう」の曲のタイトルは「SUKIYAKI」に変えられました。(The title of the song "I Look up When I Walk" was replaced with "SUKIYAKI".)
- 日本で初めての漫画雑誌は、1874年に出版された風刺漫画雑誌だったと言われています。(The first *manga* magazine in Japan is said to be a satire *manga* magazine published in 1874.)

Note that, except for the second and third sentences, the performers of the actions are not specified in the above examples. This is often the case in passive sentences when the information is either already presented in the previous discourse or simply unavailable or unnecessary.

4-B Affective Passive

There are times when passive sentences are used to describe situations that emotionally affect someone negatively. Think about a situation where a friend sang your favorite song at *karaoke* and you were thus unable to sing the song. You can express your disappointment by describing the situation using the passive like below:

- 私は友達に一番好きな歌を歌われました。

The meaning of this sentence (lit. I was sung my most favorite song by my friend.) is roughly equivalent to "My friend sang my most favorite song (and I was disappointed)." Note that the affective passive cannot be used for situations where the performer of the action is the affected person herself/himself. (e.g., You sang your favorite song badly and felt embarrassed.)

- 私は大好きなアニメのDVDを両親に捨てられました。(My favorite *anime* DVD was thrown away by my parents (and I was bothered).)
- 私の兄は日本の友達にもらった浮世絵を盗まれました。(My brother had the *ukiyo-e* he received from his Japanese friend stolen (and he was disturbed).)
- 私は授業で描いた漫画のキャラクターをルームメートに笑われました。(My *manga* character that I drew for class was laughed at by my roommate (and I was sad).)
- 私はきのう外で踊りの練習をしていた時、雨に降られました。(I got rained on when I was practicing a dance outside yesterday.)

Note also that the topic in these sentences is the negatively affected person and not the thing or person that was directly acted upon, as we would normally expect from a passive in English.

5　〜という

5-A　A という B: B called A; B titled A

という in this structure derives itself from the quote marker particle と and the verb 言う (to say).

- 私の友達はアニメが大好きだと言いました。(My friend said he loves *anime*.)
- 私のルームメートは今日授業に来られないと言っています。(My roommate is saying that she cannot come to class today.)

Now, examine the sentence below.

- 私はさくらに行きました。(I went to Sakura.)

It is obvious that さくら (cherry blossom) in this context doesn't denote the tree species, and this sentence only makes sense when readers/listeners know what "さくら" refers to. (It can be a name of a restaurant, bookstore, grocery store, event, etc.) If it is assumed that readers/listeners may not know what さくら indicates here, the information can be included in the sentence using という in the following manner.

- 私はさくらというレストランに行きました。(I went to a restaurant called Sakura.)
- 私はさくらというイベントに行きました。(I went to an event entitled Sakura.)

Read additional examples below. Note that general sets or categories of people or things (レストラン, イベント, 人, 歌手, ウェブサイト) always follow after という.

- 私はきのうさくらという人に会いました。(I met a person named Sakura yesterday.)
- 坂本九という歌手は日本でとても有名です。(The singer Kyu Sakamoto is very famous in Japan.)
- この絵を描いた人は、歌川広重という人です。(The person who drew this painting is (lit. a person whose name is) Hiroshige Utagawa.)
- 私はよく learnjpcinjapanese.com というウェブサイトを使います。(I often use the website entitled *learnjpcinjapanese.com*.)

In order to understand sentences correctly, it is important that you distinguish this という from "〜と言う (say 〜)." A useful tip in reading is that this という is always written in *hiragana*.

5-B　A という B: B that says A; B that A

という is also used when introducing or explaining contents of abstract nouns such as ideas, opinions, theories, etc. Pay closer attention to this use of という because the sentence structure tends to be more complex. In the first example below, for instance, the sentence preceding という (日本のポップカルチャーはユニークだ) represents the content of 意見 (idea; opinion).

- 日本のポップカルチャーはユニークだという意見は正しいと思いますか。(Do you think the idea that Japanese popular culture is unique is correct?)
- この歌手が好きだという私の気持ちは変わりません。(My love of this singer will not change. (lit. My feeling of liking this singer will not change.))
- その日から、昼は学生をして、夜は歌手をするという生活がはじまった。(From

that day, my everyday life of being a student during the day and a singer at night began.)

- 国際関係に「ソフトパワー」と「ハードパワー」という二種類のパワーがある<u>という</u>セオリーはとても面白いと思います。これは、ジョセフ・ナイという学者のセオリーです。(I think the theory that two types of powers, namely "soft power" and "hard power," exist in international relations is very interesting. This is a theory of a scholar by the name of Joseph Nye.)

5-C 〜というのは…（こと）だ：What 〜 means is …; What 〜 refers to is …

When the definition or explanation of a word or a phrase is offered, という is used with the pronoun の, "one," and the topic marker particle は. (〜というのは: lit. As for the one called 〜)

- AKB48 <u>というのは</u>有名な日本のアイドルグループ<u>のことだ</u>。("AKB48" is a famous Japanese idol group. (lit. The one which is called "AKB48" is a famous Japanese idol group.))
- 戯画<u>というのは</u>、ユーモアや風刺のために描かれた絵<u>のことです</u>。(What *giga* means is a picture drawn for humor and satire.)
- 浮世絵<u>というのは</u>、江戸時代に出来た絵の種類<u>です</u>。(What *ukiyo-e* refers to is a type of painting made during the Edo period.)
- 漫画喫茶<u>というのは</u>、どんな所<u>ですか</u>。(What kind of place is (that which is called) a *manga* cafe?)

As seen in the first two examples, こと is often attached after the definition/explanation.

6 〜よう

よう is used in many different structures and it is important to interpret よう correctly based on the context. For example, when よう is used in the predicate position, it expresses a likeness to something, or the speaker's reasoned judgment as to the likelihood of something.

- あの歌手は美空ひばりの<u>ようです</u>。(That singer appears to be Hibari Misora. / That singer looks like Hibari Misora.)
- あの人は漫画を描くのが上手な<u>ようです</u>。(It looks like that person is good at drawing *manga*.)
- 日本の漫画とアニメは海外でも人気がある<u>ようです</u>。(It appears that Japanese *manga* and *anime* are also popular overseas.)

Following are some of the most commonly used expressions that include よう.

6-A A ような B; A ように B: B like A; B such as A; B such that A

The most basic use of よう is to refer to likeness.

- 私は美空ひばりの<u>ような</u>歌手が好きです。(I like singers like Hibari Misora.)
- 母は美空ひばりの<u>ように</u>歌が歌えます。(My mother can sing songs like Hibari Misora.)
- 母が昔よくした<u>ように</u>、私は最近カラオケで美空ひばりの歌をよく歌います。(Recently, I often sing Hibari Misora's songs at *karaoke* like my mother often did long ago.)

In the first example, 美空ひばり, one of the greatest popular singers in Japan, is used as a representative example of the type of singers 私 likes. In the second example, 美空ひばり is used to explain how well the mother can sing. In "A よう B," when A is a noun, the particle の is added to connect the noun and よう like the first two examples above. When B is a noun, the prenominal form ような is used. When B is an action or state, the adverbial form ように is used.

- 美空ひばり**の**よう**な**歌手 (singers like Hibari Misora)
- 美空ひばり**の**よう**に**歌う (sing like Hibari Misora)

Read additional examples below:

- このアニメのキャラクターの**ような**人に会いたいです。(I want to meet a person who is like this *anime* character.)
- この浮世絵では、雨がグレーのカーテンの**ように**描かれています。(In this *ukiyo-e*, rain is drawn like a grey curtain.)
- 坂本は、ほうきをギターの**ように**使ってプレスリーの真似をしました。(Sakamoto made an Elvis impersonation using a broom like a guitar.)
- 「漫画」という言葉は、「見たものや聞いたことを自由に描いた絵」の**ような**意味で使われていました。(The word "*manga*" was used with a meaning similar to "a picture drawn freely of things seen and heard.")
- 私が踊る**ように**踊って下さい。(Please dance like I do.)
- ゴッホがした**ように**、浮世絵を真似て絵を描いてみましょう。(Let's try to paint a picture imitating *ukiyo-e* like Gogh did.)
- この例から分かる**ように**、J-POP では英語がよく使われる。(As you can see from this example, English is often used in J-POP.)
- 会社員についての漫画の**ように**、日本には大人が楽しめる**ような**漫画がたくさんあります。(Like *manga* about company employees, there are many *manga* as such that adults can enjoy in Japan.)

When the word 同じ (same) precedes ような／ように, it denotes the sameness or similarity.

- 私はこの曲と**同じような**曲を聞いたことがあります。(I have heard a song that is similar to this song.)
- 日本のアニメと**同じように**、私の国のテレビドラマは海外でも楽しまれています。(TV dramas from my country are enjoyed overseas in the same fashion as Japan's *anime*.)
- この歌手は国際的にとても有名です。**同じように**、この漫画家も国際的にとても人気があります。(This singer is very famous internationally. Similarly, this *manga* artist is also very popular internationally.)

When ような／ように is used with demonstratives, it refers to what has been brought up in a previous discourse (e.g., **このような** [Noun]: [Noun] like this; **そのようにして下さい**: Please do it like that).

- これは日本のアニメです。私は**このような**アニメをたくさん持っています。(This is a Japanese *anime*. I have many *anime* like this.)

文法・表現

- この漫画は、アインシュタインの相対性理論が勉強出来る漫画です。<u>このように</u>、難しいトピックについて勉強するための漫画もあります。(This *manga* is a *manga* where one can study Einstein's Theory of Relativity. Like this, there are *manga* for studying difficult topics.)
- 日本のポップカルチャーの世界では、漫画からアニメやテレビドラマが作られたり、アニメからゲームが作られたりします。漫画は<u>このような</u>ポップカルチャーの基礎になっていると考えられています。(Within the world of Japan's popular culture, *anime* and television dramas are made from *manga*, and games are made from *anime*. *Manga* is thought to be the basis for this type of popular culture.)

6-B　A ように B: B so that A

In this structure, A describes the manner or purpose of B.

- 上手に歌える<u>ように</u>たくさん練習して下さい。(Please practice a lot so that you are able to sing well.)
- 友達が見られる<u>ように</u>、私はこのアニメを日本から持って来ました。(I brought this *anime* from Japan so that my friends can watch it.)
- この教科書の読み物は、オンラインの読解補助ツールが使える<u>ように</u>、教科書のウェブサイトにもアップロードされている。(The reading materials in this textbook are also uploaded on the textbook website, so that readers can use the online reading support tools.)
- この教科書は、初級の学習者でも使える<u>ように</u>言語レベルがコントロールされている。(The language level is controlled for this textbook so that even beginner-level learners can use it.)

6-C　～ [Verb] ようになる : to reach the point where ～ ; to come to ～

なる means "to become" as in 寒くなる (become cold), 上手になる (become skillful) or 歌手になる (become a singer). When a verb precedes なる, ように is inserted between the verb and なる. ～ようになる (lit. become like ～) denotes a change of state. For example, if one wants to express a desire to be a good speaker of Japanese, one of the following sentences can be used.

- 私は日本語が上手になりたいです。(I want to become skillful at Japanese.)
- 私は日本語が上手に話せる<u>ように</u>なりたいです。(I want to become able to speak Japanese skillfully.)

Note that since 話せる in the second sentence above is the potential form of 話す, and 話す is a verb, adding ように before なる is essential. (In other words, 話せるなりたいです is ungrammatical.) Read additional examples below:

- たくさん練習したから、この踊りが上手に踊れる<u>ようになった</u>。(Due to a lot of practice, I have reached the point where I can perform this dance well.)
- 私は最近漫画が日本語で読める<u>ようになった</u>。(I have recently reached the point where I can read *manga* in Japanese.)
- 浮世絵では、後の時代に、動物や美しい女性など、色々な絵が描かれる<u>ようにな</u>りました。(In following eras, various paintings such as animals and beautiful women came to be

- 江戸時代には、歌舞伎や相撲などの娯楽が楽しまれる<u>ようになりました</u>。(During the Edo period, entertainment such as *kabuki* and *sumo* came to be enjoyed.)
- 浮世絵は明治時代に西洋の国々でも知られる<u>ようになりました</u>。(*Ukiyo-e* became known even among Western countries during the Meiji period.)
- この曲で人気が出た坂本は、テレビのドラマやバラエティー番組で活躍する<u>ようになりました</u>。(Sakamoto, having gained popularity with this song, had come to actively participate in television dramas and variety shows.)

6-D　～ [Verb] ようにする : be sure to ～ ; make sure to ～

A ようにする (lit. "do so that A") denotes that one makes sure to do A. Examine the two sentences below:

- 毎日日本語の歌を練習します。(I practice Japanese songs daily.)
- 毎日日本語の歌を練習する<u>ようにします</u>。(I make sure to practice Japanese songs daily.)

The first sentence is just stating the fact that the speaker/writer practices Japanese songs every day. The second sentence expresses the speaker's/writer's determination to make sure that he/she practices Japanese songs every day. Read additional example sentences below:

- 毎日一時間漫画を描く練習をする<u>ようにしましょう</u>。(Let's make sure to practice drawing *manga* for an hour daily.)
- この教科書で学習する時は、読解補助ツールは、主に単語の意味を調べる時に使う<u>ようにして</u>下さい。(While learning with this textbook, please make sure to use the reading support tools primarily for checking vocabulary.)
- 自分の学習の役に立つ読解補助ツールの使い方と役に立たない読解補助ツールの使い方とを区別する<u>ようにして</u>下さい。(Please be sure to differentiate between the helpful way and unhelpful way of using reading support tools for your own learning.)

7　～ため

7-A　A ために B; A ための B: B for the sake of A; B for A

In this structure, A refers to the purpose or beneficiary of B.

- この本は子供の<u>ために</u>書かれました。(This book was written for children.)
- 『THE JAPAN PUNCH』は外国人コミュニティーの<u>ために</u>作られた雑誌です。(*THE JAPAN PUNCH* is a magazine created for the foreigner community.)
- これは日本の歴史を勉強する<u>ための</u>漫画です。(This is a *manga* for studying Japanese history.)
- 単語の意味を調べる<u>ために</u>、オンラインの辞書を使います。(I use an online dictionary for the purpose of looking up the meaning of vocabulary.)

When A is a noun, the particle の is added to connect the noun and ため.

- これは日本語学習者のための辞書です。(This is a dictionary for Japanese language learners.)

When B is a noun, the particle の is used to connect ため and the noun. When B is an action or state, ために is used.

- これは漢字を調べるための辞書です。(This is a dictionary for looking up *kanji*.)
- 漢字を調べるためにこの辞書を使います。(I use this dictionary for the purpose of looking up *kanji*.)

Read additional examples below:

- 会社が商品を売るために人気漫画のキャラクターを使います。(Companies use popular *manga* characters in order to sell their merchandise.)
- 戯画というのは、ユーモアや風刺のために描かれた絵のことです。(What *giga* means is a picture drawn for humor and satire.)
- ビゴーは1882年に日本美術を学ぶために日本に来ました。(Bigot came to Japan in 1882 in order to study Japanese art.)
- 文化を理解するための一番の方法は、それを実際に体験することです。(The best method for understanding culture is to actually experience it.)

7-B   A ために B: B because A

Although not as common as the previous use, ため is also used to refer to reasons.

- 雪のために、今日のイベントはキャンセルになりました。(Today's event has become cancelled due to snow.)
- テレビが壊れたために、昨日大好きなアニメが見られませんでした。(I wasn't able to watch my favorite *anime* yesterday because the television was broken.)
- この教科書は、単語が簡単に調べられるために、速く楽しくたくさん読み物を読むことが出来ます。(With this textbook, you can do a lot of quick and fun reading because you can easily look up vocabulary.)

8   ～など

など means "et cetera" and is used when listing examples.

8-A   A など: A and others; A etc.

など can be placed right after the listed example(s) and implies that there are additional examples that are not mentioned.

- 私の好きな日本のポップカルチャーは漫画やアニメなどです。(Japanese popular culture that I like includes *manga*, *anime*, and so forth.)
- 漫画の有名なジャンルは、少年漫画や少女漫画、青年漫画、劇画などです。(Famous genres of *manga* include *shonen manga*, *shojo manga*, *seinen manga*, *gekiga*, etc.)

- 外国語で言語以外のこと（文化、歴史、社会など）を勉強するのは簡単ではありません。(Studying matters other than language (culture, history, society, etc.) in a foreign language is not an easy task.)
- オンライン辞書は、漢字の意味や読み方など、色々な情報を教えてくれる。(Online dictionaries provide a variety of information such as the meanings and readings of *kanji*, etc.)
- スタジオジブリの作品で、『もののけ姫』や『千と千尋の神隠し』などは、海外でも知られていると思います。(Among the productions of Studio Ghibli, I think *Princess Mononoke* and *Spirited Away*, among others, are also known overseas.)
- 私はクラシック音楽やジャズなどをよく聞きます。(I often listen to classical music, jazz, and so forth.)

8-B　A などの B: B such as A

In this structure, general sets or categories of things or people (音楽, ポップカルチャー, 人, etc.) follow the example(s) described right before など.

- 私は、ジャズやブギなどの音楽をよく聞きます。(I often listen to music such as jazz and boogie.)
- 漫画やアニメやゲームなどの日本のポップカルチャーは、日本でだけでなく、海外でも人気があります。(Japan's popular culture such as *manga*, *anime*, and games are popular not only in Japan, but also overseas.)

9　A と B: When(ever) A, B; if A, B

The conjunction と in the "<Sentence 1> と <Sentence 2>" structure refers to a sequence from A leading to B. The predicate of A is always in the non-past short form even if the sentence is in the past tense.

- 子供の時、夏になると、よくこの公園で祭りがありました。(During my childhood, whenever it turned summer, there would often be festivals held in this park.)
- 日本人に「好きな昭和の歌は何ですか？」と聞くと、多くの人が「上を向いて歩こう」だと答えます。(When you ask a Japanese person, "What is your favorite song from the Showa period?", many people will answer "SUKIYAKI")

Note that this conjunction と is different from the particle と (and), which is used to connect nouns or noun phrases (e.g., 漫画とアニメ: *manga* and *anime*). The particle と cannot be used for connecting elements other than nouns or noun phrases, and thus cannot be used to say, for instance, "I read *manga* and watch *anime*." (In this case, the *te*-form is used: 漫画を読んでアニメを見ます.) In other words, when と connects two sentences, it means that, when what is described in the preceding sentence happens, what is described in the following sentence follows. Read additional example sentences below:

- 顔を縦に長く書くと大人の顔になる。(When drawing a face long vertically, it becomes an adult face.)
- 人々は「火の鳥」の血を飲むと永遠の命がもらえると信じています。(People believe that when they drink the blood of "the Phoenix," they will receive eternal life.)

文法・表現

- 坂本がテレビでこの歌を歌うと、その翌日から、テレビ局には「もう一度聞きたい」というリクエストがたくさん来るようになりました。(When Sakamoto sang this song on TV, many requests to hear it again started to arrive at the TV station the following day.)

10　〜方 : a way of doing 〜 ; how to do 〜

方 refers to a way of doing something when preceded by the stem of a verb. Once changed to this form, "[Verb stem] + 方" behaves as a noun.

- 漫画の描き方を知っていますか。(Do you know how to draw *manga*?)
- この漢字の読み方は難しいです。(The reading of this *kanji* is difficult.)
- 私は美空ひばりという歌手の歌い方が好きです。(I like the way (the singer whose name is) Hibari Misora sings.)
- 「という」の使い方に注意して、下の文を完成して下さい。(Please complete the sentence below while paying careful attention to the use of という.)

The stem of the verb する, し, is often written as the *kanji* 仕 in this structure.

- 日本語の上手な勉強の仕方を知っていますか。(Do you know a good way of studying Japanese?)

11　〜として : as 〜

として means "as" and is used to indicate role, capacity or occupation.

- 私は漫画家として有名になりたい。(I want to become famous as a *manga* artist.)
- この歌手はダンサーとしてもよく知られている。(This singer is also well known as a dancer.)
- アニメは日本のポップカルチャーとして海外でも人気がある。(*Anime* is also popular overseas as Japanese pop culture.)

12　A が B ⟨Conjunction⟩

The conjunction が in the "⟨Sentence 1⟩ が ⟨Sentence 2⟩" structure is most commonly used to connect two sentences in the sense of "but."

- 私は踊るのは好きだが歌うのは好きではない。(I like dancing but not singing.)

However, が is also used to add an introductory remark ⟨Sentence 1⟩ when introducing the main information ⟨Sentence 2⟩. This use of が often cannot be translated as "but."

- 私が好きなアニメに『ドラゴンボール』というアニメがありますが、このアニメは海外でも人気があるそうです。(One of the *anime* I like is *Dragon Ball*, and I have heard that this *anime* is popular overseas, too.)
- 日本には阿波踊りという有名な踊りがあるが、このルーツは徳島の盆踊りにあると言われている。(*Awa-odori* is a famous Japanese dance, and it is said that its roots are traced to the *Bon*-dance of Tokushima.)
- 日本人の有名な歌手に美空ひばりという歌手がいるが、この歌手は子供の時から歌がとても上手で、ジャズやブギなど、色々な種類の歌を上手に歌った。(Hibari Misora is a famous Japanese singer. She was very good at singing since her childhood and sang various kinds of songs such as jazz and boogie well.)

主な参考資料

[複数課で参照]

五味文彦・鳥海靖（編）．もういちど読む山川日本史．山川出版社，2009．

湯本豪一（監）．教育・文化をはぐくんだ人．日本図書センター，2008．（まるごとわかる「日本人」はじめて百科，3）．

Bennett, Terry. *Photography in Japan 1853-1912*. Tuttle Publishing, 2006.

Gordon, Andrew. *A Modern History of Japan: From Tokugawa Times to the Present*. 2nd ed. Oxford University Press, 2009.

The Japan Book: A Comprehensive Pocket Guide. Kodansha Intl, 2002.

Karan, Pradyumna P. *Japan in the 21st Century: Environment, Economy, and Society*. University Press of Kentucky, 2005.

McCargo, Duncan. *Contemporary Japan*. 3rd ed. Palgrave Macmillan, 2013.

Tsutsui, William M. *Japanese Popular Culture and Globalization*. Association for Asian Studies, 2010.

[第1課、第3課、第4課：漫画]

伊藤遊・谷川竜一・村田麻里子・山中千恵．マンガミュージアムへ行こう．岩波書店，2014．（岩波ジュニア新書769）．

井上祐子．"戦時下の漫画―新体制期以降の漫画と漫画家団体―"．立命館大学人文科学研究所紀要．2002，pp.103-133．

茨木正治．〈ビジュアル文化シリーズ〉メディアのなかのマンガ：新聞一コママンガの世界．臨川書店，2007．

樺島勝一（画）・織田小星（作）．正チャンの冒険．小学館クリエイティブ，2003．

清水勲．ビゴーが見た日本人：風刺画に描かれた明治．講談社，2001．（講談社学術文庫）．

清水勲．ビゴーが見た明治ニッポン．講談社，2006．（講談社学術文庫）．

清水勲．年表 日本漫画史．臨川書店，2007．

原栄．浮世絵の諸派（上）．弘学館書店，1916．

細木原青起．日本漫画史．雄山閣，1924．

湯本豪一．風刺漫画で日本近代史がわかる本．草思社，2011．

Hart, Christopher. *Basic Anatomy for the Manga Artist: Everything You Need to Start Drawing Authentic Manga Characters*. Watson-Guptill, 2011.

Hatayama, Hiroaki. "The Cross-Cultural Appeal of the Characters in *Manga* and *Animé*." *The Japanification of Children's Popular Culture: From Godzilla to Miyazaki*, edited by Mark I. West. Scarecrow Press, 2009. pp. 191-198.

Jones, H. J. *Live Machines: Hired Foreigners and Meiji Japan*. University of British Columbia Press, 1980.

Koyama-Richard, Brigitte. *One Thousand Years of Manga*. Flammarion, 2007.

McCarthy, Helen. *500 Manga Heroes & Villains*. Barron's Educational Series, 2006.

9colorstudio. *Idiot's Guides: Drawing Manga*. Alpha, 2013.

Norris, Craig. "Manga, Anime and Visual Art Culture." *The Cambridge Companion to Modern Japanese Culture,* edited by Yoshio Sugimoto. Cambridge University Press, 2009. pp. 236-260.

Okazaki, Manami, and Geoff Johnson. *Kawaii! : Japan's Culture of Cute*. Prestel Publishing, 2013.

Schodt, Frederik L. *Manga! Manga!: The World of Japanese Comics*. Kodansha Intl, 1983.

[第2課：浮世絵]

Forrer, Matthi. *Hiroshige: Prints and Drawings*. Prestel Publishing, 1997.

Harris, Frederick. *Ukiyo-e: The Art of the Japanese Print*. Tuttle Publishing, 2010.

Tinios, Ellis. *Japanese Prints: Ukiyo-e in Edo, 1700-1900*. Lund Humphries, 2010.

Varley, Paul. *Japanese Culture*. 4th ed. University of Hawai'i Press, 2000.

Weisberg, Gabriel P, Chu P. ten-Doesschate, Laurinda S. Dixon, Elizabeth K. Mix, Sarah Sik, and Erica L. Warren. *The Orient Expressed: Japan's Influence on Western Art 1854-1918*. Mississippi Museum of Art, 2011.

Welch, Matthew, and Yuiko Kimura-Tilford. *Worldly Pleasures, Earthly Delights: Japanese Prints from the Minneapolis Institute of Arts*. Minneapolis Institute of Arts, 2011.

[第5課：アニメ]

スタジオジブリ．"スタジオジブリの歴史"．2014．http://www.ghibli.jp/history/，（参照 2016年3月23日）．

津堅信之．アニメーション学入門．平凡社，2005.(平凡社新書 291)．

津堅信之．"アニメ史からみた宮崎駿とその作品"．バンブームック クリエイターズ ファイル：宮崎駿の世界．海岸洋文（編）．竹書房，2005, pp.133-141．

津堅信之．日本初のアニメーション作家：北山清太郎．臨川書店，2007.(ビジュアル文化シリーズ)．

津堅信之．日本のアニメは何がすごいのか：世界が惹かれた理由．祥伝社，2014.（祥伝社新書 359）．

萩原由加里．政岡憲三とその時代：「日本アニメーションの父」の戦前と戦後．青弓社，2015．

Clements, Jonathan. *Anime: A History*. Palgrave Macmillan, 2013.

Hu, Tze-yue G. "Reflections on the Wan Brothers' Letter to Japan: The Making of *Princess Iron Fan*." *Japanese Animation: East Asian Perspectives,* edited by Masao Yokota and Tze-yue G. Hu. University Press of Mississippi, 2013. pp. 34-48.

Lamarre, Thomas. *The Anime Machine: A Media Theory of Animation*. Universuty of Minnesota Press, 2009.

McCarthy, Helen. *Hayao Miyazaki: Master of Japanese Animation: Filmes, Themes, Artistry*. Revised ed. Stone Bridge Press, 2002.

Napier, Susan. "When Godzilla Speaks." *In Godzilla's Footsteps: Japanese Pop Culture Icons on the Global Stage,* edited by William M. Tsutsui and Michiko Ito. Palgrave Macmillan, 2006. pp. 9-19.

Napier, Susan J. *Anime from Akira to Howl's Moving Castle: Experiencing Contemporary Japanese Animation*. Updated ed. Palgrave Macmillan, 2005.

Raffaelli, Luca. "Disney, Warner Bros. and Japanese Animation." *A Reader in Animation Studies,* edited by Jayne Pilling. John Libbey Publishing, 1997. pp. 112-136.

Sano, Akiko. "*Chiyogami*, Cartoon, Silhouette: The Transitions of Ōfuji Noburō." *Japanese Animation: East Asian Perspectives,* edited by Masao Yokota and Tze-yue G. Hu. University Press of Mississippi, 2013. pp. 87-97.

Schodt, Frederik L. *The Astro Boy Essays: Osamu Tezuka, Mighty Atom, and the Manga/Anime Revolution*. Stone Bridge Press, 2007.

Watanabe, Yasushi. "The Japanese Walt Disney: Masaoka Kenzo." *Japanese Animation: East Asian Perspectives,* Translated by Sheuo Hui Gan, edited by Masao Yokota and Tze-yue G. Hu. University Press of Mississippi, 2013. pp. 98-114.

[第6課、第7課：歌]

市川哲史．誰も教えてくれなかった本当のポップ・ミュージック論．シンコーミュージック・エンタテイメント，2014．

菊池清麿．日本流行歌変遷史：歌謡曲の誕生からJ・ポップの時代へ．論創社，2008．

高護．歌謡曲—時代を彩った歌たち．岩波書店，2011.(岩波新書 1295)．

坂本九・マナセプロダクション（編）．人間の記録141 坂本 九「上を向いて歩こう」．日本図書センター，2001．

佐藤剛．上を向いて歩こう．岩波書店，2011．

永嶺重敏．流行歌の誕生：「カチューシャの唄」とその時代．吉川弘文館，2010.(歴史文化ライブラリー

304).

宮入恭平. J-POP 文化論. 彩流社, 2015.（フィギュール彩 31）.

毛利嘉孝. 増補 ポピュラー音楽と資本主義. せりか書房, 2012.

Aoyagi, Hiroshi. *Islands of Eight Million Smiles: Idol Performance and Symbolic Production in Contemporary Japan (Harvard East Asian Monographs 252)*. Harvard University Press, 2005.

Bourdaghs, Michael K. *Sayonara Amerika, Sayonara Nippon: A Geopolitical Prehistory of J-Pop*. Columbia University Press, 2012.

Dexter Jr., Dave. *Playback: A Newsman/Record Producer's Hits and Misses from the Thirties to the Seventies*. Billboard Publications, 1976.

Galbraith, Patrick W., and Jason G. Karlin. "Introduction: The Mirror of Idols and Celebrity." *Idols and Celebrity in Japanese Media Culture,* edited by Patrick W. Galbraith and Jason G. Karlin. Palgrave Macmillan, 2012. pp. 1-32.

Iwabuchi, Koichi. *Recentering Globalization: Popular Culture and Japanese Transnationalism*. Duke University Press, 2002.

Maki, Okada. "Musical Characteristics of Enka." *Popular Music*, vol. 10, no. 3, 1991. pp. 283-303.

Shamoon, Deborah. "Misora Hibari and the Girl Star in Postwar Japanese Cinema." *Signs: Journal of Women in Culture and Society*, vol. 35, no. 1, 2009, pp. 131-155.

Stanlaw, James. "For Beautiful Human Life: The Use of English in Japan." *Re-made in Japan: Everyday Life and Consumer Taste in a Changing Society,* edited by Joseph J. Tobin. Yale University Press, 1992. pp. 58-76.

Stevens, Carolyn S. *Japanese Popular Music: Culture, Authenticity and Power*. Routledge, 2008.

Tôyô, Nakamura. "Early Pop Song Writers and their Backgrounds." *Popular Music*, vol. 10, no. 3, 1991, pp. 263-282.

Yano, Christine R. *Tears of Longing: Nostalgia and the Nation in Japanese Popular Song (Harvard East Asian Monographs 206)*. Harvard University Asia Center, 2002.

[第 8 課：踊りと芸能]

阿波踊り情報誌『あわだま』編集部（編）. 阿波踊り本。Ⅱ. 猿楽社, 2015.

おくだ健太郎. 特集 歌舞伎をみたことがあるか？. *Discover Japan 2*. 枻出版社. 2010, 2(1), pp.16-23.

鼓童文化財団. いのちもやして、たたけよ。―鼓童 30 年の軌跡―. 出版文化社, 2011.

後藤静夫. 語り物、三味線、人形 文楽のルーツは３つあった. *Discover Japan 2*. 枻出版社. 2010, 2(1), pp.122-123.

下川耿史. 盆踊り：乱交の民俗学. 作品社, 2011.

徳島市立徳島城博物館（編）. 阿波踊り今昔物語. 1997.

俵木悟. "華麗なる祭り". 日本の民俗 9 祭りの快楽. 古家信平・菊池健策・松尾恒一・俵木悟（著）. 吉川弘文館, 2009, pp.19-103.

湊屋一子. 江戸時代、歌舞伎役者はスーパースターでした. *Discover Japan 2*. 2010, 2(1), pp.24-35.

湊屋一子. STAGE：歌舞伎舞台は世界に誇るカラクリです. *Discover Japan 2*. 2010, 2(1), pp.42-43.

Bender, Shawn. *Taiko Boom: Japanese Drumming in Place and Motion*. University of California Press, 2012.

Immoos, Thomas, and Fred Mayer. *Japanese Theatre*. Translated by Hugh Young. Rizzoli Intl, 1977.

Inoura, Yoshinobu. *A History of Japanese Theater I: Noh and Kyogen (Japanese Life and Culture Series)*. Kokusai Bunka Shinkokai, 1971.

Kawatake, Toshio. *A History of Japanese Theater II: Bunraku and Kabuki (Japanese Life and Culture Series)*. Kokusai Bunka Shinkokai, 1971.

Matsue, Jennifer Milioto. *Focus: Music in Contemporary Japan (Focus on World Music Series)*. Routledge, 2016.

[日本語教科書・辞典・参考書]

庵功雄・高梨信乃・中西久実子・山田敏弘(著)・松岡弘(監)．初級を教える人のための日本語文法ハンドブック．スリーエーネットワーク，2000．

庵功雄・高梨信乃・中西久実子・山田敏弘(著)・白川博之(監)．中上級を教える人のための日本語文法ハンドブック．スリーエーネットワーク，2001．

梅棹忠夫・金田一春彦・阪倉篤義・日野原重明(監)．講談社カラー版日本語大辞典(第二版)．講談社，1995．

岡まゆみ・筒井通雄・近藤純子・江森祥子・花井善朗・石川智．コンテンツとマルチメディアで学ぶ日本語：上級へのとびら．くろしお出版，2009．

曾我松男・松本典子．*Foundations of Japanese Language:* 英文基礎日本語．大修館書店，1978．

坂野永理・池田庸子・大野裕・品川恭子・渡嘉敷恭子．*GENKI: An Integrated Course in Elementary Japanese II [Second Edition]*．Japan Times, 2011．

Makino, Seiichi, and Michio Tsutsui. *A Dictionary of Advanced Japanese Grammar*. Japan Times, 2008.

Makino, Seiichi, and Michio Tsutsui. *A Dictionary of Basic Japanese Grammar*. Japan Times, 1989.

Makino, Seiichi, and Michio Tsutsui. *A Dictionary of Intermediate Japanese Grammar*. Japan Times, 1995.

■画像提供
株式会社 オーム社
京都国際漫画ミュージアム
株式会社 講談社
ＧＴエンタープライズ株式会社
株式会社 集英社
松竹株式会社
手塚プロダクション
東映ビデオ株式会社
横浜開港資料館
横山隆一記念まんが館

■画像掲載
『鳥獣戯画の謎　国宝に隠された"６つのミステリー"』上野憲示・今村みゑ子（監修）（2015 宝島社）
『鳥獣戯画がやってきた！　国宝『鳥獣人物戯画絵巻』の全貌』サントリー美術館（編）（2007 サントリー美術館）
『美術手帖』vol.59 No.901 美術手帖編集部（編）（2007 美術出版社）
『國華』1267号 國華編輯委員会（編）（2001 國華社）
『【カラー版】浮世絵の歴史』小林忠（監修）（1998 美術出版社）
『すぐわかる楽しい江戸の浮世絵―江戸の人はどう使ったか』辻惟雄・浅野秀剛（監修）（2008 東京美術）
『歌川国芳　奇と笑いの木版画』府中市美術館（編集・執筆）（2015 東京美術）
『ゴッホが愛した浮世絵　―美しきニッポンの夢―』NHK 取材班（1988 日本放送出版協会）
『もっと知りたいロートレック　生涯と作品』高橋明也（監修）・杉山菜穂子（著）（2011 東京美術）
『版画のジャポニスム』コルタ・アイヴス（著）・及川茂（訳）（1988 木魂社）
『團團珍聞』（複製版　第１号～第400号）（1981 本邦書籍）国立国会図書館
『團團珍聞』（複製版　第401号～第754号）（1982 本邦書籍）国立国会図書館
『『THE JAPAN PUNCH』第１巻（復刻版　全10巻　オンデマンド版）』（2008 雄松堂出版）国立国会図書館
『浮世絵の手帖』吉田暎二（著）（1963 緑園書房）
『北斎漫画』葛飾北斎（1962 芸艸堂）国立国会図書館
『アサヒグラフ』（1923 朝日新聞社）国立国会図書館
『東京パック』北澤楽天（編）（1907 東京パック社）国立国会図書館
『時事新報（「時事漫画」）』北澤楽天（1902 時事新報社）国立国会図書館
『漫画小説：人の一生』岡本一平（1927 大日本雄弁会）国立国会図書館
『親爺教育 第二輯（「避暑の巻」）』ジョージ マクマナス（1925 東京朝日新聞発行所）国立国会図書館
『報知新聞（「ノンキナトゥサン」）』麻生豊（1925）国立国会図書館

■音楽資料提供
株式会社 AKS
コロムビアソングス株式会社
日本音楽著作権協会（JASRAC）
株式会社八大コーポレーション
株式会社ひばりプロダクション

著者紹介

花井　善朗 (Yoshiro Hanai)
はない　よしろう

現　職　ウィスコンシン大学オシュコシュ校外国語外国文学学科准教授，日本語プログラム主任
Associate Professor, Department of Foreign Languages and Literatures, University of Wisconsin Oshkosh; Coordinator, Japanese Program

略　歴　名古屋外国語大学大学院国際コミュニケーション研究科博士課程修了
ウェスタンワシントン大学非常勤講師、名古屋外国語大学非常勤講師、エモリー大学専任講師、ミシガン大学専任講師を経て現職

著　書　「「テシマウ」の意味的拡張と現在の使用から見る教育への一提案」『言語学と日本語教育Ⅵ』南雅彦（編）（くろしお出版，2010）；『上級へのとびら』（くろしお出版，2009）；『上級へのとびら：きたえよう漢字力 —上級へつなげる基礎漢字800—』（くろしお出版，2010）；『上級へのとびら：中級日本語を教える 教師の手引き』（くろしお出版，2011）；『上級へのとびら：これで身につく文法力』（くろしお出版，2012）

編集・制作協力者

■ 教科書作成協力
　江森祥子

■ 本文／装丁デザイン
　スズキアキヒロ

■ 漫画・イラスト作成
　山縣志穂

■ 「文法・表現」査読
　Christopher J. Schad

■ 英語翻訳
　Daniel C. Skinner
　James M. Bricco
　Justin A. Rick

■ 英語校正
　Taylor Cazella

■ 中国語翻訳・校正
　嚴馥

■ 韓国語翻訳・校正
　郭旻恵

■ ベトナム語翻訳・校正
　Trần Công Danh（チャン・コン・ヤン）

■ 音声教材作成協力
　東中巴奈

■ 編集担当
　市川麻里子

ポップカルチャー NEW & OLD
――ポップカルチャーで学ぶ初中級日本語――
POP CULTURE NEW & OLD
Elementary and Intermediate Japanese through Pop Culture

2017年 4月5日	第1刷 発行
2018年 11月9日	第2刷 発行

[著者]　　花井　善朗

[発行人]　岡野　秀夫

[発行所]　くろしお出版
〒102-0084　東京都千代田区二番町4-3
Tel：03・6261・2863　　Fax：03・6261・2879
URL：http://www.9640.jp　Mail：kurosio@9640.jp

[印刷]　　シナノ書籍印刷

Ⓒ 2017 Yoshiro Hanai, Printed in Japan
ISBN 978-4-87424-725-9 C0081

乱丁・落丁はお取り替えいたします。本書の無断転載・複製を禁じます。

POP CULTURE NEW & OLD

別冊 1

解答：練習問題／アクティビティ

第1課 漫画-1

本文を読む前に

Ⅲ

- d. 大津(志賀)
- b. 京都
- a. 東京
- c. 奈良

Ⅳ 大名が2年に一回江戸に行って住まなければいけませんでした。

本文・練習問題

Ⅰ
1) 漫画は、アニメやゲームより簡単に買ったり読んだり出来るからです。
2) アニメやテレビドラマが作られることがあります。
3) 漫画です。

Ⅱ-1)
1. 「島耕作」というサラリーマンについての漫画です。
2. 日本の歴史を勉強するための漫画です。
3. アインシュタインの相対性理論を勉強する漫画です。

Ⅱ-2)
1. (×) 間違っています。大人のために描かれた漫画もあります。
2. (×) 間違っています。島耕作というサラリーマンについて描いた漫画です。
3. (×) 間違っています。先生が面白い授業をするために漫画を使うことがあります。
4. (○) 正しいです。
5. (○) 正しいです。

Ⅲ-1)
1. 会社で → 電車の中で
2. 読まなければならない → 読む人もいる
3. 読んではいけない → 読んでもいい

Ⅳ-1)
1. c. 2. b. 3. d. 4. a.

Ⅴ-1)
1. c. 2. b. 3. a.

Ⅴ-2)
1. プロの漫画家
 → 初めて漫画のキャラクターを描く人
2. 目を小さく、鼻と口を大きく
 → 目を大きく、鼻と口を小さく
3. 中心線より下に描く
 → 中心線より上に描く

Ⅵ-1)
1. (×) 間違っています。漫画のルーツは戯画だと言われています。
2. (○) 正しいです。
3. (×) 間違っています。戯画は、日本だけでなく、世界中で描かれています。
4. (×) 間違っています。京都の高山寺というお寺の戯画です。
5. (○) 正しいです。
6. (×) 間違っています。鳥羽僧正というのは、「鳥獣人物戯画」を描いたと言われている人です。

Ⅵ-2)
1. ①です。

Ⅶ-1)
1. 鬼です。
2. 手や足が長く誇張されていたり、動きがダイナミックに描かれていたりする特徴があります。

Ⅶ-2)
1. a. 江戸 b. 鳥羽絵 c. 漫画
2. 現在の滋賀県にある町
3. 大津絵
4. a. 鳥羽絵 b. 大阪
5. 現代の漫画
6. 同じではなかった。

Ⅶ -3)

1. 仏画や戯画、ユーモラスな鬼、動物、美しい女性など、色々な絵が描かれます。
2. 1720年に大阪で四種類の鳥羽絵の本が出版された時に始まったと言っています。
3. 「見たものや聞いたことを自由に描いた絵」のような意味で使われました。
4. 人や動物、魚や虫やお化けなど、色々なものの絵があります。

Ⅷ -1)

① a. 1600   b. 1868
② 徳川家康
③ 江戸(今の東京)
④ 1. a.   2. b.   3. 木版印刷   4. b.
　 5. a.   6. a.b. 江戸、京都

Ⅷ -2)

1. 戦国の時代でした。
2. 木版印刷によって絵が大量生産出来るようになり、安く買えるようになったからです。
3. 大津が東海道にあったので、大津絵はお土産として全国的に広まりました。

第2課 浮世絵

本文を読む前に

Ⅲ

a. 富士山
b. 東海道
c. 庄野(三重県)
d. 東京スカイツリー

Ⅳ. 浮世絵を描いたことで有名です。

本文・練習問題

Ⅰ -1)

1. 17世紀の始めに、徳川家康という大名が日本を統一した時に始まった時代です。/日本の経済が大きく発展した時代です。/お金持ちの町人が多くなって、娯楽を楽しむようになった時代です。
2. 大名達が一年おきに江戸に行かなければいけないという制度でした。
3. 戯画や風刺画が楽しまれました。
4. 木版印刷が出来るようになったからです。
5. 東海道です。

Ⅰ -2)

1. 現代の漫画の後で → 現代の漫画の前に
2. 有名な漫画だ → 有名な浮世絵だ
3. 影響を受けた → 影響を与えた

Ⅱ

1. (×) 間違っています。富士山の絵を描いたシリーズです。
2. (○) 正しいです。
3. (×) 間違っています。人間の無力さを表しています。
4. (○) 正しいです。
5. (○) 正しいです。
6. (×) 間違っています。この浮世絵の出版社の名前です。

アクティビティ1

1. (「静」→富士山　「動」→波)
2. (立っている五人と籠の中の一人)
3. 漢字：東海道五拾三次之内庄野白雨
   読み方：とうかいどうごじゅうさんつぎのうちしょうのはくう

Ⅲ -1)

1. a.   2. b.   3. c.   4. a.   5. b.

Ⅲ -2)   1. 3.

Ⅳ -1)

a. 憂き世
b. つらい世の中、はかない世の中
c. 世の中がはかないなら、楽しく浮かれて暮らそう
d. 楽しいことが多い現代の世の中、男女の恋愛、遊里

Ⅳ-2)
1. ③   2. ①   3. ④   4. ②

Ⅳ-3)
1. 木版画でたくさん作られて、比較的安く売られたからです。
2. 家の中を飾るために使われました。

Ⅴ
1. 知られていませんでした。19世紀より前には、幕府が西洋の国々との交流や貿易を厳しく制限したからです。
2. 19世紀に知られるようになりました。
3. 西洋の国々と貿易を始めたからです。
4. 印象派の画家として有名になったエドゥアール・マネやクロード・モネやエドガー・ドガなどに影響を与えたことで有名です。
5. フランスで Japonisme という言葉が作られました。

Ⅵ-1) *Bridge in the Rain (after Hiroshige)*

Ⅵ-3)
1. (○) 正しいです。
2. (×) 間違っています。輪郭線が描かれています。
3. (×) 間違っています。ジョソは風刺画家でした。
4. (○) 正しいです。
5. (×) 間違っています。日本の芸術の影響を大きく受けたフランスの芸術家達を風刺していたと考えられています。

第3課 漫画-2

本文を読む前に

Ⅰ 西洋人の真似をする日本人を風刺していると思います。

Ⅲ 江戸時代にはほとんどの西洋の国との貿易や交流は制限されていましたが、明治時代には色々な西洋の国々と貿易や交流がありました。

アクティビティ

1. 右から左に読むと思います。
2. d.

本文・練習問題

Ⅰ-1)
1. (○) 正しいです。
2. (×) 間違っています。日本人で初めての漫画雑誌は『絵新聞日本地』だったと言われています。
3. (×) 間違っています。言論の自由や集会の自由を求める人々の運動でした。政府の運動ではありませんでした。

Ⅰ-2)
1. 『絵新聞日本地』です。
2. 犬です。
3. a. d. f.

Ⅱ
1) (×) 間違っています。『絵新聞日本地』の前に出版されました。
2) (○) 正しいです。
3) (×) 間違っています。日本人の間でも人気が出ました。
4) (×) 間違っています。右にも左にも日本人が描かれています。

Ⅲ-1)
1. 漫画 → 美術
2. パリの人々 → 外国人コミュニティー
3. フランス → ロシア

Ⅲ-2)
1. a. チャールズ・ワーグマン
   b. Illustrated London News の通信員
   c. 1862
   d. 日本人の女性
2. a. チャールズ・ワーグマン
   b. THE JAPAN PUNCH
   c. 横浜の外国人コミュニティー
   d. 1887
3. a. 絵新聞日本地   b. 風刺
4. a. 団団珍聞   b. 自由民権運動   c. 風刺   d. 1907
5. a. ジョルジュ・ビゴー   b. 日本美術を学ぶ
   c. 1894   d. 日本人の女性
6. a. ジョルジュ・ビゴー   b. TÔBAÉ
   c. 外国人コミュニティー

Ⅳ-1)
1. 西洋の国々との貿易が始まりました。
2. 明治時代と呼ばれています。
3. はい、3,000人以上の外国人が明治政府に雇われて働いていました。
4. はい、行ってもよかったです。
5. 宗教の自由を制限しようとしています。
6. 宗教の自由を求めています。

Ⅳ-2)
2. 床で煙草の火を消してはいけません。

Ⅴ-1)
1. ①連載コマ漫画を始めました。
   ②カラー漫画雑誌を作りました。
   ③職業漫画家になりました。
2. 楽天の連載コマ漫画のキャラクターのことです。
3. 田舎に住んでいます。
4. フランスの雑誌『Le Rire』やアメリカの雑誌『Puck』です。

Ⅴ-2)
1. (一) 2. (九) 3. (二) 4. (六)

アクティビティ3
b. 三 c. 五 d. 七 e. 二
f. 四 g. 六 h. 八

Ⅵ
1. カラーの漫画雑誌を作った
   → 長いストーリー漫画を描いた
2. 漫画のコマの中 → 漫画のコマの下
3. 「漫画漫文」という雑誌 → 『朝日新聞』という新聞

Ⅶ-1)
1. (○) 正しいです。
2. (○) 正しいです。
3. (×) 間違っています。『報知新聞』などの多くの新聞でコマ漫画の連載が始まりました。
4. (×) 間違っています。「ノンキナトゥサン」はオリジナルのコマ漫画です。
5. (×) 間違っています。子供のための漫画ですが、子供が描いたわけではありません。
6. (○) 正しいです。
7. (○) 正しいです。

Ⅶ-2)
1. 山に登ると妻の声が出なくなると聞いたからです。
2. 目的を立てなければいけないと言っています。

第4課 漫画-3

本文を読む前に

Ⅰ 1. e. 2. b. 3. c. 4. a. 5. d.
Ⅲ 1. a. 2. b. 3. a.

アクティビティ
1. ギロッ 2. ぱくっ 3. ぽかーん 4. シーン
5. じ --------- っ
6. バーンッ
7. とくん とくん

本文・練習問題

Ⅰ-1)
1. (○) 正しいです。
2. (×) 間違っています。フクちゃんのキャラクターは、戦時中にプロパガンダのために使われました。
3. (×) 間違っています。漫画は戦時中にプロパガンダのために使われました。
4. (×) 間違っています。国の言論統制は、戦争が終わるまで続きました。

Ⅰ-2)
1. たくさん描かれるようになった → 描けなくなった
2. 長いストーリー漫画として → 新聞の四コマ漫画として
3. 映画としても → テレビアニメとしても
4. 初めての職業漫画家 → 初めての女性職業漫画家

Ⅰ-3)
2. c.
3. ご主人と子供一人とご両親と弟と妹と住んでいます。

Ⅱ-1)
1. 一週間に一回出版される漫画です。
2. 一冊の漫画雑誌で多くの漫画を楽しむことが出来るからだと書かれています。

Ⅱ-2) b. d. e. f.

Ⅲ-1)
1. c.　2. d.　3. b.
4. a.　5. a.　6. d.

Ⅲ-2)
1. 「火の鳥」の血を飲むと永遠の命がもらえると信じています。
2. 手塚が亡くなるまで描き続けた漫画だからです。

アクティビティ１

1. a.
2. 火の山が怒りくるった時に現れると言われています。
3. 8ページ目の上から二つ目のコマです。
4. 1) c.　2) a.　3) b.　4) c.　5) d.　6) c.
5. 1. ドカン　2. ドン　3. ザバーッ

読み物４ [練習]

1) 1. c　2. b　3. e　4. a　5. d

読み物５ [練習]

読み物７ [練習]

1)
1.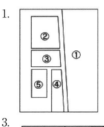
2.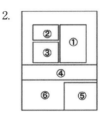
3.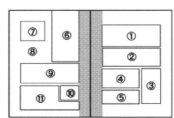
4.

2)
1. 読む順番が分からないからです。
2. 右と左のページのコマ割りが同じだからです。

Ⅳ-1)
1. (×) 間違っています。「コマ割り」というのは、ページの中のコマの使い方のことです。
2. (×) 間違っています。シンプルすぎるコマ割りはよくありません。
3. (○) 正しいです。
4. (○) 正しいです。
5. (×) 間違っています。3段から4段、そして6コマから7コマ描くのが読みやすいと言われていますが、いつもそのように描かれるわけではありません。

Ⅳ-2)
a. 3　b. 1　c. 2

第5課 アニメ

本文を読む前に

Ⅳ 桃太郎が、村の人を助けるために、犬と猿と雉と一緒に鬼が島に行って鬼と戦います。

本文・練習問題

Ⅰ

1. (○) 正しいです。
2. (×) 間違っています。『ドラえもん』は日本国内だけでなく多くの国々で放送されています。
3. (×) 間違っています。『千と千尋の神隠し』がアカデミー賞の「長編アニメ賞」を受賞しました。
4. (○) 正しいです。

Ⅱ -1)

1. 国産のアニメーション
    → 海外から輸入されたアニメーション
2. 一緒に → それぞれ
3. 漫画スタジオ → アニメーション専用スタジオ

Ⅱ -2)

1. 5分か10分ぐらいの短編アニメーション作品が作られました。
2. 娯楽のためだけでなく、政府の政策や企業の商品の宣伝、科学やニュースや教育など、色々な目的のために使われました。
3. 教育番組でよく使われます。

Ⅲ -1)

1. (×) 間違っています。「フライシャー」はアニメーションを作った兄弟の名前です。アニメーションのキャラクターの名前ではありません。
2. (○) 正しいです。
3. (○) 正しいです。
4. (×) 間違っています。政岡は『くもとちゅうりっぷ』を作った人です。これを言った人の名前は津堅です。

Ⅲ -2)

2. セルにキャラクターだけを描いて動かせるので、背景が同じシーンには、一枚の背景が使えるからです。

Ⅳ -1)

1. ①戦争のプロパガンダのために作られました。
   ②海外の完成度の高い長編アニメーション作品に影響を受けました。
2. 当時の海軍省がスポンサーだったからです。

Ⅳ -2)

1. 桃太郎は子供達に人気があるキャラクターだったからだと思います。

Ⅴ -1)

1. b. c. d.
2. b.
3. a. b. c. d. e.

Ⅵ

1. 戦前の → 戦後の
2. フライシャー・スタジオの作品
    → ディズニーの作品
3. 映画館で上映された → 作られなかった
4. 長編アニメーション → カラー長編アニメーション
5. 日本の有名な「桃太郎」という話
    → 中国の有名な話
6. 現在東映動画の社員として働いている
    → 若い時に、東映動画の社員として働いた
7. 海外での名前 → 現在の名前

Ⅶ -1)

1. 1) h. 2) f.
2. 3) i. 4) a. 5) a. 6) d.
3. 7) c. 8) a. 9) b.
4. 10) g.

Ⅶ -3)

1. 手塚はディズニーの大ファンで、自分の漫画もアニメ化したいと思っていました。／『桃太郎 海の神兵』のような完成度の高い国産の長編アニメーションにも影響を受けました。

Ⅷ -1)

1. (○) 正しいです。
2. (×) 間違っています。『もののけ姫』の興行収入は『千と千尋の神隠し』に塗り替えられました。

3.（×）間違っています。スタジオジブリはリアルでハイクオリティなアニメーションは、テレビアニメでは作ることが出来ないと思っています。

Ⅷ-2)
1. まずテレビアニメを作り、人気が出たテレビアニメを映画化するという作り方をしません。
2. テレビアニメでは、人の深い気持ちや人生の喜び、悲しみを表現する作品は作れないと考えたからです。

Ⅸ-1)
①テレビアニメ化出来るストーリー漫画がたくさん描かれていたからです。
②ファンが多い人気漫画のテレビアニメ化はリスクが低いビジネスだったからです。

Ⅸ-2)
2. b. 少女漫画だからです。
3. c. スタジオジブリの作品だからです。
4. d.『少年ジャンプ』が出版される前に作られた作品だからです。
5. f.『少年ジャンプ』が出版される前に作られた作品だからです。
6. g. 中国で作られたアニメーション作品だからです。
7. h.『少年ジャンプ』が出版される前に作られた作品だからです。
8. j. スタジオジブリの作品だからです。

第6課　歌-1

本文を読む前に

Ⅲ
1. 天皇が自分で話したラジオ放送です。
2. 1950年代から1970年代まで、特に大きく成長しました。

本文・練習問題

-1)
2. 涙が出ているから、悲しい気持ちで歩いていると思います。

Ⅰ-2)
1.（×）間違っています。坂本九はこの曲を歌った歌手ですが、作った人は違います。

2.（○）正しいです。
3.（○）正しいです。
4.（×）間違っています。1位になる外国語の曲はほとんどありませんでした。
5.（○）正しいです。

Ⅱ-1)
1. 1941年12月10日
2. a. ひさし　b. きゅう
3. a. 元気でわんぱくでした。　b. 野球　c. 1958

Ⅱ-2)
1. 九人兄弟の一番下の子供だったからです。
2. 昼には三味線の音が聞こえて来る歓楽街にありました。
3. 三女の千代子と歌舞伎座に通ったり、兄の影響でジャズを聞いたりして、色々な芸能を楽しみました。
4. 1958年に「日劇ウェスタン・カーニバル」というイベントで歌手としてデビューした時に、名前の読み方を変えました。
5. 「悲しき60歳」という曲でした。
6. テレビのドラマやバラエティー番組、そして映画で活躍するようになりました。

Ⅲ-1)
1. 1945年8月15日
2. 日本が太平洋戦争に負けたこと
3. 1945年～1952年
4. アメリカに主導された連合国軍
5. 1955年～1973年
6. a. 1950
　　b. 白黒テレビ　c. 電気洗濯機　d. 電気冷蔵庫

Ⅲ-2)
1. 軍事化 → 非軍事化
2. 1950年代に入るまでに → 1950年から1973年の間
3. アジアの国々から → 西洋の国々、特にアメリカから
4. ラジオの放送が始まって、ラジオでスポーツなどが聞けるようになった → テレビの放送が始まって、テレビでスポーツなどが見られるようになった

Ⅲ-3)
「Bringing up Father」というアメリカの人気コミックストリップが「親爺教育」というタイトルで日本語に翻訳されて、1923年から『アサヒグラフ』という雑誌で連載されました。／ディズニーやフライシャー兄弟のアニメキャラクターが人気になりました。

Ⅳ

1. （×）間違っています。アメリカのロカビリーブームに強い影響を受けました。
2. （×）間違っています。坂本はエルヴィス・プレスリーの大ファンでした。
3. （○）正しいです。
4. （○）正しいです。
5. （×）間違っています。坂本はうれしくて泣きました。

Ⅴ-1)

1. 1961年にヒットしました。
2. 1962年にフランスの「パテ・マルコーニ」というレコード会社が初めて発売しました。
3. プロモーションのために、デンマークやノルウェーやフランスやイタリアやスイスを回りました。

Ⅵ-1)

1. 日本語のタイトルの意味が分からなかったので、ルイス・ベンジャミンという社長が自分が好きだった日本の食べ物の名前に変えたと言われています。
2. ケニー・ボール＆ヒズ・ジャズメンの曲としてリリースされました。
3. 100万枚以上売れて、ゴールド・ディスクになりました。

Ⅵ-2) 1. c.

アクティビティ3

1. a.　　2. a.　　3. b.　　4. a.

Ⅶ

1. （×）間違っています。日系アメリカ人のために、日本の曲を流していました。
2. （○）正しいです。
3. （×）間違っています。ラジオDJは少女が歌っていると思っていました。
4. （×）間違っています。この曲が成功するかどうか分かっていませんでした。
5. （×）間違っています。一般的なアメリカ人が知っている日本語の単語だったので、このタイトルに変えられました。
6. （×）間違っています。今でも、「SUKIYAKI」にあって他の曲になかったものが何だったのかよく分からないと書いています。

Ⅷ-1)

1. （○）正しいです。
2. （×）間違っています。「九ちゃん」というのは、人々が坂本を呼ぶ時の呼び方です。

第7課　歌-2

本文を読む前に

Ⅲ 1. うた　　2. うたう　　3. かしゅ　　4. かし
5. うたごえ　　6. えんか　　7. しゅだいか
8. かようきょく　　9. かしょうりょく
10. りゅうこうか

本文・練習問題

Ⅰ-1)

1. （×）間違っています。日本のポピュラー音楽のルーツは明治時代の演歌にあると言われています。
2. （○）正しいです。
3. （×）間違っています。明治政府に不満を持つ大衆の声が表現されている歌です。

Ⅱ-1)

1. 日本の初期のポピュラー音楽のことです。
2. 日本で最初の流行歌だと考えられている歌です。「カチューシャかわいや　別れのつらさ」という歌詞で始まります。
3. カタカナ語が多く使われているので、西洋文化が流行っていたということが分かります。

Ⅱ-2)

1. 電気録音の技術が輸入されました。
2. 輸入税の制度が変わって、「日本ポリドール」「日本コロムビア」「日本ビクター」という三つの外国資本のレコード会社が作られました。
3. ジャズやシャンソンやタンゴ、アメリカやフランスやドイツの映画の主題歌などが流行しました。

Ⅲ-1)

1. 明治政府に不満を持つ大衆
→ 太平洋戦争に負けて苦しい生活を送っていた大衆
2. 戦前に → 戦後に
3. 映画の主題歌だった → 映画だった

4. 演歌の曲だ → ブギの曲だ
5. 強い不満を表現したメッセージ
→ ポジティブなメッセージ

Ⅳ -1) c.

Ⅳ -2)
1. (×) 間違っています。「演歌」という言葉は、日本の伝統的な歌謡曲を表す言葉として、洋楽の影響を受けたジャンルの歌と区別するために使われました。
2. (○) 正しいです。
3. (○) 正しいです。
4. (×) 間違っています。美空は、子供の時にブギやスイングやジャズなどの曲を大人のように歌って「天才少女」と呼ばれました。

Ⅴ -1) a. f. g.

Ⅴ -2) c. d. e.

Ⅵ -1) c. d.

Ⅵ -2)
1. 邦楽の何に影響を受けたかはっきり分かるセンスのいい洋楽 → 洋楽の何に影響を受けたかはっきり分かるセンスのいい邦楽
2. アイドル歌謡のような → 演歌のような
3. 演歌歌手 → J-POPの歌手
4. ニューヨークで日本人のアルバム最高セールス
→ 日本でのアルバム最高セールス

Ⅶ -1)
1. J-POPのジャンルです。
2. アクセントや変化をつけたり、その部分を印象的にしたりするために使われることが多いです。
3. 西洋文化の香りを少し加えてエレガントにしたかったと言っています。
4. 幅広い世代に人気があるバンドだと言われています。

Ⅷ
1. (×) 間違っています。歌詞の多くの部分を英語で歌うことを売りにしているアーティストがいると書かれていますが、日本語の歌を全然歌わないと書かれているわけではありません。
2. (○) 正しいです。

3. (×) 間違っています。英語の歌詞の方が多い曲が少なくないことで知られています。

第8課 踊りと芸能

本文を読む前に

Ⅲ

Ⅳ 亡くなった人のために踊られる踊りです。

本文・練習問題

Ⅰ -1)
1. (×) 間違っています。この表現の意味は、踊りを踊っても、踊りを見ているだけでも阿呆だという意味です。
2. (○) 正しいです。
3. (○) 正しいです。
4. (○) 正しいです。
5. (×) 間違っています。地域の人々が集まって作る連もあります。

Ⅱ -1)

a. ① b. ⑦ c. ⑤ d. ② e. ④ f. ⑥

Ⅲ -1)

1. (○) 正しいです。
2. (×) 間違っています。踊りの力が一揆を起こすことを心配した徳島藩が、この踊りを禁止したという記録が残っています。
3. (×) 間違っています。昭和の初期に、徳島市が観光客を呼ぶために阿波踊りを積極的に宣伝し始めてから、一般的に使われるようになりました。

4. （×）間違っています。お鯉さんは、阿波踊りでよく歌われる「阿波よしこの」を録音して、レコードやラジオを通してこの歌や踊りを全国に紹介しました。
5. （○）正しいです。
6. （×）間違っています。戦後に、観客に見せるための芸能として、踊りのスキルやオリジナリティーが洗練されました。
7. （○）正しいです。

Ⅳ-1)

1. a. c.
2. b.
3. b. c.
4. c.
5. a. b. c. d.

Ⅳ-2)

1. 高円寺阿呆踊り → 高円寺ばか踊り
2. 徳島市の「阿波おどり」より有名だ → 徳島市の「阿波おどり」と同じぐらい有名だ
3. 徳島県 → 高知県

Ⅴ-1)

1. a.
2. a. b.
3. a. b.
4. b.
5. a. b.
6. b.

Ⅴ-2)

1. 三人で動かします。
2. 太夫と三味線と人形遣いのことです。
3. 出雲の阿国という巫女が演じた歌や踊りの芸能だと言われています。
4. 江戸幕府が、風紀の乱れを心配して、1629年に女性が歌舞伎をすることを禁止したからです。

Ⅵ-1)

1. b. c.
2. d. e.
3. a.
4. d. e.
5. e.
6. e.
7. a. b. c. d. e.

Ⅵ-2)

1. 歌舞伎と文楽の後 → 歌舞伎と文楽の前
2. 将軍や武士階級 → 町人
3. ポップカルチャー → 伝統芸能

Ⅶ-1)

1. 色々な大きさの和太鼓を中心にして構成されたパフォーマンスです。太鼓の音が迫力があったり、パフォーマーが踊るように太鼓を叩いたりするという特徴があります。
2. ①雅楽や能や歌舞伎などの色々な芸能や仏教や神道の宗教儀式では、太鼓は主にリズムを保ったり効果音を出すために使われます。②埼玉県の「秩父夜祭」という祭りでは、太鼓は動く山車の上で叩かれます。③全国の盆踊りでは、踊りの伴奏のために、よく太鼓が叩かれます。
3. 1970年代に発展し始めました。
4. 太鼓は伝統的な楽器ですが、和太鼓のパフォーマンスは、日本の伝統的な要素と新しいスタイルが合わさった創造的なステージパフォーマンスが見られることが多いからです。

Ⅶ-2)

1. （×）間違っています。太鼓が動く山車の上で叩かれます。
2. （○）正しいです。
3. （×）間違っています。和太鼓のパフォーマンスでは、伝統的な要素と新しいスタイルが合わさった創造的なステージパフォーマンスが見られることが多いです。
4. （×）間違っています。鼓童のパフォーマンスには、300年以上の歴史を持つ秩父夜祭で演奏される「秩父屋台囃子」という曲をアレンジしたパフォーマンスがありますが、伝統的な踊りを300年以上踊っているわけではありません。
5. （×）間違っています。鼓童のパフォーマンスには、和太鼓とドラムセットが一緒に演奏されるような新しいスタイルのパフォーマンスもあります。